学ぶ人は、
変えて
ゆく人だ。

目の

社会

挑み続けるために、人は学ぶ。

「学び」で、

少しずつ世界は変えてゆける。

いつでも、どこでも、誰でも、

学ぶことができる世の中へ。

旺文社

1 Basic

日本史用語 2レベル定着トレーニング

2 LEVELS TRAINING

2 Advance

河合塾講師
石黒拡親 著

武田塾教務部長
中森泰樹 監修

旺文社

は・じ・め・に

一冊逆転のための５か条

武田塾が提唱する，勉強をする際に絶対に意識してほしいことを５つにまとめました。正しいやり方を守って勉強すれば，成績が劇的に上がります。勉強のやり方から学んで逆転合格を勝ち取りましょう！

1　「わかる」「やってみる」「できる」にこだわろう

勉強は最終的に自分でやることが非常に重要です。授業を聞いたり，解説を読んで「わかった」だけで終わりにしてはいけません。実際に自分で「やってみて」,「できる」ようにして初めて本当に身につきます。

2　復習は徹底的にやろう

一度正解した問題でも，時間がたてば完全に忘れてしまいます。受験は入試当日に解けるように学習することが必要です。一週間のうち新しいことを４日で，復習を２日で確認のテストを１日で行うことで定着を図りましょう。

3　一冊が完璧になってから先に進もう

受験に間に合わせたいというあせりから，早く先に進みたいと思ってしまいがちですが，実際に受験に合格する人に共通するのは「ミスが少ない」ことです。誰でもできることを誰もできないくらいやりこむという意気込みで一冊の参考書を完璧にしてから先に進みましょう。

4　毎日の勉強はできるようになったと思えるまでやりこもう

単語の勉強をした，数学の勉強をしたという言葉は人によって達成の基準が大きく異なる場合が多いです。その日の初めに解けなかった問題が１日の終わりにどれだけ解けるようになったのかということを達成の基準に考えましょう。できることが増えているという自信が，この先も勉強続けていく原動力となります。

5　毎日続けて，勉強を習慣化しよう

勉強は１日だけ頑張れても，次の日からやらなくなってしまえばやったことをすぐに忘れてしまいます。受験に限らずどんなことでも毎日継続して，着実に積み上げるということは非常に重要です。毎日当たり前にやっている歯磨きのように，日々勉強をすることが当たり前になるように継続していきましょう。

武田塾　教務部長

中森 泰樹

▶ 本書籍のおススメポイントをもっと知りたい人はこちら！

合格体験記を読むと，人によってさまざまな勉強法をしていることがわかります。勉強する時間帯（朝型か夜型か）や，勉強する場所（自習室か自宅か）など，いろんなタイプの人がいるのですから千差万別で当然です。でも「勉強すべきこと」だけは，本当ならブレはないはずです。だって受験生が覚えるべきものはただ一つ，入試に出るモノだからです。でも合格体験記には，いろんな参考書や問題集が挙げられていますよね。そこに疑問を感じませんか？

私は20数年，受験日本史で問われた用語を，出題校とあわせてデータベース化してきました。すると，教科書の太字と出題率が連動していないこと，教科書にない用語や内容でも入試では問われること，いっぽう用語集には不要な用語が多すぎること……などがわかりました。そこで，本当の入試出題情報をもとにこの本をつくりました。こだわったのは次の３つです。

①何を覚えるか

②どれを優先して覚えるか

③どういう文脈で覚えるか

この本では，出題率の高い基本用語を空欄に，低めのものは赤字にしてあります。まず空欄問題を解き，そのあと赤シートで赤字チェックをしてください。問われにくい用語や異なる問われ方がある場合は，小さめの文字で記してあります。そこまで習得すると，早大や慶大までも合格射程範囲に入ってきます。

ただし弱点もあります。正誤問題（とりわけ内容を考えさせるタイプ）が解けるかどうかの確認ができません。このため歴史の流れを教科書や参考書などで理解し，過去問の正誤問題で試す必要があります。入試直前にそれをするのは危険です。理解度が足りなかった場合，修正が間に合わないからです。できるだけ早く解きましょう。本書でも，黒字部分に正誤問題で問われやすいことは書いてあります。入試に即した表現で書いているので，よく読むことをお勧めします。みなさんの健闘を祈っています。

石黒拡親

中森教務部長と石黒先生の対談動画を見たい人はこちら！

本・書・の・特・長・と・使・い・方

本書は，日本史の知識を２レベルで段階的に定着させる参考書です。

本文の文章内には，基礎用語（レベル１）と発展用語（レベル２）の２レベルがあります。同じ文章を２度繰り返すことで，基礎から発展へ，効率的に知識が定着します。

付属の赤セルシートで，重要事項をかくしながら，反復学習しましょう。

時代の流れを確認しよう

各章の最初には，それぞれのテーマの簡単な流れ，歴史上の人物とのQ&Aなどが掲載されています。どのような時代を学習するのか，さっとつかむことができます。

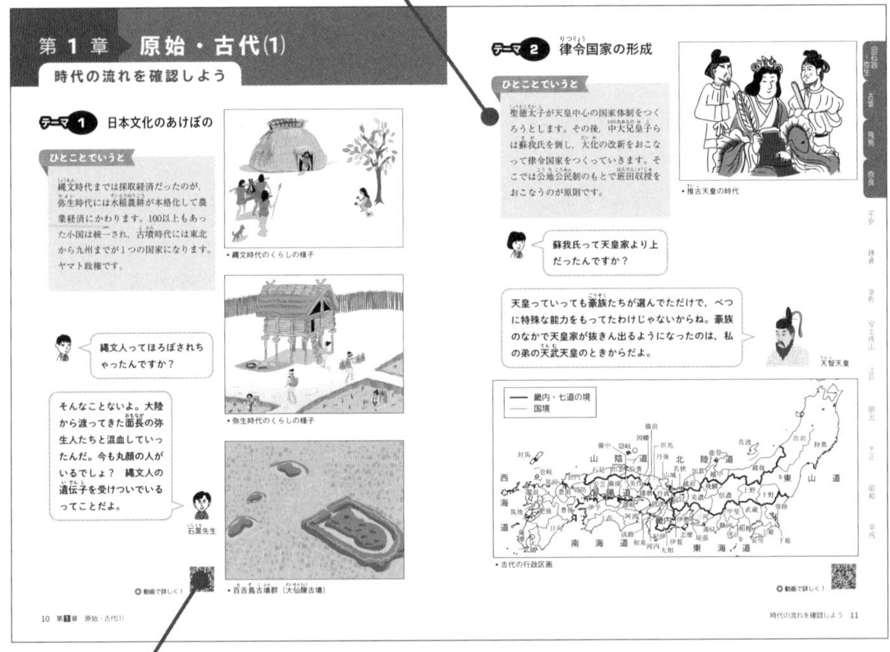
第１章　原始・古代(1)

時代の流れを確認しよう

テーマ１　日本文化のあけぼの

ひとことでいうと

縄文時代までは採取経済だったのが，弥生時代には水稲農耕が本格化して農業経済にかわります。100以上もあった小国は統一され，古墳時代には東北から九州までが１つの国家になります。ヤマト政権です。

・縄文時代のくらしの様子

・弥生時代のくらしの様子

・百舌鳥古墳群（大仙陵古墳）

縄文人ってほろぼされちゃったんですか？

そんなことないよ。大陸から渡ってきた面長の弥生人たちと混血していったんだ。今も丸顔の人がいるでしょ？　縄文人の遺伝子を受けついでいるってことだよ。

石黒先生

動画で詳しく！

10　第１章　原始・古代(1)

テーマ２　律令国家の形成

ひとことでいうと

聖徳太子が天皇中心の国家体制をつくろうとします。その後，中大兄皇子らは蘇我氏を倒し，大化の改新をおこなって律令国家をつくっていきます。そこでは公地公民制のもとで班田収授をおこなうのが原則です。

・推古天皇の時代

蘇我氏って天皇家より上だったんですか？

天皇っていっても豪族たちが選んでただけで，べつに特殊な能力をもってたわけじゃないからね。豪族のなかで天皇家が抜きん出るようになったのは，私の弟の天武天皇のときからだよ。

天智天皇

・古代の行政区画

動画で詳しく！

時代の流れを確認しよう　11

各テーマには，1テーマにつき1つ，合計30個，解説をサポートする動画がついています。QRコードをスマートフォンで読み取ってアクセスしましょう。

【詳細はp.6「動画について」参照】

穴埋め問題をやってみよう

①まずはここから！　レベル１：基礎用語

本文中の空欄になっている用語はレベル１（基礎レベル）です。まずは，左右にある解答を赤セルシートでかくしながら，空欄の穴埋めができるようになりましょう。

数字がふってある段落の文章は基本的な内容，左側に線がある文章は発展的な内容を扱っています。**基礎用語を学習する時は，左側に線がある文章は，飛ばして学習してかまいません。**

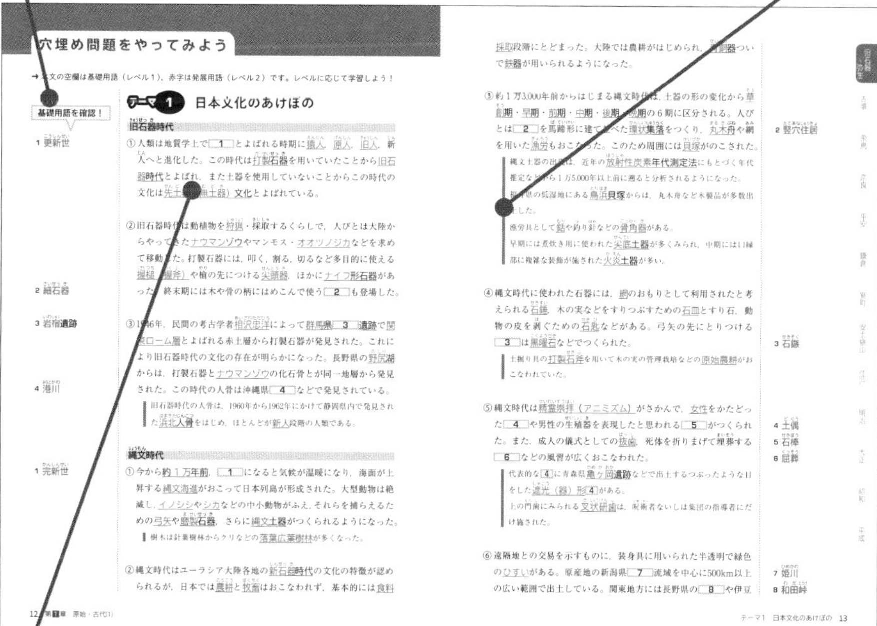

②上位私大向け実力アップ！　レベル２：発展用語

本文中の赤字の用語はレベル2（発展レベル）です。基礎用語ができるようになったら，本文を赤セルシートでかくしながら，この赤字を解答できるようになりましょう。

動・画・に・つ・い・て

本書では，各テーマについて，著者の石黒拡親先生の説明動画を視聴することができます。以下の手順に沿って，動画にアクセスしてください。

QRコードから　各項目の説明動画へ

視聴したいテーマのQRコードを読み取る

↓

シリアル番号「702384」を入力する

↓

該当のテーマの説明動画を視聴することができます

ブラウザから　説明動画一覧へ

下のQRコードを読み取るか，アドレスを入力する

https://www.manabi-aid.jp/service/gyakuten

「動画を見る」をクリック

シリアル番号「702384」を入力する

説明動画一覧が表示されるので，視聴したい動画をクリックしてください

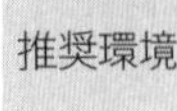

- PC環境
  OS：Windwos10以降 あるいは macOS Sierra以降
  Webブラウザ：Chrome / Edge / Firefox / Safari
- スマートフォン/タブレット環境
  iPhone / iPad iOS12以降のSafari / Chrome
  Android 6以降のChrome

も・く・じ

スタッフ
編集　　：岡崎有里
編集協力：株式会社カルチャー・プロ
校正　　：河原数馬，小田嶋永，杉山詩織，株式会社ぷれす，東京出版サービスセンター，有限会社シグロ，クロフネソーシング合同会社，株式会社友人社
図版作成：株式会社ユニックス
装丁デザイン：金井久幸（Two Three）
シリーズロゴデザイン・帯イラスト：株式会社Suneight
本文デザイン：大貫としみ（ME TIME LLC）
本文イラスト：駿高泰子

第1章 原始・古代(1)

時代の流れを確認しよう

テーマ1 日本文化のあけぼの

ひとことでいうと

縄文(じょうもん)時代までは採取経済だったのが，弥生(やよい)時代には水稲農耕(すいとうのうこう)が本格化して農業経済にかわります。100以上もあった小国は統一され，古墳(こふん)時代には東北から九州までが1つの国家になります。ヤマト政権です。

▪ 縄文時代のくらしの様子

縄文人ってほろぼされちゃったんですか？

そんなことないよ。大陸から渡ってきた面長(おもなが)の弥生人たちと混血していったんだ。今も丸顔の人がいるでしょ？　縄文人の遺伝子(いでんし)を受けついでいるってことだよ。

石黒(いしぐろ)先生

▪ 弥生時代のくらしの様子

▪ 百舌鳥古墳群(もずこふんぐん)（大仙陵古墳(だいせんりょうこふん)）

▶ 動画で詳しく！

テーマ 2 律令国家の形成

▪ 推古天皇の時代

ひとことでいうと

聖徳太子が天皇中心の国家体制をつくろうとします。その後，中大兄皇子らは蘇我氏を倒し，大化の改新をおこなって律令国家をつくっていきます。そこでは公地公民制のもとで班田収授をおこなうのが原則です。

蘇我氏って天皇家より上だったんですか？

天皇っていっても豪族たちが選んでただけで，べつに特殊な能力をもってたわけじゃないからね。豪族のなかで天皇家が抜きん出るようになったのは，私の弟の天武天皇のときからだよ。

天智天皇

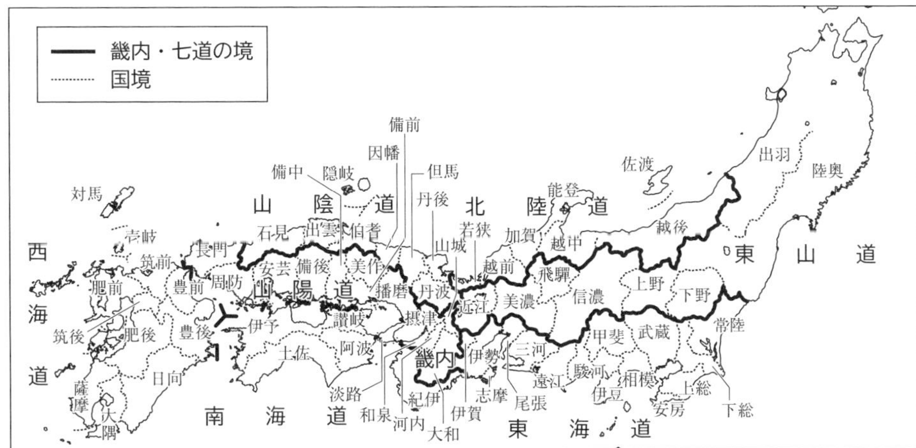

▪ 古代の行政区画

穴埋め問題をやってみよう

➜本文の空欄は基礎用語（レベル1），赤字は発展用語（レベル2）です。レベルに応じて学習しよう！

テーマ1 日本文化のあけぼの

基礎用語を確認！

旧石器時代

1 更新世

①人類は地質学上で［ 1 ］とよばれる時期に猿人，原人，旧人，新人へと進化した。この時代は打製石器を用いていたことから旧石器時代とよばれ，また土器を使用していないことからこの時代の文化は先土器（無土器）文化とよばれている。

2 細石器

②旧石器時代は動植物を狩猟・採取するくらしで，人びとは大陸からやってきたナウマンゾウやマンモス・オオツノジカなどを求めて移動した。打製石器には，叩く，割る，切るなど多目的に使える握槌（握斧）や槍の先につける尖頭器，ほかにナイフ形石器があった。終末期には木や骨の柄にはめこんで使う［ 2 ］も登場した。

3 岩宿遺跡

4 港川

③1946年，民間の考古学者相沢忠洋によって群馬県［ 3 ］遺跡で関東ローム層とよばれる赤土層から打製石器が発見された。これにより旧石器時代の文化の存在が明らかになった。長野県の野尻湖からは，打製石器とナウマンゾウの化石骨とが同一地層から発見された。この時代の人骨は沖縄県［ 4 ］などで発見されている。

> 旧石器時代の人骨は，1960年から1962年にかけて静岡県内で発見された浜北人骨をはじめ，ほとんどが新人段階の人類である。

縄文時代

1 完新世

①今から約1万年前，［ 1 ］になると気候が温暖になり，海面が上昇する縄文海進がおこって日本列島が形成された。大型動物は絶滅し，イノシシやシカなどの中小動物がふえ，それらを捕らえるための弓矢や磨製石器，さらに縄文土器がつくられるようになった。

> 樹木は針葉樹林からクリなどの落葉広葉樹林が多くなった。

②縄文時代はユーラシア大陸各地の新石器時代の文化の特徴が認められるが，日本では農耕と牧畜はおこなわれず，基本的には食料

採取段階にとどまった。大陸では農耕がはじめられ，青銅器ついで鉄器が用いられるようになった。

③約１万3,000年前からはじまる縄文時代は，土器の形の変化から草創期・早期・前期・中期・後期・晩期の６期に区分される。人びとは［2］を馬蹄形に建て並べた環状集落をつくり，丸木舟や網を用いた漁労もおこなった。このため周囲には貝塚がのこされた。

> 縄文土器の出現は，近年の放射性炭素年代測定法にもとづく年代推定などから１万5,000年以上前に遡ると分析されるようになった。
> 福井県の低湿地にある鳥浜貝塚からは，丸木舟など木製品が多数出土した。
> 漁労具として銛や釣り針などの骨角器がある。
> 早期には煮炊き用に使われた尖底土器が多くみられ，中期には口縁部に複雑な装飾が施された火炎土器が多い。

2 竪穴住居

④縄文時代に使われた石器には，網のおもりとして利用されたと考えられる石錘，木の実などをすりつぶすための石皿とすり石，動物の皮を剥ぐための石匙などがある。弓矢の先にとりつける［3］は黒曜石などでつくられた。

> 土掘り具の打製石斧を用いて木の実の管理栽培などの原始農耕がおこなわれていた。

3 石鏃

⑤縄文時代は精霊崇拝（アニミズム）がさかんで，女性をかたどった［4］や男性の生殖器を表現したと思われる［5］がつくられた。また，成人の儀式としての抜歯，死体を折りまげて埋葬する［6］などの風習が広くおこなわれた。

> 代表的な［4］に青森県亀ヶ岡遺跡などで出土するつぶったような目をした遮光（器）形［4］がある。
> 上の門歯にみられる叉状研歯は，呪術者ないしは集団の指導者にだけ施された。

4 土偶
5 石棒
6 屈葬

⑥遠隔地との交易を示すものに，装身具に用いられた半透明で緑色のひすいがある。原産地の新潟県［7］流域を中心に500km以上の広い範囲で出土している。関東地方には長野県の［8］や伊豆

7 姫川
8 和田峠

七島の神津島を原産とする黒曜石が多く分布する。大阪府・奈良県境にある二上山に産するサヌカイトも広範囲に出土する。

ひすいは硬玉ともよばれ，古墳時代にも勾玉の原料として珍重された。
黒曜石の産地には北海道の白滝や十勝岳，大分県の姫島もある。

9 モース

⑦明治初期，アメリカ人動物学者 9 が東京にある縄文後期の大森貝塚を発掘調査したことから近代的な考古学がはじまった。千葉市にある馬蹄形に形成された加曽利貝塚は大規模貝塚の代表である。また，縄文晩期の華麗な 10 式土器が出土した遺跡として青森県 10 遺跡があるが，最近同県では 11 遺跡が500人規模の大集落と推定されて注目を集めている。ここではクリの巨木を用いた建物跡も発見された。

10 亀ヶ岡
11 三内丸山遺跡

9 はダーウィンの学説である進化論を日本に紹介した。
秋田県の大湯遺跡からは環状列石（ストーンサークル）が発見された。

弥生時代

①縄文晩期には渡来人によって長江下流域の短粒米（ジャポニカ種）の水稲農耕が金属器とともに北九州にもたらされた。縄文晩期の水田跡が佐賀県の 1 遺跡や福岡県の 2 遺跡で発見されている。青森県砂沢遺跡からは，本州最北端の弥生前期の水田跡が発見された。同県の垂柳遺跡では中期の水田跡が発見された。

1 菜畑遺跡
2 板付遺跡

②紀元前４世紀から紀元３世紀までの時代を弥生時代といい，前・中・後の３期に分けられる。水田は低湿地につくられた小規模な湿田が中心で，木製農具を使い籾を直播きしたが，田植えがおこなわれることもあった。収穫には 3 を用いて穂首刈りをおこない，稲穂を高床倉庫に蓄え，木臼と竪杵で脱穀した。後期には鉄の刃先をつけた鉄製農具も使われるようになり，灌漑施設の整備された 4 も現れ，収穫も根刈りが一般的になった。

3 石包丁
4 乾田

木製農具には，鍬や鋤，湿田で履く田下駄・肥料を踏み込む大足，地ならしのためのえぶりなどがある。
木製農具をつくるには各種の磨製石斧が使われたが，後期にはかわって鉄斧が普及した。
日本で独自に発達した青銅器の銅鐸には，脱穀や当時の生活の様子

▌を描いたものがある。

③弥生土器は縄文土器より高温で焼かれ，貯蔵用の壺，煮炊き用の甕，脚付きで盛り付け用の高杯があった。

▌弥生土器の名称は向ヶ岡貝塚の所在地の地名に由来する。
▌古墳時代中期には米を蒸すための甑が伝わった。
▌紡錘車とよばれる土や石でできたおもりを用いて糸を紡ぎ，機織をおこなった。

④弥生時代には周囲に深い濠や土塁をめぐらした[5]が現れ，瀬戸内海沿岸ではより防御性の高い[6]もつくられた。集落は数軒の竪穴住居と物を納める高床倉庫からなっていた。香川県の紫雲出山遺跡は[6]の代表格である。

▌神奈川県の大塚遺跡は[5]の典型的な景観を示している。
▌大阪府の代表的な[5]である池上曽根遺跡は，出土した木材を年輪年代法により測定したところ，従来考えられていた以上に古いことがわかった。

5 環濠集落
6 高地性集落

⑤奈良県唐古・鍵遺跡では[5]から大量の木製農具が，静岡県登呂遺跡では畦で区画された大規模な水田跡が発見された。佐賀県の[7]遺跡からは，首長の館，物見のための望楼，墳丘墓や多くの甕棺墓をそなえる[5]が発見された。

▌山口県の海岸砂丘にある墓地遺跡の土井ヶ浜遺跡からは大量の人骨が発見された。

7 吉野ヶ里遺跡

⑥農耕の祭りに用いられた青銅製祭器としては，北九州では銅矛・銅戈，瀬戸内中部では平形[8]，畿内では[9]が主だった。島根県の[10]遺跡の山の斜面には，358本の[8]と6個の[9]，16本の銅矛が埋納されていた。同県内の加茂岩倉遺跡からも39個の[9]がまとまって出土した。

▌青銅は銅と錫の合金である。

8 銅剣
9 銅鐸
10 荒神谷遺跡

⑦墓は北九州では[11]や，朝鮮から伝わった支石墓，その他の地域では方形周溝墓がつくられた。後期には有力な首長の出現を示

11 甕棺墓

す墳丘墓もつくられた。巨大な墳丘墓の代表として円形墳丘の両側に突出部をもつ岡山県の楯築墳丘墓がある。

鳥取県の妻木晩田遺跡をはじめ，山陰地方から富山県にかけて分布する特徴的な墓に四隅突出型墳丘墓がある。

死者は手足を伸ばして埋葬する伸展葬が多くなった。

12 続縄文文化
13 擦文

⑧弥生時代の北海道と沖縄では採集中心の文化が続いた。北海道のそれを［12］，沖縄のそれを貝塚（南島）文化という。北海道では7世紀以降，櫛の歯のような文様をもつ［13］土器と鉄器の使用を特色とする［13］文化と，道北から道東の沿岸に海獣を中心に捕獲する狩猟・漁労文化のオホーツク文化が成立した。

統一国家の成立

1『漢書』地理志
2 楽浪郡

①［1］によると，紀元前1世紀ころの日本は倭とよばれ，100以上の小国に分かれており，定期的に［2］に朝貢の使者を送っていた。［2］を紀元前108年に設置したのは漢の武帝である。

『漢書』は紀元1世紀に班固によって書かれた。

［2］の役所は現在の平壌におかれていた。

3『後漢書』東夷伝
4 57年
5 奴国
6 光武帝
7 漢委奴国王

②［3］によると，紀元［4］年に［5］王が後漢の［6］に，107年には倭国王帥升らが安帝に朝貢した。［5］は現在の福岡市付近にあった小国で，同市の志賀島からは，［6］が授けたとされる「［7］」と刻まれた金印が，1784年に発見されている。

後漢の洛陽におもむいた［5］の使者は，自らのことを大夫と称した。

8 陳寿
9『魏志』倭人伝
10 邪馬台国
11 卑弥呼
12 239年
13 帯方郡
14 魏
15 親魏倭王

③『後漢書』には2世紀後半に「倭国大乱」がおこったとある。晋の［8］が編纂した［9］によると，この乱は諸国の王たちが［10］国の女王［11］を王にたてたことでおさまり，約30の小国連合がうまれた。［11］は［12］年，［13］郡を経由して［14］に大夫難升米を使わし，明帝から「［15］」の称号と金印紫綬，100枚の銅鏡などをあたえられた。

［9］は『三国志』の『魏書』東夷伝倭人条の通称である。

連合の一国である伊都国に一大率という機関をおいて諸国を検察させた。

④京都府の椿井大塚山古墳を中心に各地の前期古墳から出土する 16 のなかには，11 が魏に朝貢した「景初三年」という年号が記されたものがあり，14 からもらった銅鏡とする説がある。

16 三角縁神獣鏡

⑤ 10 国には王－大人－ 17 －生口（奴婢のこと）の身分差があり，租税や刑罰の制度も整い，市もひらかれていた。11 は鬼道（呪術のこと）にすぐれたシャーマン的首長で，弟の補佐を受けて国を治めた。

17 下戸

⑥ 11 が 18 国との戦いの最中に没すると，一時男王がたてられたが，やがて 11 の宗女（一族の女の意）壱与が王となった。『晋書』には266年に晋に遣使したと記録されている。

18 狗奴国

4～5世紀のヤマト政権

① 4世紀，東アジアでは国家形成が進んだ。朝鮮北部の高句麗は南下して313年に楽浪郡をほろぼした。南部では馬韓から百済（ひゃくさい）が，辰韓から新羅（しんら）がおこり，それぞれ国家を形成した。南端の弁韓は小国が分立したままで，それらの諸国は 1 とよばれた。

1 加耶（加羅）

②日本では大王（だいおう）を中心に大和（奈良県）の有力豪族による連合政権であるヤマト政権が成立し，４世紀中ごろには，九州北部から東北地方中部にまで勢力を拡大した。

③倭は朝鮮半島の鉄資源や先進技術を求めて 1 諸国との関係を深めるいっぽう，高句麗とは対立した。 2 年からは交戦したことが 3 の碑文に見える。この碑は王の子の長寿王によって高句麗の首都の丸都に建てられた。

> 好太王は広開土王ともよばれる。
> 丸都は現在の中国吉林省集安市にあった。
> 高句麗との交戦によってそれまで倭人になかった騎馬の風習が取り入れられた。

2 391年
3 好太王碑
4 5世紀
5・6 讃・珍（順不同）
7 済
8 興
9 武
10『宋書』倭国伝

④ 4 世紀には 5 ・ 6 ・ 7 ・ 8 ・ 9 の倭の五王があいついで南朝の宋に朝貢し，冊封を受けたと 10 に記

旧石器～弥生 古墳 飛鳥 奈良 平安 鎌倉 室町 安土桃山 江戸 明治 大正 昭和 平成

11 雄略天皇
12 478年

されている。武とは 11 天皇のことで，12 年に「倭王武の上表文」を順帝に送り，「安東大将軍」の称号を求めた。

> 7 は允恭天皇，8 は安康天皇に比定されている。
> 倭王武は百済を含む朝鮮半島南部の支配公認を求めたが，認められなかった。

⑤ ヤマト政権は豪族を氏とよばれる同族集団に組織し，中央豪族には臣・連，地方豪族には君・直などの姓をあたえて職務を分担させた。このしくみを氏姓制度という。

> 氏の代表を氏上という。
> 蘇我氏や葛城氏のような地名を由来とする豪族には臣が，大伴氏や物部氏のような特定の職掌をもって仕える豪族には連がそれぞれあたえられた。
> 島根県の岡田山1号墳出土の大刀には，姓の実例である「各（額）田部臣」という銘文がある。

13 屯倉
14 部曲
15 田荘

⑥ ヤマト政権は大王家の私有民である名代・子代をもうけ，直轄地の 13 を各地に配置し，田部とよばれる農民に耕作させた。豪族の私有民は 14 といい，私有地を 15 といった。

古墳文化

1 前方後円墳
2 埴輪
3 箸墓古墳

① 3世紀中ごろから西日本を中心に各地に 1 などの古墳が出現した。墳丘上には 2 が並べられ，斜面は葺石でおおわれた。古墳時代前期は竪穴式石室ないしは粘土槨に木棺がおさめられ，銅鏡や剣などの祭器と鉄製農工具が副葬された。前期最大の 1 は奈良県の 3 である。

> 出現期の古墳は，西日本では 1 が多かったのに対し，東日本では前方後方墳が多い。
> 2 は古墳時代前期は円筒 2 が多く，のちに形象 2 も用いられた。
> 形象 2 には家形・器財 2 や中期に現れる人物 2 がある。
> 3 に隣接する古墳時代前期の大集落の纒向遺跡は，邪馬台国の都ともいわれている。

4 大仙陵古墳
（大山古墳）

② 5世紀の中期古墳には大阪府の 4 （伝仁徳天皇陵）や誉田

（御廟）山古墳（伝応神天皇陵）などの巨大な 1 がある。副葬品に鉄製の武具や 5 がふえることから，被葬者の武人的性格が強まったと考えられる。

> 4 は百舌鳥古墳群にある。
> 大和に匹敵する勢力が存在した中国地方の岡山県には，国内4位の大きさを誇る中期古墳の造山古墳がある。

5 馬具

③ 6～7世紀の古墳時代後期には 6 石室が一般化し，和歌山県の岩橋千塚に代表される有力農民層の墓である 7 がつくられた。また，福岡県の竹原古墳のような石室内に彩色壁画が描かれた装飾古墳もつくられた。

> 6 石室では羨道という通路の奥に棺をおさめる玄室がある。
> 斑鳩町にある6世紀後半の藤ノ木古墳からは金銅製の鞍金具が出土した。

6 横穴式石室
7 群集墳

④ 古墳時代にも人びとは竪穴住居に住んだが，平地式の掘立柱住居もつくられた。煮炊きはこれまでの炉から壁ぎわにカマドをつくり付けるようになった。群馬県の三ツ寺Ⅰ遺跡には古墳時代の代表的な豪族居館跡がのこる。

> 群馬県の黒井峯遺跡は6世紀の榛名山の噴火で埋まった集落遺跡で，「日本のポンペイ」として注目を浴びた。

⑤ 災厄を免れるための禊や祓，鹿の骨を焼いて吉凶を占う 8 の法，さらに裁判に際して熱湯に手を入れさせて真偽を判断する 9 などの呪術的な風習もおこなわれた。祭祀には豊作を祈る祈年祭（としごいのまつり）と収穫を感謝する新嘗祭（にいなめのまつり）があった。

> 天皇が即位後初の新嘗祭は大嘗祭とよばれ，天武・持統朝に成立したと考えられている。

8 太占
9 盟神探湯

⑥ 大王家の祖先神である天照大神をまつる三重県の伊勢神宮や大国主神をまつる島根県の出雲大社，三輪山を神体とする奈良県の大神神社，玄界灘にうかぶ沖ノ島を神としてまつる福岡県の宗像大社などがつくられた。

旧石器～弥生 古墳 飛鳥 奈良 平安 鎌倉 室町 安土桃山 江戸 明治 大正 昭和 平成

1 石上神宮
2 七支刀
3 百済王
4 埼玉
5 稲荷山古墳
6 熊本
7 江田船山古墳
8 雄略天皇
9 5世紀
10 須恵器
11 土師器
12 西文氏
13 王仁
14 秦氏
15 弓月君
16 東漢氏
17 阿知使主
18 五経博士
19 百済
20 聖明王
21 欽明天皇
22 552年

大陸文化の伝来

①物部氏の氏神である奈良県［1］に伝えられた［2］には，369年に［3］王が倭王のためにつくったと記されている。

▌物部氏はのちに石上氏に氏の名をあらためた。

②［4］県［5］出土の鉄剣と［6］県［7］出土の鉄刀には，ともに［8］天皇をさす「獲加多支鹵大王」の名が見える。これは，大王の支配権が［9］世紀後半には九州から東国におよんでいたことと，漢字がすでに使われていたことを示している。

▌［5］出土鉄剣の銘文にはワカタケル大王に仕えた乎獲居臣の祖先のことが記されており，「辛亥年」は471年と考えられる。
▌503年につくられたとされる和歌山県隅田八幡神社の人物画像鏡も，漢字の音をかりて日本語を書き表している。

③ヤマト政権は，渡来人を技術者集団である品部に組織し，伴造に統率させた。その品部には鉄製品をつくる韓鍛冶部，錦を織る錦織部，朝鮮系の土器である［10］をつくる陶作部などがあった。いっぽう弥生土器の系譜をひく土器は［11］といい，それをつくる集団を土師部という。

▌［10］はのぼり窯によって焼成された。大阪府南部の丘陵一帯にある陶邑窯跡群は［10］生産の拠点となった窯業遺跡である。

④記紀には応神朝に来日した渡来人として，『論語』『千字文』を伝え［12］氏の祖となった［13］や，養蚕・機織の技法を伝え［14］氏の祖となった［15］，記録や文書の作成をおこなう史部を管理する［16］氏の祖とされる［17］のことが書かれている。

⑤継体朝の513年に百済から段楊爾らの［18］が渡来して，儒教が本格的に伝えられた。ほかにも医・易・暦博士が渡来し，新知識が伝えられた。

▌儒教で尊重される四書とは『論語』・『孟子』・『大学』・『中庸』である。

⑥［19］の［20］王から［21］天皇に，仏像や経典が伝えられた。これを仏教公伝といい『日本書紀』では壬申年の［22］年のこと

とし，『元興寺縁起』と『 23 』では戊午年の 24 年のこととしている。

仏教公伝以前に522年に来日した司馬達等が礼拝していたことが『扶桑略記』に記されている。

23 上宮聖徳法王帝説
24 538年

6 世紀のヤマト政権

① 継体天皇の時代の512年，任那４県が百済に割譲された。このとき大連の 1 が百済から賄賂を受けたと非難され，540年に失脚した。同じ継体朝の527年，ヤマト政権が 2 征討と任那（加耶）救援をはかって出兵しようとすると，2 と結ぶ 3 の 4 が乱をおこした。乱は物部麁鹿火によって鎮圧され，4 は福岡県 5 古墳に葬られたとされる。

継体天皇は越前から迎えられて皇位をついだといわれる。
欽明朝の562年には 2 によって加耶（加羅）はほろぼされ，ヤマト政権は朝鮮半島での足場を失った。
5 古墳には埴輪の代わりと考えられる石人・石馬が立て並べられている。

1 大伴金村
2 新羅
3 筑紫国造（ちくし）
4 磐井
5 岩戸山古墳

② 欽明天皇の時代に仏教が伝来すると，渡来人と結ぶ崇仏派の大臣 6 と排仏派の大連 7 が対立して崇仏論争がおこった。この対立は次の世代にまで続き，587年，6 の子の 8 は 7 の子の 9 を攻めほろぼした。

蘇我氏は斎蔵・内蔵・大蔵の三蔵（みつのくら）を管理していた。

6 蘇我稲目
7 物部尾輿
8 蘇我馬子
9 物部守屋

③ 8 は 10 を即位させたもののやがて 10 と対立し，592年に 10 を暗殺した。その後には日本初の女帝となった 11 が即位し，593年に甥の 12 を摂政とし，8 と共同で国政改革をおこなわせた。

奈良県の石舞台古墳は 8 の墓といわれている。

10 崇峻天皇
11 推古天皇
12 聖徳太子（厩戸皇子）

テーマ 2 律令国家の形成

基礎用語を確認！

推古朝の政治

① 1 は603年，才能や功績に応じた人材登用をはかって 2 を定め，604年には儒教・仏教・法家の思想をもりこん

1 聖徳太子（厩戸皇子）
2 冠位十二階

旧石器～弥生　古墳　飛鳥　奈良　平安　鎌倉　室町　安土桃山　江戸　明治　大正　昭和　平成

3 憲法十七条

だ 3 を制定した。また国史として『天皇記』と『国記』を蘇我馬子とともに編纂したが，蘇我氏滅亡の際に大部分が焼失した。

冠位は徳・仁・礼・信・義・智をそれぞれ大小に分けて十二階とした。
3 では仏教を三宝ということばで示している。三宝とは仏・法・僧である。

4『隋書』倭国伝
5 607年
6 遣隋使
7 小野妹子
8 煬帝
9 裴世清
10 高向玄理
11・12 南淵請安・旻（順不同）

② 4 には，倭が 5 年に 6 を派遣したとある。この時，大使の 7 が持参した「日出づる処の天子…」と託した国書に対し，隋の 8 は不満を示しながらも高句麗と交戦中だったため日本に 9 を派遣した。翌年，7 は再び 6 となり，留学生の 10 や留学僧の 11 ・ 12 らが同行した。

隋は北朝からおこり，589年に国内を統一した。
『日本書紀』にはみえないが，4 には600年の隋への遣使が記されている。
614年には 6 犬上御田鍬が中国に渡った。

13 曇徴
14 観勒

③ 推古天皇の時代に高句麗僧の 13 は紙・墨・絵の具を伝え，百済僧の 14 は暦法を伝えた。

大化の改新

1 山背大兄王

① 推古天皇のあとの舒明天皇・皇極天皇の時代には，蘇我馬子の子の蘇我蝦夷と孫の蘇我入鹿が権勢をふるった。643年，蘇我入鹿は斑鳩宮を襲って聖徳太子の子の 1 をほろぼした。

2 大化（の）改新

② 645年，中大兄皇子と中臣鎌足らが飛鳥板蓋宮で蘇我入鹿を暗殺すると，蝦夷は自殺し，蘇我大臣家はほろんだ。この事件を乙巳の変といい，これにはじまる諸改革を 2 という。

3 皇極天皇
4 孝徳天皇
5 高向玄理

③ 乙巳の変後，3 にかわって 4 が即位し，中大兄皇子が皇太子となって国政改革に着手した。新政府では，左大臣に阿倍内麻呂，右大臣に蘇我（倉山田）石川麻呂を任命するとともに，5 と僧旻を国政顧問として国博士に，中臣鎌足を内臣（ないしん）に任命して政治を補佐させた。

5 は654年に遣唐使となって唐に渡り客死した。

④新政府は都を［6］に移し，はじめて大化という年号を定め，唐の律令を取り入れて中央集権国家をめざした。646年，新政府は4カ条にわたる［7］を発し，政治の方針を示した。そこでは私有民を廃して［8］制とし，かわりに食封（じきふ）などを与えるとした。

6 難波（長柄豊碕）宮（なにわ（ながらとよさきのみや））
7 改新の詔（かいしんのみことのり）
8 公地公民（こうちこうみん）

⑤［7］の文言をめぐる郡評（ぐんぴょう）論争は，藤原京（ふじわらきょう）跡から発見された［9］で決着がついた。［7］では「［10］」が用いられているが，実際には「［11］」が使われていた。［7］は，大宝令（たいほうりょう）などをもとに修飾されて『日本書紀』に書かれたものと考えられている。

9 木簡（もっかん）
10 郡（こおり）
11 評（こおり）

⑥朝鮮半島では，［12］と［13］が660年に［14］をほろぼした。［15］天皇（［16］天皇の重祚（ちょうそ））は［14］の救援要請にこたえ，朝鮮半島に大軍を送ったが，［17］年に［18］で［12］の水軍に大敗した。［12］・［13］は668年に［19］もほろぼし，やがて［13］が朝鮮半島を統一した。

> ［14］の王族であった鬼室福信（きしつふくしん）は，日本に対して救援と王子の豊璋（ほうしょう）の返還を求めてきた。
>
> ［15］天皇は九州まで出陣するも筑紫朝倉宮（つくしあさくらのみや）で崩御（ほうぎょ）した。
>
> 蝦夷（えみし）征討に功のあった阿倍比羅夫（あべのひらふ）などを将軍とする救援軍が［14］に派遣された。

12 唐（とう）
13 新羅（しらぎ（しんら））
14 百済
15 斉明天皇（さいめい）
16 皇極天皇
17 663年
18 白村江（はくそんこう）
19 高句麗

⑦［15］天皇の没後も中大兄皇子は即位せず，皇太子のまま国政にあたった。これを称制（しょうせい）という。皇子は［20］に敗れた後，国防強化をはかって大宰府（だざいふ）の北に川を堰き止めて［21］をもうけ，大宰府北方の［22］城などの朝鮮式山城（ちょうせんしきやまじろ）を西日本の各地に築き，九州には防人（さきもり）をおいた。さらに667年には都を近江（おうみ）国の［23］に移した。

> 朝鮮式山城にはほかに大宰府の南方の基肄城（きいじょう），畿内（きない）の高安城（たかやす），対馬（つしま）の金田城（かねだ）がある。
>
> 煙火による通信手段・施設として烽（とぶひ）をもうけた。

20 白村江の戦い
21 水城（みずき）
22 大野城（おおの）
23 大津宮（おおつのみや）

⑧［24］天皇は最初の令（りょう）である［25］を制定したとされ，［26］年には最初の全国的な戸籍（こせき）として［27］をつくった。これは氏姓を正す根本台帳とされ永久保存することが定められた。［25］を編纂（へんさん）

24 天智天皇（てんじ）
25 近江令（おうみりょう）
26 670年
27 庚午年籍（こうごねんじゃく）

したとされる中臣鎌足は，死の直前，24天皇から大織冠と藤原姓を賜った。

壬申の乱と天武・持統朝

1 大友皇子
2 大海人皇子
3 壬申の乱
4 飛鳥浄御原
5 天武天皇

① 天智天皇の子の［1］と天皇の弟の［2］が対立し，672年［3］がおこった。［2］は吉野で挙兵し，美濃で東国兵をあつめ，近江大津宮の［1］の朝廷を破り勝利した。［2］は［4］宮で即位して［5］となり，皇親政治を確立させた。

6 真人
7 八色の姓
8 富本銭

② ［5］は豪族の私有民である部曲を廃止し，［4］令の編纂をはじめた。684年には身分秩序の再編をはかって［6］から稲置までの［7］を定めた。このころ鋳造させた［8］が奈良県の飛鳥池遺跡から出土している。

> ［7］とは，［6］・朝臣・宿禰・忌寸・道師・臣・連・稲置の８つである。

9 持統天皇
10 飛鳥浄御原令
11 庚寅年籍
12 藤原京

③ ［5］が没すると皇后が即位して［9］となり，689年に［10］を施行した。690年には［11］をつくり，班田制を確立させた。694年には唐の都城にならった初の本格的宮都である［12］に遷都した。

> 大津皇子は父の［5］の死の直後，謀反の疑いをかけられ自殺した。
> ［9］の父は天智天皇である。
> ［12］には耳成山・畝傍山・天香久（具）山の大和三山があった。
> ［12］の下ツ道は平城京の朱雀大路と一直線上につながっている。

13 文武天皇
14 701年
15 刑部親王
16 藤原不比等
17 大宝律令

④ ［5］と［9］の間にうまれた草壁親王は皇太子のまま死去し，［13］が即位した。［14］年，［13］のもとで［15］と［16］らによって編纂された［17］が制定された。［16］の娘の宮子は［13］の夫人となり聖武天皇をうんだ。

> 律は現代の刑法にあたり，令は行政法と民法にあたる。

律令官制

1 神祇官

① 律令で定められた中央官制には，二官八省一台五衛府があった。祭祀をつかさどる［1］と，一般の政務をつかさどる太政官の二

官があり，重要政務は太政大臣・左大臣・右大臣・大納言などの公卿で構成される太政官の合議で進められた。

風俗の取締りや官吏の監察にあたったのは弾正台，宮城などの警備には衛門府・左右衛士府・左右兵衛府のあわせて五衛府があたった。

②八省とは，左弁官の下におかれた詔勅の作成にあたる［2］，文官の人事と大学の管理にあたる式部省，仏事・外交をつかさどる治部省，戸籍と租税をつかさどる［3］と，右弁官の下におかれた兵部省，刑部省，大蔵省，宮内省である。

2 中務省
3 民部省

③全国は［4］・［5］の行政区に分けられ，その下に国・郡・里がもうけられ，国司・郡司・里長がおかれた。国司は中央から貴族が派遣され，郡司は［6］だった地方豪族が任命された。国の役所を国衙（国庁），郡の役所を郡衙（郡家）といった。

国は60余カ国あり，国司の任期は当初６年であった。
里はのちに郷と改称された。
郡司の娘で後宮に入った女官を采女という。

4 畿内
5 七道
6 国造

④畿内には摂津国・河内国・和泉国・山背国・大和国の５国があり，七道とは東海道・東山道・北陸道・山陰道・山陽道・南海道・［7］の７つである。

現在の滋賀県にあたる近江国は東山道に属し，茨城県にあたる常陸国は東海道に属する。

7 西海道

⑤都には左・右京職，淀川の河口の港の難波津を管理する摂津職，九州には「遠の朝廷」とよばれた［8］がそれぞれおかれた。［8］には外交使節を接待するための［9］があった。［9］はのちには平安京内にもおかれた。

［8］は筑前国におかれた。

8 大宰府
9 鴻臚館

⑥都を中心に官道が整備され，約16kmごとにおかれた［10］の駅馬を，駅鈴をもつ役人だけが利用できる駅制がしかれた。また，北陸道の愛発関などの関所がもうけられた。東海道の鈴鹿関，東山道美濃国の不破関とあわせて三関という。

10 駅家

⑦各官庁の上級職員は，長官・次官・判官・主典の四等官で構成され，たとえば，国司の四等官は守・介・掾・目，郡司の四等官は大領・少領・主政・主帳と表した。このしくみを四等官制という。

⑧位階に相当する官職に任命されるしくみを官位相当の制という。また，五位以上の貴族の子と三位以上の孫には，21歳になると一定の位階があたえられた。これを 11 という。

11 蔭位の制

> 位階は全部で30階あった。
> 官人の任命をおこなう儀式を除目という。
> すべての官人に年2回季禄が支給された。また，上級官人には身辺警護や雑用にあてるための従者の資人があたえられた。

⑨官吏養成機関として，中央に五位以上の子弟のための 12 が，地方に郡司の子弟のための 13 がおかれた。学科には儒教を学ぶ 14 や漢文と中国史をあつかう 15 ，法律を学ぶ明法道，数学を学ぶ算道などがあった。

12 大学
13 国学
14 明経道
15 紀伝道

⑩司法制度としては刑罰に笞・杖・徒・流・死の五刑があり，有位者でも減免しない重い罪を総称して八虐といった。

農民の負担

①律令ではすべての人は良民と賤民とに分けられた。良民は，貴族・公民のほか，朝廷の諸官司に隷属して特定の職業を世襲する品部・雑戸があった。いっぽう賤民には，官有の陵戸・官戸・公奴婢と，私有の家人・私奴婢があり，五色の賤とよばれた。

②政府は 1 年ごとに 2 を作成し， 3 戸を1里に編成した。また調・庸を課税するために毎年， 4 を作成した。そして， 2 にもとづいて 5 歳以上の男女に 6 を班給した。これは唐の均田制（法）にならったもので，班田収授法という。

> 2 は30年間保存された。

③ 6 の大きさは良民男子が 7 ，女子はその 8 分の 9 の1段120歩，私有の賤民は良民の3分の1の割合とされ，

1 6年
2 戸籍
3 50戸
4 計帳
5 6歳
6 口分田
7 2段（反）
8 3
9 2

6年ごとに戸を単位に班給された。田地には 6 のほか，租を免除された不輸租田の寺田や神田もあった。また，班田でのこった田を乗田といい，賃料として収穫の5分の1の地子をとって農民に貸しあたえた。田地は条里制という制度で整然と区画された。

面積の単位は1段＝360歩，1町＝10段であった。

④租は田1段につき 10 の稲を地方に納めるもので，各国の財源となった。21～60歳の成年男子である正丁に課された人頭税として，絹などの諸国の産物を中央に納める 11 と，年10日の歳役のかわりに麻布2丈6尺を中央に納める 12 があった。それらを都へ運ぶ負担を 13 といった。また，年間60日を限度に国司のもとでおこなう労役を 14 といった。

10 2束2把
11 調
12 庸
13 運脚
14 雑徭

租は収穫の約3％ほどであった。
17歳から20歳の少丁（中男）の 11 は正丁の4分の1で，12 はかからなかった。61歳から65歳の次丁（老丁）の 11 と 12 はどちらも正丁の2分の1とされた。

⑤農民の負担には，凶作に備えて粟を貯蓄する義倉，都で3年間の労役につく仕丁もあった。春に稲を貸しつけ秋に利息とともに徴収する 15 はのちに強制的になった。利息の上限は，国による 16 が5割，民間による私 15 は10割であった。

15 出挙
16 公出挙

⑥重い負担となった兵役は，正丁3人につき1人が各地の 17 で服務するもので，1年間宮城や京内の警備にあたる 18 や，3年間九州の防衛にあたる 19 があった。

17 軍団
18 衛士
19 防人

19 は武器や食料は自弁で，のちに東国農民に限定された。

遣唐使と奈良時代の外交

①隋にかわって唐が成立すると， 1 年，舒明天皇は最初の遣唐使として 2 を唐に派遣した。遣唐使一行は4隻の船に分乗したので「よつのふね」ともよばれた。

1 630年
2 犬上御田鍬

②7世紀後半の天武・持統朝のころ，大王にかわって天皇という称号が成立した。国号も倭から「日本」とあらため，702年の遣

唐使粟田真人がはじめて対外的に使用した。このときの遣唐使には『万葉集』の歌人としても名高い山上憶良もいた。

> 702年の遣唐使は，天智朝の669年に派遣して以来の約30年ぶりの派遣であった。

3 阿倍仲麻呂

4 吉備真備

③717年の遣唐使船で留学した[3]は帰国できず，玄宗皇帝に仕え長安で客死した。「天の原ふりさけみれば春日なる三笠の山に出でし月かも」の歌を詠んだことが有名である。同じ717年には，のちに聖武天皇に重用される玄昉と[4]も入唐した。

5 安史の乱

④[4]は752年にも遣唐副使として再び入唐し，帰国後には道鏡政権下で右大臣となった。いっぽう同年の遣唐大使藤原清河は，唐でおこった[5]を理由に帰国を許されず客死した。唐はこの[5]をきっかけに衰退していった。

6 新羅（しんら）

⑤朝鮮半島を統一した[6]とは国交をもち，頻繁に使節の行き来があったが，日本が優位に立とうとしたため関係が悪化した。このため遣唐使船は8世紀から北路をとらず，南島路，のちには南路をとって渡海するようになった。

> 藤原仲麻呂は[5]に乗じて新羅（しんら）征討計画を立てたが実現しなかった。

7 渤海

⑥ 7世紀末に中国東北部に[7]が建国されると，727年から約200年にわたり越前国敦賀の松原客院（館）などに[7]使が来日し，人参・毛皮などをもたらした。

> [7]は698年に高句麗の遺民と靺鞨族によって建国された。

平城京の繁栄

1 元明天皇

2 長安

3 条坊制

①710年，[1]天皇は平城京に遷都した。平城京は唐の[2]にならった都で，[3]制によって整然と区画された。京内には貴族や官人の邸宅や寺院が移され，口分田も多く存在した。また，市司が管理する東市・西市ももうけられた。

4 朱雀大路

②平城京は中央を南北に走る[4]で東の左京と西の右京とにわけられ，左京の東には外京があった。北部中央の大内裏（宮城・平

城宮）には天皇の生活の場である内裏や，政務・儀礼の場である朝堂院があり，その北に即位の儀式などの際に天皇が出御する大極殿があった。

> 4 の南端には羅城門，北端には朱雀門があった。
> 右京には西大寺・唐招提寺・薬師寺があり，左京には大安寺・法華寺があった。外京には興福寺・元興寺があり，外京のさらに東に東大寺があった。

③708年に 5 国から銅が献上されたのをきっかけに和銅と改元され，唐の開元通宝にならって 6 が鋳造された。政府は銭貨の流通をはかって711年に 7 をだしたが，効果は上がらなかった。

> このほか陸奥の金や周防の銅，越の石油，対馬の銀，伊勢の水銀などが発見された。
> 6 には銀銭と銅銭があった。

5 武蔵国
6 和同開珎（かいほう）
7 蓄銭叙位令

東北と九州

①東北地方の人びとは蝦夷とよばれた。孝徳天皇の647年，越後国に 1 が，翌年には 2 がもうけられ，斉明天皇の時代には，3 が日本海沿いに秋田地方の蝦夷を服属させた。

1 渟足柵
2 磐舟柵
3 阿倍比羅夫

②日本海側では，708年にもうけられた出羽柵を中心に，712年には出羽国が設置された。さらに733年には出羽柵を北方に移して秋田城が築かれた。太平洋側では，724年に大野東人らによって宮城県に 4 が築かれ，行政・軍事支配の拠点として陸奥国府と 5 がおかれた。跡地から漆紙文書などが発見されている。

> 藤原仲麻呂時代の759年には出羽国に雄勝城，陸奥国に桃生城が築かれた。

4 多賀城
5 鎮守府

③政府は各地の農民を柵戸として東北に移住させるいっぽう，服属した蝦夷を俘囚として東北から移住させて，蝦夷を分断させる政策をとった。また，九州南部では 6 を服属させて713年に大隅国をおいたが，720年には 6 が反乱をおこした。

6 隼人

奈良時代の政争

①藤原鎌足の子［1］は718年に［2］を制定したが，すぐには施行されなかった。［1］の没後に政権をにぎった［3］は，口分田の不足を補うため722年に［4］をたて，723年には［5］をだして開墾を奨励した。

> ［5］は，新たに灌漑施設をつくって開墾した土地は三世の間，旧来の灌漑施設を利用したものは一代に限って保有を認めるものであった。
>
> ［3］は天武天皇の孫にあたり，高市皇子の子であった。

②藤原［6］・［7］・［8］・麻呂の四兄弟は藤原［9］の子で，それぞれ南家，北家，式家，京家をおこした。四兄弟は異母妹の［10］を［11］の皇后にたてようとして左大臣の［12］と対立し，729年に［13］をおこして［12］を自殺に追い込んだ。平城京左京三条二坊の［12］邸宅跡からは大量の［14］が出土している。

③皇族出身の［15］は，唐から帰国した僧［16］と［17］を登用した。これに反発した大宰少弐の［18］（藤原［8］の子）は，［16］・［17］の排除を求めて740年に九州で挙兵した。乱はまもなく鎮圧されたが［19］天皇は動揺し，山背国の［20］，ついで摂津国の難波宮，［21］国の紫香楽宮へと都を転々とさせ，745年に平城京にもどった。

> ［15］と光明皇后の母は県犬養（橘）三千代で，異父兄妹だった。
>
> ［16］はのちに筑紫観世音寺別当に左遷された。
>
> ［17］は岡山県の地方豪族の出身であった。

④［22］天皇は鎮護国家の思想のもと，741年に［23］を発し，［24］年には［25］で［26］を発して盧舎那仏の造立を命じた。造立事業は［25］ではじめられたが，のちに奈良に移され，［27］天皇の［28］年に法会の［29］が盛大におこなわれた。

> ［23］は恭仁京で発せられた。
>
> インド僧の菩提僊那が来日して［29］の開眼師を務めた。

⑤［22］天皇にかわって娘の［30］が即位すると，光明皇太后の信任を得た南家の［31］が権威をふるった。［31］は，757年に祖父の

---

1 藤原不比等
2 養老律令
3 長屋王
4 百万町歩（の）開墾計画
5 三世一身法
6 武智麻呂
7 房前
8 宇合
9 不比等
10 光明子
11 聖武天皇
12 長屋王
13 長屋王の変
14 木簡
15 橘諸兄
16 玄昉
17 吉備真備
18 藤原広嗣
19 聖武天皇
20 恭仁京
21 近江国
22 聖武天皇
23 国分寺建立の詔
24 743年
25 紫香楽宮
26 大仏造立の詔
27 孝謙天皇
28 752年
29 大仏開眼供養（開眼会）
30 孝謙天皇
31 藤原仲麻呂

9 が制定した 32 を施行し，同年， 33 の変を未然におさえて政権を掌握した。翌年には 34 天皇を擁立し，天皇から 35 の名を賜った。

31 は藤原 6 の子で，皇后宮職を改編した紫微中台の長官であった。

⑥ 孝謙上皇の寵愛を受けた僧 36 が進出すると，764年に 37 がおこり 38 は敗死し，34 天皇は淡路に流された。孝謙上皇は重祚して 39 となり，36 はそのもとで太政大臣禅師ついで法王にのぼった。さらに 36 は 40 の神託と称して皇位をねらったが， 41 らによって阻止された。

40 は豊前国（大分県）にある神社である。
41 の姉の和気広虫は，37 後に多くの孤児を養育した。

⑦ 39 が没すると，36 は式家の 42 らによって 43 別当に左遷された。42 らは天智天皇の孫にあたる 44 天皇をたて，律令政治の再建をはかった。

32 養老律令
33 橘奈良麻呂
34 淳仁天皇
35 恵美押勝
36 道鏡
37 恵美押勝の乱
38 藤原仲麻呂（恵美押勝）
39 称徳天皇
40 宇佐八幡宮（神社）
41 和気清麻呂
42 藤原百川
43 下野薬師寺
44 光仁天皇

初期荘園の成立

① 聖武天皇は橘諸兄政権下の 1 年に 2 をだし，墾田の永久私有を認めた。墾田は輸租田で，位階（身分）による面積制限があった。765年には道鏡が寺院以外の新規開墾を禁止する 3 を出したが，道鏡失脚後には撤廃された。

墾田の面積は一位は500町，庶人は10町までと制限された。

② 2 をきっかけに，貴族や大寺社は地方豪族と結び，国司の協力のもとで班田農民や浮浪人を使って大規模な開墾をすすめた。こうしてうまれた 4 は農民に貸しあたえて地子をとる賃租の方式で経営された。

4 の例として，東大寺領の越前国道守荘がある。
4 には，自ら開墾した自墾地系荘園と，墾田を買いとった既墾地系荘園とがあり，両者をあわせて墾田地系荘園とよぶこともある。

1 743年
2 墾田永年私財法
3 加墾禁止令
4 初期荘園

第2章　原始・古代⑵

時代の流れを確認しよう

テーマ3　律令制(りつりょうせい)の再建と摂関政治(せっかんせいじ)

ひとことでいうと

桓武(かんむ)天皇が都を京都に移して改革を進めます。あらたな官職がもうけられ，法典も整えられました。藤原(ふじわら)摂関家は他の氏族をつぎつぎと蹴(け)落として権力をにぎり，やがて藤原道長(みちなが)が栄華を極めます。

▪ 宮都の変遷と位置

どうして都をかえるんですか？

平城京(へいじょうきょう)(へいぜいきょう)にはお寺が多くて，お坊(ぼう)さんが政治に口出ししてくるからだよ。だから今度の都にはお寺は引越しさせないよ。

桓武天皇

▶動画で詳しく！

テーマ4　荘園公領制(しょうえんこうりょうせい)と武士(ぶし)

ひとことでいうと

10世紀になると班田(はんでん)はおこなわれなくなり，あらたな土地支配の仕組みがはじまります。やがて一国内が荘園と公領で構成される荘園公領制が成立します。それらの土地を武士が管理しました。

▶動画で詳しく！

テーマ5 古代の文化

ひとことでいうと

国家によって保護された仏教は，やがて庶民の間にも広まっていきます。寺院や仏像も多くつくられました。また，漢字で表されていた文学が，ひらがなの登場で女性にも門戸がひらかれました。

ひらがなと女性って関係あるんですか？

ひらがながなかったときは，漢文で書くか，日本語を漢字の当て字で書くしかなかったのよ。でもひらがなが できたおかげで細やかな心情が書きやすくなったのよ。

紫式部

文化	特徴・代表的な人物・文化財
飛鳥文化	・はじめての仏教文化 ・ギリシャにもつながる国際性  ■法隆寺
白鳳文化	・建設的で清新 ・初唐文化の影響を受ける  ■興福寺仏頭
天平文化	・遣唐使により国際色が豊か ・盛唐文化の影響を受ける  ■興福寺阿修羅像
弘仁・貞観文化	・密教が広まり漢文学がさかん ・晩唐文化の影響を受ける  最澄  空海
国風文化	・かな文字が発達 ・優雅で洗練された文化  ■平等院鳳凰堂

動画で詳しく！

旧石器～弥生 古墳 飛鳥 奈良 平安 鎌倉 室町 安土桃山 江戸 明治 大正 昭和 平成

穴埋め問題をやってみよう

→本文の空欄は基礎用語（レベル1），赤字は発展用語（レベル2）です。レベルに応じて学習しよう！

テーマ3 律令制の再建と摂関政治

基礎用語を確認！

1 光仁天皇
2 桓武天皇
3 長岡京
4 藤原種継
5 早良親王
6 平安京
7 伊治呰麻呂
8 征夷大将軍
9 坂上田村麻呂
10 胆沢城
11 阿弖流為
12 鎮守府
13 志波城
14 文室綿麻呂

桓武天皇

①［1］天皇についで即位した［2］天皇は，仏教政治の弊害を断とうとして784年に山背国の［3］に遷都した。しかし翌年，造宮使の［4］が暗殺されると，事件の罪を問われた皇太子の［5］は断食して憤死した。［2］天皇は［5］の怨霊に悩まされるようになり，794年，和気清麻呂の建議で［6］に遷都した。

②780年，蝦夷出身の郡司［7］が多賀城を襲撃した。桓武天皇から［8］に任命された［9］は，北上川沿いに［10］を築き，蝦夷の族長［11］を帰順させた。［10］には多賀城にあった［12］を移し，翌年さらに［13］を築いた。その後，嵯峨天皇は811年に征夷将軍［14］を派遣し，蝦夷を討った。

服属した蝦夷は俘囚とよばれ，各地に移住させられた。

③［2］天皇は805年，軍事（蝦夷征討）と造作（平安京造営）の二大事業について藤原緒嗣と菅野真道に徳政相論をおこなわせた。天皇は藤原緒嗣の主張を採用して，二大事業を中止した。

平安時代初期の政治改革

1 勘解由使
2 嵯峨天皇
3 検非違使

①平安時代初期に設置された令外官（令の規定にない官職）には，国司交替時の不正防止のために桓武天皇が設置した［1］や，京の治安維持のために［2］天皇が設置した［3］がある。

国司交替の際には，事務引きつぎが完了したことを証明する解由状が，新任国司から前任者に渡された。
令外官には大納言を補佐する中納言，公卿会議に出席する参議のほか，諸国の治安維持のために承平・天慶の乱のころから設置された追捕使・押領使がある。

②桓武天皇は792年に東北や九州を除いて軍団(ぐんだん)を廃止し，かわりに郡司の子弟を[4]とした。また雑徭(ぞうよう)を半減し，班田(はんでん)を[5]年1班（一紀一班(いっき)）にあらためるなど農民の負担を軽減した。

4 健児(こんでい)
5 12

③律令(りつりょう)を補足・修正する法令を[6]，施行細則を[7]といい，それらを整理したものに[2]天皇による[8]，清和(せいわ)天皇による[9]，醍醐(だいご)天皇による[10]の三代格式(さんだいきゃくしき)がある。

> 三代格式のうち927年完成の延喜式(えんぎしき)のみが現存する。これを中心となって編纂(へんさん)したのは藤原時平(ときひら)（871～909）である。
> 3つの格を分類集成したものとして『類聚三代格(るいじゅうさんだいきゃく)』がある。

6 格(きゃく)
7 式(しき)
8 弘仁格式(こうにん)
9 貞観格式(じょうがん)
10 延喜格式(えんぎ)

④養老令(ようろうりょう)の解釈を統一するため，833年に清原夏野(きよはらのなつの)らが官撰注釈書の『[11]』を編纂した。9世紀後半には惟宗直本(これむねのなおもと)が多くの注釈を集めた私撰注釈書の『[12]』を編纂した。

11 令義解(りょうのぎげ)
12 令集解(りょうのしゅうげ)

藤原北家(ふじわらほっけ)の台頭(たいとう)

①810年，平城(へいぜい)上皇とその寵臣(ちょうしん)であった藤原式家(しきけ)の[1]・薬子(くすこ)が，上皇の重祚(ちょうそ)と平城京(へいじょうきょう)遷都をねらって反乱をおこした。これに対し[2]天皇は機密文書をあつかわせる[3]所(どころ)を設置し，北家の[4]らを[3]頭(のとう)に任じ，兵をだして乱を鎮圧した。この事件を[5]といい，これを機に藤原式家は没落し，以後北家が発展した。

> [3]頭には[4]と巨勢野足(こせのたり)が任命された。

1 藤原仲成(ふじわらのなかなり)
2 嵯峨天皇
3 蔵人(くろうど)
4 藤原冬嗣(ふゆつぐ)
5 薬子の変（平城太上天皇の変(だいじょうてんのう)）

②[4]の子の[6]は842年，有力貴族の伴健岑(とものこわみね)や[7]（三筆(さんぴつ)の一人）らを謀反(むへん)の疑いでしりぞけた。この[8]の変で皇太子の恒貞親王(つねさだしんのう)は廃され，かわって[6]の妹の子が皇太子となり，のちに文徳(もんとく)天皇として即位した。ついで[6]の娘の明子(あきらけいこ)がうんだ清和天皇が即位すると，[6]は外祖父として事実上の摂政(せっしょう)となった。

> 幼少の天皇にかわって政務を代行する職を摂政といい，成人後の天皇の政務を代行する職を関白(かんぱく)という。どちらも令外官である。

6 藤原良房(よしふさ)
7 橘逸勢(たちばなのはやなり)
8 承和の変(じょうわ)

③大納言[9]は866年，[10]に放火して左大臣源信(みなもとのまこと)に罪を着せようとした。しかし真相が発覚し，[9]と紀豊城(きのとよき)らは流罪とな

9 伴善男(とものよしお)
10 応天門(おうてんもん)

11 伴大納言絵巻

った。この［10］の変は院政期の絵画作品『［11］』に描かれている。

> 平安京の大内裏に政務や儀礼の場である朝堂院があった。［10］はその正門である。

12 藤原基経
13 光孝天皇
14 宇多天皇
15 阿衡

④［6］の養子の［12］は，884年に［13］天皇をたてて事実上の関白となった。ついで即位した［14］天皇が発した勅書にあった「［15］」という文言を，［12］は「名目のみの官職」として抗議した。天皇は非を認め，勅書を起草した橘広相を処罰した。この事件を［15］の紛議（［15］事件）という。

延喜・天暦の治

1 宇多天皇
2 菅原道真
3 894年

①藤原基経の死後，［1］天皇は関白をおかず，［2］を重用して「寛平の治」とよばれる親政をおこない，宮中警固の滝口の武者をおくなどした。このとき遣唐使に任命された［2］の意見で［3］年の遣唐使が中止された。

> 838年の遣唐使が事実上最後の遣唐使となったが，このとき遣唐副使の小野篁は渡航を拒否して配流となった。

4 宋
5 博多
6 奝然
7 高麗

②907年に唐がほろびやがて［4］がおこった。［4］とは正式な国交をひらかなかったが民間の交流はさかんで，［4］の商船がしばしば［5］に来航した。それに便乗して［4］に渡った東大寺僧［6］のもち帰った釈迦像が，京都嵯峨の清凉寺に安置されている。朝鮮半島では10世紀に［7］がおこり，新羅をほろぼした。

> 926年渤海は契丹（遼）にほろぼされた。

8 醍醐天皇
9 菅原道真
10 藤原時平
11 北野

③［1］天皇のあとの［8］天皇のもとで［9］は右大臣となったが，901年に左大臣［10］の策謀によって大宰権帥に左遷され死去した。［9］の怨霊を鎮めるため京都に［11］天満宮がつくられ，［9］は［11］天神としてまつられた。学問の神とされている。

12 醍醐天皇
13 延喜

④摂政・関白をおかない［12］天皇の親政は「［13］の治」とよばれる。［12］天皇は律令体制の復興をはかって902年には班田を実施するとともに［13］の荘園整理令を発した。これははじめてだ

された荘園整理令であった。

⑤ 12 天皇の子のうち，兄の朱雀天皇の時代には 14 が摂政・関白となって政権を握った。いっぽう弟の 15 天皇は，摂関をおかず「 16 の治」とよばれる親政をおこなった。958年に鋳造された 17 は， 18 の最後となった。

14 藤原忠平
15 村上天皇
16 天暦の治
17 乾元大宝
18 本朝（皇朝）十二銭

藤原氏の栄華

① 969年におこった 1 で左大臣の 2 が失脚すると藤原氏による他氏排斥は完了し，以後，摂政・関白が常置されるようになった。いっぽう藤原氏は内紛をおこし，兼通と兼家，道長と伊周が争った。

> 2 は醍醐天皇の子で，多田源氏の源満仲の密告を受け，藤原実頼によって大宰府に左遷された。著書に儀式書『西宮記』がある。

1 安和の変
2 源高明

② 3 は娘を次々と天皇の后妃とした。一人目の彰子がうんだ後一条天皇が即位すると， 3 は外祖父として摂政となった。1018年に一家三后が実現した際に 3 が詠んだ「望月の歌」が， 4 の日記『 5 』に記されている。

> 3 の娘の彰子・妍子・威子・嬉子は，それぞれ一条・三条・後一条・後朱雀天皇の后妃となった。
> 3 の日記を『御堂関白記』というが， 3 は関白にはなっていない。「御堂」とは 3 が建てた法成寺の阿弥陀堂のこと。

3 藤原道長
4 藤原実資
5 小右記

③ 3 の子の 6 は，後一条から3代の天皇の摂政・関白となった。1053年， 6 は京都の宇治に 7 を建て，「宇治関白」とよばれた。

6 藤原頼通
7 平等院鳳凰堂

テーマ4 荘園公領制と武士

基礎用語を確認！

8～9世紀の土地制度

① 律令制下，課役の負担をのがれようとして 1 ・逃亡する農民があいつぎ，国家の許可なく得度（出家）する私度僧も現れた。9世紀になると男子が女子といつわる 2 がふえ，公民制はい

1 浮浪
2 偽籍

3 醍醐天皇
4 三善清行
5 意見封事十二箇条

っそう動揺した。こうした地方政治の混乱ぶりは914年に［3］天皇に提出された［4］の「［5］」でも指摘されている。

▌本籍地を離れた浮浪人は現住所で登録され調・庸が課された。

6 公営田
7 勅旨田
8 醍醐天皇

② 9世紀，政府は国家財政の財源の確保をはかって，大宰府管内に［6］，畿内には諸官庁が管理する官田，そして各地には天皇家の財政収入のための［7］をもうけた。［7］はのちに［8］天皇が発した延喜の荘園整理令で設置を禁止された。

10世紀の負名体制

1 藤原忠平
2 名（名田）
3 官物

①10世紀初め，朱雀天皇のもとで［1］は現実的な土地政策に転換した。公田を［2］とよばれる課税単位に編成し，［2］の面積に応じて［3］・臨時雑役を徴収するようにした。

4 田堵
5 新猿楽記

②［2］の耕作を請け負った有力農民を［4］（負名）という。藤原明衡が著した『［5］』には，農民や浮浪人を使って大きい［2］を請作する大名［4］の田中豊益の様子が描かれている。

▌藤原明衡は漢詩文集『本朝文粋』の撰者とされる。

6 遙任
7 在庁官人

③10世紀，国司などが私財を投じて朝廷の儀式や造寺を請け負い，かわりに官職を得ようとする成功がさかんとなった。国司に任じられても現地には赴任せず，かわりに目代を派遣して収入のみを得る［6］もおこなわれた。そうした国の国衙は留守所とよばれ，地方豪族らが［7］となって実務をとった。

▌成功をおこなって同じ官職に就くことを重任といった。

8 受領
9 藤原元命
10 尾張国郡司百姓等解（文）

④現地に赴任した国司のうち最上級の者は［8］とよばれ，その一人［9］は，988年に「［10］」で郡司と農民からその収奪ぶりを政府に訴えられ，尾張国司を罷免された。

▌『今昔物語集』には「［8］ハ倒ルル所ニ土ヲツカメ」と言った貪欲な［8］として信濃守（国司）藤原陳忠がみえる。

寄進地系荘園

1 不輸の権

①10世紀になると租税免除の特権である［1］を認められた荘園が

増加した。そのうち中央政府から太政官符や民部省符といった文書によって租税が免除されたものを官省符荘といい，国司によって租税が免除されたものを国免荘といった。

②11世紀，さかんに開墾をおこなった大名田堵は 2 とよばれるようになり，その多くは在庁官人となって国衙行政に進出した。国司は国衙領とよばれた公領を新たに郡・郷・保などに再編し，2 らを郡司・郷司・保司などに任命した。

2 開発領主

③ 2 のなかには中央の貴族や寺社に土地を寄進して荘園とし，自らはその荘官となる者もあった。荘園領主は 1，さらに国衙からの検田使の立ち入りを拒否する 3 を得た。寄進を受けた荘園領主を 4，さらに寄進された上級貴族を本家といい，両者のうち実質的な支配権をもつものを 5 といった。

> 荘園の領域を示すしるしとして境界の四隅などにおかれた，石や木を牓示という。

3 不入の権
4 領家
5 本所

④寄進地系荘園は預所・公文・下司などの荘官によって管理され，大部分は名に分割された。名を請作した田堵は権利を強めて 6 とよばれるようになり，年貢・ 7 ・夫役を領主におさめた。

> 本家から 6 まで，それぞれに認められた権益を職という。
> 6 は隷属農民である下人・所従を使い，作人に土地を貸した。

6 名主
7 公事

武士の台頭

①下総国を本拠とする 1 は，一族内の争いから伯父の平国香を殺害し，939年に常陸・下野・上野の国府を襲って関東の大半を占領した。1 は自ら 2 と称して独立をはかったが，国香の子の平貞盛と下野押領使の 3 によって鎮圧された。

> 桓武天皇の曾孫の高望王は平姓を賜って臣籍に下り，桓武平氏の祖となった。
> 平貞盛の子の平維衡は伊勢守となり伊勢平氏の祖となった。

1 平将門
2 新皇
3 藤原秀郷

②伊予国司であった 4 は伊予国に土着し，939年海賊をひき

4 藤原純友

旧石器～弥生 古墳 飛鳥 奈良 平安 鎌倉 室町 安土桃山 江戸 明治 大正 昭和 平成

5 源経基

いて瀬戸内海沿岸の国府や大宰府を襲った。しかし，清和源氏の祖である［5］と追捕使の小野好古によってほろぼされた。

［4］は伊予国の日振島を拠点としていた。

［4］の乱と［1］の乱をあわせて承平・天慶の乱という。

6 刀伊の入寇
7 藤原隆家

③1019年，女真族が北九州を襲う［6］がおこると，大宰権帥の［7］が九州の武士をひきいて撃退した。

女真族は高麗では刀伊とよばれ，中国東北部に金を建国した。

東国武士団の活躍

1 平忠常
2 源頼信

①1028年に［1］が上総国で乱をおこして房総を占拠すると，源満仲の子の［2］が鎮圧し，源氏が東国に進出するきっかけをつくった。

開発領主層を惣領とする小武士団は，惣領の一族を家子，それ以外の者を郎党とよび，清和源氏や桓武平氏を棟梁とあおいだ。

3 安倍
4 源頼義
5 前九年合戦（前九年の役）

②1051年，陸奥の［3］頼時が反乱をおこすと，［2］の子で陸奥守の［4］が出羽の清原氏のたすけを得て乱を平定した。これを［5］といい，以後は清原氏が陸奥･出羽両国を支配した。

6 源義家
7 藤原（清原）清衡

③1083年，［4］の子で陸奥守の［6］は清原氏の内紛に介入し，清原氏の一族である［7］をたすけ，清原氏をほろぼした。これを後三年合戦（後三年の役）という。［7］は奥州藤原氏の祖となった。

8 中尊寺金色堂

④奥州藤原氏は産物の金や馬によって京都の文化を移入し，陸奥国平泉に阿弥陀堂建築の［8］を建立した。ここには［7］とその子基衡，孫の秀衡の3体のミイラがおさめられている。

平泉に藤原基衡は毛越寺を建立し，藤原秀衡は無量光院を建立した。

テーマ5 古代の文化

飛鳥文化

①7世紀前半の飛鳥文化は仏教中心の文化であった。豪族らによる氏寺として，蘇我馬子が建立した 1 （法興寺）や，厩戸王（聖徳太子）の創建といわれる大阪市の四天王寺（摂津）や金堂・五重塔がのこる 2 （斑鳩寺）がある。弓月君を祖とする秦氏は山背に 3 を創建した。

> 1 は平城京に移されると元興寺となった。
> 伽藍建築は柱を礎石で支え，屋根に瓦を用いることに特徴がある。
> 聖徳太子は高句麗僧の恵慈に師事し，法華経，維摩経，勝鬘経の注釈書である『三経義疏』を著したとされる。
> 2 金堂などの柱にみられるふくらみはエンタシスとよばれる。

②『日本書紀』に天智天皇時代の670年に 2 が焼失したとの記事がある。このため 2 再建論争がおこったが，四天王寺式伽藍配置の 4 跡の発掘により再建論が有力となった。

> 飛鳥寺式伽藍配置は塔を中心に東・西・北の三方に金堂を配置するもので，朝鮮三国の一つ高句麗の影響を受けたとされる。それに続く四天王寺式伽藍配置は中門，塔，金堂，講堂が南北一直線に並ぶ。

③美術作品（彫刻）

名 称	特 徴
飛鳥寺釈迦如来像（飛鳥大仏）	北魏様式　5 作
法隆寺 6	北魏様式　5 作
法隆寺夢殿救世観音像	北魏様式　秘仏とされていた
法隆寺百済観音像	南朝様式
中宮寺半跏思惟像（弥勒菩薩像）	南朝様式
広隆寺半跏思惟像（弥勒菩薩像）	南朝様式

> 5 は止利仏師ともよばれ，渡来人司馬達等の孫であった。

基礎用語を確認！

1 飛鳥寺
2 法隆寺
3 広隆寺
4 若草伽藍跡
5 鞍作鳥
6 金堂釈迦三尊像

7 中宮寺
8 天寿国繡帳
9 玉虫厨子

④工芸では，橘大郎女が聖徳太子の死後の世界を刺繡で表した［7］寺［8］や，須弥座の側面に捨身飼虎図などが描かれた［2］の［9］などのすぐれた作品がうまれた。［9］にはスイカズラのような蔓草を図案化した忍冬唐草文様がみられる。

白鳳文化

1 天武
2 薬師寺

①［1］・持統両天皇の時代の文化を白鳳文化という。初唐文化の影響を受けた建設的で清新さを特徴とする文化で，仏教興隆は国家的に推進された。［1］天皇は，舒明天皇創建とされる百済大寺を大官大寺としたほか，皇后の病気平癒を祈って［2］を建立した。

> 僧尼を教導・統轄する官職を僧綱という。
> 大官大寺は平城京に移されると大安寺となった。
> 天智天皇は川原寺を建立した。
> 火葬の風習は700年に僧道昭が火葬されたことをもってはじまった。

3 興福寺仏頭

②建築では三重塔で各層の屋根の下に裳階とよばれる庇がつけられている［2］東塔がのこっている。彫刻ではもともと山田寺の本尊であった［3］や，［2］金堂薬師三尊像，橘夫人念持仏の法隆寺阿弥陀三尊像がある。

> ［2］式伽藍配置は塔を２つ備えることを特色とする。
> 山田寺は蘇我石川麻呂が建立した寺院である。

4 法隆寺金堂壁画
5 高松塚古墳壁画

③絵画では［4］にインドや西域の影響がみられるが，1949年に焼損した。また，朝鮮三国の１つ高句麗の影響がみられる［5］には，男女群像や星宿・四神が描かれている。

> 四神とは青竜・白虎・朱雀・玄武で，奈良県明日香村のキトラ古墳壁画にも描かれた。

④天智・［1］の二人の天皇に愛された額田王や，雄大な作風の柿本人麻呂らの和歌が『万葉集』にのこされている。壬申の乱後には天皇を神格化する歌が詠まれ，その１つ「大君は神にしませば赤駒のはらばふ田井を都となしつ」は大伴御行による作品である。

天平文化

①盛唐文化の影響を受けた奈良時代の文化を天平文化という。仏教をあつく信仰した聖武天皇は，[1]思想にもとづき国ごとに国分寺と国分尼寺をつくらせ，東大寺に盧舎那仏（大仏の正式名称）をつくったほか，唐から[2]を招き東大寺に戒壇を築かせ授戒を受けた。

> 国分寺で写すべきとされた経典は金光明最勝王経で，総国分寺は東大寺であった。国分尼寺で写すべき経典とされたのは法華経で，総国分尼寺は法華寺であった。法華寺は藤原不比等の邸宅を娘の光明子（光明皇后）が相続して寺院としたものである。
> 金光明経は法華経や仁王経とともに護国三部経の1つであった。
> 東大寺と下野薬師寺と筑紫観世音寺の戒壇を天下三戒壇という。

1 鎮護国家
2 鑑真

②橋や道路の修理や，朝廷が定めた僧尼令によって禁じられていた民間への布教をおこなっていた[3]は，大仏造立に協力して大僧正になった。いっぽう[4]は，貧窮者や孤児などを救済する悲田院や医療施設の施薬院を平城京に設けた。

> [3]は地方から調庸物を運んで京にくる人びとのために，宿泊所的な機能を有する布施屋も建てた。

3 行基
4 光明皇后

③平城京には藤原氏の氏寺である[5]や称徳天皇発願の西大寺などもつくられた。また華厳宗・倶舎宗・律宗・法相宗・成実宗・三論宗の南都六宗もうまれた。これらは経典研究をおこなう教学集団で，このうち東大寺を拠点とし盧舎那仏を本仏としたのが華厳宗，道昭が伝えたのが法相宗，753年に来日した唐僧[2]が伝えたのが律宗である。

> [5]は中世には事実上の大和国守護となった。
> 藤原氏の氏神は春日神社である。
> 東大寺の初代別当には良弁が任命された。

5 興福寺

④美術作品（建築）

名　称	特　徴
法隆寺夢殿・伝法堂	八角形の建造物と貴族の住宅建築
東大寺法華堂・転害門	今にのこる奈良時代の２つの建造物
東大寺正倉院	角材を井桁に積み上げた校倉造の建造物
6 金堂・講堂	2 がひらいた寺院で，講堂は平城宮の朝集殿を移築したもの

⑤美術作品（彫刻）

名　称	特　徴
7 （八部衆像の一つ）	乾漆像　三面六臂の仏像
東大寺法華堂不空羂索観音像	乾漆像　両脇に日光・月光菩薩像がおかれた
東大寺法華堂執金剛神像	塑　像
東大寺戒壇堂（院）四天王像	塑　像
8	乾漆像　戒律を伝えた僧の肖像

⑥美術作品（絵画・工芸）

名　称	特　徴
正倉院鳥毛立女屏風	樹下にたたずむ唐風美人を描く
9	麻布に描かれた仏教絵画
過去現在絵因果経	釈迦の伝記の文章と絵が一体化したもの
正倉院宝物	光明皇太后が東大寺に献納した聖武天皇の遺愛品。螺鈿紫檀五絃琵琶など
10	称徳天皇が恵美押勝の乱の戦没者の冥福を祈ってつくらせた世界最古の印刷物

6 唐招提寺

7 興福寺阿修羅像

8 唐招提寺鑑真和上像

9 薬師寺吉祥天（画）像

10 百万塔陀羅尼（経）

⑦ 11 年に編纂(へんさん)された『 12 』は，13 天皇が「帝紀(ていき)」「旧辞(きゅうじ)」を再検討させたものを稗田阿礼(ひえだのあれ)によみならわせ，14 が筆録した史書である。いっぽう 15 年編纂の『 16 』は，17 が中心となり，中国の史書にならって漢文・編年体で書かれた正史で，六国史(りっこくし)の最初となった。このほか713年には諸国に命じて産物や地名などを記録した『 18 』もつくられた。

> 『12』は神代から推古(すいこ)天皇までのことが書かれており，元明(げんめい)天皇のときに完成した。いっぽう『16』は神代から持統天皇までのことが書かれており，元正(げんしょう)天皇のときに完成した。
> 『18』は豊後(ぶんご)・出雲(いずも)・常陸(ひたち)・肥前(ひぜん)・播磨(はりま)のものがのこっており，そのうち『出雲国18』はほぼ完本である。

11 712年
12 古事記(こじき)
13 天武天皇
14 太安万侶(おおのやすまろ)
15 720年
16 日本書紀(にほんしょき)
17 舎人親王(とねりしんのう)
18 風土記(ふどき)

⑧ 文学では最古の漢詩集『 19 』や最古の和歌集『 20 』がつくられた。『19』の撰者は，2 の伝記『唐大和上東征伝(とうだいわじょうとうせいでん)』を著した 21 との説がある。『20』は漢字の音訓で日本語を表す万葉仮名(まんようがな)で書かれ，編者は歌数がもっとも多い 22 （大伴旅人(おおとものたびと)の子）と考えられている。農民の苦しい生活を歌った 23 の「貧窮問答歌(ひんきゅうもんどうか)」もここに収められている。また 24 は日本最初の図書館である 25 をつくった。

> 『20』収載の約４,500首のなかには，兵士となった東国農民による防人(さきもり)の歌や，東国の民謡である東歌(あずまうた)がふくまれている。

19 懐風藻(かいふうそう)
20 万葉集(まんようしゅう)
21 淡海三船(おうみのみふね)
22 大伴家持(やかもち)
23 山上憶良(やまのうえのおくら)
24 石上宅嗣(いそのかみのやかつぐ)
25 芸亭(うんてい)

弘仁(こうにん)・貞観(じょうがん)文化

① 平安時代前期の文化を弘仁・貞観文化という。晩唐(ばんとう)文化の影響を受けて漢文学が発展し，仏教では加持祈禱(かじきとう)を重視して現世利益を求める 1 がさかんとなった。奈良時代後期からおこった神仏習合(しんぶつしゅうごう)はさらに広まり，神社の境内に神宮寺(じんぐうじ)が建てられたり，薬師寺 2 のような僧侶の姿をした神像がつくられたりした。

> 文芸が国家の支柱であり国家隆盛の鍵だとする文章経国(もんじょうけいこく)思想が広まった。
> 1 に関して宇宙の根本仏とされる中心仏は大日如来(だいにちにょらい)である。
> 1 とは反対に，教典にもとづいて学び悟りをひらこうとする教えを顕教(けんぎょう)という。

1 密教(みっきょう)
2 僧形八幡神像(そうぎょうはちまんしんぞう)

3 最澄
4 空海
5 金剛峰寺
6 嵯峨天皇
7 顕戒論

②唐から帰国した 3 と 4 は，それぞれ天台宗と真言宗をひらいた。天台宗が比叡山延暦寺を拠点としたのに対し，真言宗は高野山 5 寺と 6 天皇から賜った教王護国寺（東寺）を拠点とした。3 は授戒のための大乗戒壇の設立を主張したが，南都の諸宗から激しい反対にあい，『 7 』を著して反論した。

3 は「山家学生式」を著して，天台僧の教育方針を定めた。
真言宗の 1 を東密とよび，天台宗の 1 を台密とよぶ。
1 は在来の山岳信仰と結びつき，修験道の源流となった。

8・9 嵯峨天皇・橘逸勢（順不同）

③ 4 は著書『三教指帰』で，儒教・仏教・道教のうちで仏教がもっともすぐれていることを説いた。また，故郷の讃岐国に百姓らのための満濃池を修築した。書道の名手でもあった 4 は，8 ・ 9 とともに三筆としてたたえられた。4 から 3 に送った書状が『風信帖』としてのこされている。

3 ・ 4 ・橘逸勢は804年の遣唐使に従って入唐した。

10 円仁
11 円珍
12 入唐求法巡礼行記

④ 3 の弟子のうち，10 の門流は延暦寺に拠って山門派とよばれ，11 の門流は園城寺に拠って寺門派とよばれた。10 は838年の遣唐使に従って渡唐した記録を『 12 』にのこしている。

13 室生寺

⑤女人高野と俗称される山岳寺院の 13 には，平安時代初期の建造物である金堂や塔が現存する。この時代の彫刻は京都高雄山の神護寺薬師如来像のように一木造のものが多く，また大阪府の 14 のような神秘的で密教的な作品もつくられた。

14 観心寺如意輪観音像
15 曼荼羅

⑥密教の影響は絵画にも表れ，密教の世界を描いた 15 として，東寺ともよばれる教王護国寺と神護寺に両界 15 がのこっている。また園城寺の不動明王像は黄不動ともよばれる。

16 凌雲集
17 経国集
18 日本霊異記

⑦初の勅撰漢詩文集として嵯峨天皇の命で『 16 』が編纂され，ついで『文華秀麗集』，さらに淳和天皇の命で『 17 』が編纂された。このほか現存最古の説話集である『 18 』が薬師寺僧の景戒によって編纂された。

空海による漢詩文の評論に『文鏡秘府論』があり，弟子の真済が編んだ空海の漢詩文集に『性霊集』がある。

⑧史書では六国史の2番目の『 19 』，ついで『日本後紀』が編纂された。醍醐天皇の時代に編纂された『 20 』は六国史の最後となった。 21 は六国史を分類整理して『 22 』を編纂した。

六国史の4番目は『続日本後紀』，5番目は『日本文徳天皇実録』である。続く『20』には清和・陽成・光孝の3天皇の事績が記されている。

19 続日本紀
20 日本三代実録
21 菅原道真
22 類聚国史

⑨有力貴族が一族の子弟のためにもうけた寄宿施設の大学別曹として，藤原氏の 23 ，在原氏の奨学院，橘氏の学館院，和気氏の弘文院がある。空海は庶民の教育のために 24 をもうけた。

23 勧学院
24 綜芸種智院

国風文化

①摂関政治の時代の文化を国風文化という。この時代は 1 思想の流行を背景に，阿弥陀仏の救いによって来世の極楽往生を願う浄土教がさかんになった。神仏習合もいっそうさかんとなり，神は仏の仮の姿すなわち権現であるとする 2 が広まった。

釈迦入滅後の正法，像法をへて，1052（永承7）年から 1 の世に入るとされた。

1 末法
2 本地垂迹説

②10世紀半ばに 3 が京中で浄土教を説いて 4 とよばれ，ついで 5 （恵心僧都）が985年に『 6 』を著して極楽往生の方法を説いた。往生伝としては 7 の『 8 』，三善為康の『拾遺往生伝』がある。

3 空也
4 市聖
5 源信
6 往生要集
7 慶滋保胤
8 日本往生極楽記

③藤原頼通が京都宇治に建てた阿弥陀堂に 9 がある。父の藤原道長も浄土教を信仰して 10 寺を建てたが，現在はのこっていない。 9 内の阿弥陀如来像は 11 がつくった 12 造による彫刻である。絵画では阿弥陀信仰による救済を表した 13 が描かれた。代表作に「高野山聖衆 13 」がある。

京都市の醍醐寺には10世紀中ごろの建立が確実な五重塔がのこる。

9 平等院鳳凰堂
10 法成寺
11 定朝
12 寄木造
13 来迎図

京都の日野には11世紀中ごろ，日野資業によって法界寺阿弥陀堂がつくられた。

14 寝殿造
15 大和絵

④貴族の住宅は［14］の様式で建てられ，室内の襖や屏風には日本の風物を描く［15］が描かれた。巨勢金岡はその祖とされている。また調度品には，漆と金・銀・鉛などの粉末によって絵模様をあらわす蒔絵の装飾がほどこされた。

16 小野道風
17 藤原佐理
18 藤原行成

⑤書道では三蹟（跡）とよばれた［16］・［17］・［18］の名手が現れた。［17］の書に『離洛帖』がある。また『白氏詩巻』をのこした［18］は世尊寺流の祖となった。

19 古今和歌集
20 紀貫之
21 土佐日記

⑥かな（仮名）文字の発達により和歌や物語・日記文学がさかんになった。『［19］』は醍醐天皇の命で905年に編纂された初の勅撰和歌集で，『新古今和歌集』まで続く八代集の最初となった。編者の［20］はかな日記の最初とされる『［21］』の作者でもある。

和歌や漢詩を集めた『和漢朗詠集』の撰者は藤原公任である。
百科漢和辞書の『倭（和）名類聚抄』の撰者は源順である。

22 紫式部

⑦物語文学では，「ものがたりのいできはじめの祖」といわれた『竹取物語』に続いて，六歌仙の一人在原業平をモデルとした歌物語の『伊勢物語』，音楽の名人藤原仲忠と貴宮をめぐる求婚譚の『宇津保物語』，一条天皇の中宮彰子に仕えた［22］による『源氏物語』が書かれた。

23 更級日記

⑧日記・随筆では，不仲になった夫へのあきらめなど藤原道綱の母が自らの半生を回想した『蜻蛉日記』，一条天皇の皇后定子に仕えた清少納言による『枕草子』のほか，菅原孝標の女が上総から帰京した旅を記した『［23］』などがある。

⑨平安時代の男性貴族の正装は，束帯やそれを簡略にした衣冠，日常着は直衣や狩衣であった。狩衣から変化した水干は，庶民や下級官人に広く用いられた。女性の正装は十二単ともよばれる女房装束であった。

成人の儀式のことを男性は元服，女性は裳着という。
貴族社会では結婚した男性が妻の家で生活する招婿（婿入）婚が一般的であった。

⑩貴族は吉凶を気にかけ，陰陽道の影響から家に引きこもる物忌や，凶の方角を避けて移動する方違などの行動をとった。非業の死を遂げた者が祟りをなすとの信仰がひろまり，祇園 24 や菅原道真をまつる北野 24 がおこなわれた。

吉凶の占いや除災の祓などをおこなう呪術師を陰陽師という。
貴族の日記は日の吉凶が書かれた具注暦の余白部分に記されることが多かった。

24 御霊会

旧石器～弥生
古墳
飛鳥
奈良
平安
鎌倉
室町
安土桃山
江戸
明治
大正
昭和
平成

第3章 中世(1)

時代の流れを確認しよう

テーマ6 中世社会の成立

ひとことでいうと

白河上皇(しらかわじょうこう)が院政(いんせい)をはじめると摂関家(せっかん)の力はおさえられます。しかしそうした貴族(きぞく)による政治は，保元(ほうげん)・平治(へいじ)の乱を境に武士にとってかわられました。まず平清盛(たいらのきよもり)による平氏政権は短く終わり，源頼朝(みなもとのよりとも)によって鎌倉幕府(かまくらばくふ)がひらかれます。

▪ 院政

▪『平治物語絵巻(へいじものがたりえまき)』より

『平家物語』に「おごれる者も久しからず」って書かれてるのをどう思いますか？

最初の武家政権だったから難しかったんだよ。頼朝だって源氏将軍は3代しかもたなかっただろ？ 足利(あしかが)や徳川(とくがわ)は歴史に学んでうまくやったな。

平清盛

▶動画で詳しく！

執権政治

ひとことでいうと

鎌倉幕府の主導権をにぎったのは源頼朝の妻の一族の北条氏でした。執権となった北条氏は承久の乱や蒙古襲来などのピンチを乗り切っていきますが，その専制政治が御家人の不満をまねきます。最後は後醍醐天皇の勢力によって幕府は倒れました。

女性なのに「尼将軍」なんてよばれてすごいですね？

昔の女性は地位が低かったと思ってるんでしょ？　明治時代とかはひどいらしいけど，鎌倉時代はそうでもないのよ。女性の相続権も認められてるし，女性の地頭だっていたのよ。

北条政子

▪『蒙古襲来絵巻』より

▶動画で詳しく！

穴埋め問題をやってみよう

➜本文の空欄は基礎用語（レベル１），赤字は発展用語（レベル２）です。レベルに応じて学習しよう！

テーマ 6 中世社会の成立

後三条天皇と院政

①藤原氏を外戚としない［ 1 ］は，［ 2 ］らを侍講として親政をおこなった。天皇は公領の回復をはかって1069年に［ 3 ］をだし，中央に［ 4 ］を新設して証拠文書などを審査した。また公定枡の［ 5 ］もつくった。

［2］の儀式書に『江家次第』がある。

［3］では1045（寛徳２）年以後の新立荘園や券契（証拠文書）不明の荘園などが停止され，摂関家の荘園も没収された。

内裏の造営や伊勢神宮の遷宮などの国家的諸行事の費用に充てるため，荘園・公領の別なく課税する一国平均役を［1］は導入した。

②［ 6 ］は1086年に［ 7 ］に譲位し，自らは上皇（院）となって院政をはじめた。院政をおこなう上皇は治天の君とよばれ，院司を職員とする役所の院庁をおき，上皇の命令を伝える院宣や院庁が発する院庁下文によって政務をとった。

上皇を支える受領や乳母の一族などは院（の）近臣とよばれた。

③院政期には，上級貴族を［ 8 ］主として一国の支配権をあたえる［ 8 ］制が広まった。上皇たちは出家して法皇となるなどあつく仏教を信仰し，［6］発願の［ 9 ］をはじめとする六勝寺を建立し，熊野詣や高野詣もしばしばおこなった。

院政期の根本史料として，白河上皇らの信任を受けた藤原宗忠の日記『中右記』がある。

［7］は六勝寺の１つ尊勝寺を造立した。

④奈良の興福寺（南都）の僧兵は春日神社の神木をかついで強訴し，比叡山の延暦寺（北嶺）の僧兵は日吉神社の神輿をかついで強訴した。後者は山法師といわれ，鴨川の水と双六のさいとともに［6］の意のままにならないものに数えられた。

基礎用語を確認！

1 後三条天皇
2 大江匡房
3 延久の荘園整理令
4 記録荘園券契所（記録所）
5 宣旨枡
6 白河天皇
7 堀河天皇
8 知行国
9 法勝寺

奈良県の春日神社は藤原氏の氏神である。

平氏の政界進出

①伊勢平氏出身の平正盛は，白河上皇が設置した［1］の武士に登用され，出雲でおこった源義親の乱を鎮圧した。白河院政のあとの鳥羽院政期には，正盛の子の［2］が瀬戸内海の海賊平定などで活躍し，鳥羽上皇に昇殿を許された。

1 北面の武士
2 平忠盛

②1156年，鳥羽法皇が死去すると［3］がおこった。［4］上皇は摂関家の［5］と結び，源［6］・為朝・平忠正らの武士を動員して［7］天皇側を攻めた。対する［7］天皇は摂関家の［8］と結び，源義朝・平清盛らの武士を動員してこれを破った。

［4］上皇は讃岐に流され，源為朝は伊豆大島に流された。後者を主人公とする読本に曲亭（滝沢）馬琴の『椿説弓張月』がある。

3 保元の乱
4 崇徳上皇
5 藤原頼長
6 源為義
7 後白河
8 藤原忠通

③［7］院政がはじまると［9］は平清盛と対立し，院(の)近臣の［10］と結んで1159年に兵をあげた。［9］らは清盛と結ぶ［11］を討ったが，清盛の反撃にあい［9］は敗死し，子の源頼朝は伊豆に流された。これを［12］という。

［11］は鳥羽上皇の命で史書『本朝世紀』を著した。

9 源義朝
10 藤原信頼
11 藤原通憲（信西）
12 平治の乱

平氏政権

①1167年に武士としてはじめて太政大臣となった［1］は，嫡男平重盛ら一門を高位・高官につけ，娘の［2］（建礼門院）を［3］天皇の中宮とするなど権勢をほこった。平氏政権は［1］が京都の六波羅に邸宅を構えたことから六波羅政権ともよばれた。

［1］は西国の武士たちを家人として組織し，荘園や公領の地頭に任命した。

『平家物語』には平時忠が「此の一門にあらざらむ人は皆人非人なるべし」と言ったことがみえる。

1 平清盛
2 平徳子
3 高倉天皇

②平氏政権は全国の約半数の知行国と500余カ所の荘園を財政基盤とし，［4］貿易にも力を入れた。［1］は摂津国の［5］（現，神戸港）を修築し，安芸国の音戸の瀬戸を開削した。貿易では

4 日宋貿易
5 大輪田泊

6 宋銭
7 陶磁器
8 唐物

[6]・[7]器・書籍・香料・高級織物などが輸入され，金・刀剣・硫黄・水銀・漆器などが輸出された。中国からの輸入品は「[8]」とよばれて珍重された。

> 平氏一門では[1]の父の忠盛から[4]貿易に力を入れるようになったが，日本と宋（南宋）との間に正式な国交はひらかれなかった。

治承・寿永の乱

1 鹿ケ谷
2 後白河法皇
3 平徳子
4 安徳天皇

①平清盛は1177年，京都郊外の[1]で平氏打倒の謀議をおこなっていた院(の)近臣らを処罰し，1179年には[2]を鳥羽殿に幽閉して院政を停止した。翌年，娘の[3]がうんだ[4]を即位させると，天皇の外祖父として朝廷の全権を握った。

> [1]の陰謀で藤原成親は備前国に配流・殺害され，僧俊寛は鬼界ヶ島（鹿児島県硫黄島）に配流された。

5 以仁王
6 源頼政
7 福原京

②1180年，[4]が即位すると[2]の皇子[5]は，平氏打倒の挙兵をうながす令旨を発し，[6]とともに挙兵して敗死した。これにはじまる戦乱を治承・寿永の乱という。同年，平氏は摂津国の[7]に遷都したが，半年後に再び京都にもどった。

> [5]の令旨は，源行家によって伊豆の源頼朝や信濃の源義仲にも届けられた。

8 1180年
9 源頼朝
10 平重衡
11 養和

③[8]年，[9]は石橋山の戦いに敗れたが，富士川の戦いで平氏を破った。同年，[10]は南都焼き打ちをおこない，興福寺・東大寺を攻撃した。1181年ごろ，[11]の大飢饉が発生し，平氏の基盤を弱体化させた。

12 源（木曽）義仲
13 安徳天皇

④1183年，[12]は倶利伽羅峠の戦いで平氏を破って入京をはたした。平家一門は[13]天皇をともなって西国へ落ちのび，京都では[2]が後鳥羽天皇を即位させた。

> [12]は入京すると征夷大将軍に任じられた。
> 1181年に平清盛が病死すると，子の平宗盛が平家一門を統率した。

⑤ 9 は京都に送った弟の源範頼・義経に 12 を討たせ，ついで摂津国の一の谷の合戦，讃岐国の屋島の合戦で平氏を討たせた。1185年には長門国の 14 で平氏をほろぼした。このとき 13 天皇は入水した。

14 壇の浦（の戦い）

鎌倉幕府の成立

① 源頼朝は挙兵後まもなく御家人統制のための 1 をもうけ， 2 を別当に任じた。1183年には 3 により 4 から東海・東山両道の支配権を認められた。1184年には一般政務をつかさどる 5 （のち政所と改称）をもうけて 6 を別当に任じ，また裁判事務をつかさどる 7 ももうけて 8 を執事に任じた。

1 侍所
2 和田義盛
3 寿永二年十月宣旨
4 後白河法皇
5 公文所
6 大江広元
7 問注所
8 三善康信

② 1185年， 4 は源義経に対して源頼朝追討の院宣を発したが，義経は失敗して奥州藤原氏を頼った。これに対し源頼朝は 4 にせまって義経追討の院宣をださせ，義経の捜索を名目に守護・ 9 の設置を認めさせた。

> このとき源頼朝は，荘園・公領を問わず反（段）別５升の兵粮米を徴収する権利を認められたが，のちに停止された。

9 地頭

③ 鎌倉幕府は国ごとに一人ずつ 10 を，荘園・公領ごとに 11 をそれぞれ設置した。 10 の任務は御家人を京都大番役に召集する 12 と，謀叛人・殺害人の逮捕の 13 であった。

> 10 は最初は惣追捕使とよばれ， 11 と兼任した。

10 守護
11 地頭
12 大番催促
13 大犯三カ条

④ 14 は将軍に対して戦時には軍役を，平時には 15 や鎌倉番役などの奉公にはげむかわりに，将軍から先祖伝来の所領を 16 され，功績に応じて新恩給与などの御恩を受けた。この鎌倉幕府のしくみを 14 制度という。

> 鎌倉幕府の 14 制度は世界史的には封建制度とよばれる。
> 幕府の財政基盤は，関東御領とよばれた平家没官領などの荘園と関東御分国とよばれた知行国などであった。

14 御家人
15 京都大番役
16 本領安堵

⑤ 17 は源義経を殺したが，1189年に源頼朝に討たれて奥州藤

17 藤原泰衡

旧石器～弥生　古墳　飛鳥　奈良　平安　鎌倉　室町　安土桃山　江戸　明治　大正　昭和　平成

18 右近衛大将
19 九条兼実
20 征夷大将軍

原氏は滅亡し，その後には奥州総奉行が設置された。1190年，源頼朝は上洛して 4 から 18 に任じられた。1192年に 4 が没すると，同年頼朝は関白 19 のはたらきで 20 に任命され，名実ともに鎌倉幕府が成立した。

> 19 は親幕派の公家として，1185年に設置された議奏公卿に任命された。
> 摂関家は近衛家・九条家・鷹司家・一条家・二条家に分かれた。摂関を独占するこれら五つの家を五摂家とよぶ。
> 鎌倉は源氏の守護神をまつる鶴岡八幡宮から海に向かって若宮大路がのび，外港として金沢称名寺のそばに六浦津があった。しかし北条泰時の時代には和賀江津（島）が設けられた。

テーマ 7 執権政治

基礎用語を確認！

北条時政・北条義時

1 北条政子

① 源頼朝の没後，妻の 1 は2代将軍源頼家の独裁をおさえるため有力御家人13人の合議制をはじめた。有力御家人の間では主導権争いがおこり，1200年に侍所所司の梶原景時がほろぼされた。

> 北条氏は平氏の血をひく一族で，伊豆国を本拠とした。1 は北条時政の娘であった。

2 比企能員
3 北条時政

②1203年，源頼家の妻の父 2 が 3 によってほろぼされた。この時，源頼家は伊豆修禅寺に幽閉され，翌年暗殺された。3代将軍には源実朝がたてられ，3 は政所別当（執権）となった。3 はさらに1205年，有力御家人畠山重忠をほろぼした。

> 2 の乱では源頼家の長子の一幡もほろぼされた。
> 3 は後妻の牧の方の娘婿の平賀朝雅を将軍に擁立しようとして失敗し，伊豆に隠退させられた。

4 北条義時
5 和田義盛
6・7 政所・侍所（順不同）

③北条時政のあとをついで執権となった子の 4 は，1213年，有力御家人 5 をほろぼして， 6 ・ 7 の両別当を兼任した。これにより執権の地位は高まり，以後，北条氏が独占した。

④後鳥羽上皇は［ 8 ］の武士をおいて幕府と対決する動きをみせた。いっぽう，鎌倉幕府では将軍源実朝が源頼家の遺児［ 9 ］によって暗殺され，源氏の血筋が絶えた。執権北条義時は摂関家から幼い［ 10 ］を迎えて摂家（藤原）将軍とした。

> ［10］は藤原（九条）道家の子で1226年に正式に将軍に就任したが，成長すると幼子の藤原（九条）頼嗣に将軍の職を譲った。

⑤1221年，［ 11 ］上皇は［ 12 ］追討の宣旨を発して挙兵した。しかし東国武士の多くは尼将軍［ 13 ］のよびかけに応じ幕府に結集した。幕府は［12］の子の北条泰時と弟の北条時房のひきいる軍を京都に送り，上皇方を破った。この乱を［ 14 ］という。

⑥［14］後，幕府は上皇方の所領3,000余カ所を没収し，そこに［ 15 ］をおいた。後鳥羽・土御門・順徳の3上皇はそれぞれ［ 16 ］・土佐・［ 17 ］へ配流とし，［ 18 ］天皇にかえて後堀河天皇をたてた。また，朝廷の監視や尾張国以西の御家人の統轄にあたる［ 19 ］を京都守護にかわっておいた。また，幕府は国衙に命じて［ 20 ］という土地台帳をつくらせた。

> 上京した北条泰時と時房は，そのまま京都にとどまり［19］となった。

⑦［15］の得分は［ 21 ］で保障され，(1)田畑11町につき1町の土地，(2)反（段）別5升の［ 22 ］，(3)山川からの収益の半分を地頭にあたえると定められた。

8 西面の武士
9 公暁
10 藤原(九条)頼経
11 後鳥羽上皇
12 北条義時
13 北条政子
14 承久の乱
15 新補地頭
16 隠岐
17 佐渡
18 仲恭天皇
19 六波羅探題
20 大田文
21 新補率法
22 加徴米

北条泰時・北条時頼

①北条政子が没すると執権［ 1 ］は，1225年に執権を補佐する［ 2 ］をもうけ，叔父の［ 3 ］を任じた。同時に政務にすぐれた御家人を選んで［ 4 ］とし，合議による政務と裁判をおこなわせた。こうして執権・［2］・［4］による集団指導体制が確立した。

②執権［ 5 ］は1232年，頼朝以来の先例や［ 6 ］とよばれた武家社会の慣習にもとづき，［ 7 ］カ条からなる［ 8 ］（［ 9 ］）を制定した。これは幕府の勢力範囲を対象とした武家法で，朝廷の支配下での公家法と荘園領主のもとでの本所法と共存した。

1 北条泰時
2 連署
3 北条時房
4 評定衆
5 北条泰時
6 道理
7 51カ条
8・9 御成敗式目・貞永式目（順不同）

旧石器～弥生　古墳　飛鳥　奈良　平安　鎌倉　室町　安土桃山　江戸　明治　大正　昭和　平成

8の制定後にだされた追加法令は式目追加といわれた。

5は，8制定の趣旨を記した書簡を六波羅探題を務める弟の北条重時に送った。

8制定の背景には1231年におきた寛喜の大飢饉がある。

10 北条時頼
11 宝治合戦
12 三浦泰村
13 引付（衆）
14 宗尊親王
15 後嵯峨上皇
16 院評定衆（評定衆）

③執権 10 は1247年におこった 11 で有力御家人の 12 をほろぼした。1249年には4のもとに 13 を設置し，所領に関する訴訟を担当させた。そして1252年には摂家将軍藤原（九条）頼嗣を廃し，14 を皇族（親王）将軍として迎えた。いっぽう14の父の 15 上皇は，幕府の要請に応じて院庁に裁判を審議する 16 を設置した。

10は執権に就任するとすぐに，前将軍藤原（九条）頼経を謀叛の疑いで京都に送りかえした。

④鎌倉時代の武士は，館（たち）の周辺に年貢・公事のかからない佃や門田とよばれる直営地をもち，下人・所従に耕作させた。いっぽう武芸の鍛錬にも励み，笠懸・流鏑馬・犬追物の騎射三物や馬で駆けながら獣を弓矢で仕留める巻狩などをおこなった。

館は堀ノ内ともよばれた。

17 惣領
18 一期分

⑤武家社会では 17 が庶子を統率して軍役や番役を務める 17 制がとられ，所領は庶子に分割相続された。しかし鎌倉時代後期には所領の細分化が進み，女子は死後に所領を17家に返す 18 の相続が多くなり，さらには単独相続もはじまった。

婚姻形態は武家では嫁入り婚が一般化していった。

武士が自らの生命を賭してまで所領を守ろうとする気構えを「一所懸命」という。

19 紀伊国阿氐河荘
20 地頭請
21 下地中分

⑥承久の乱後，地頭の横暴が目立つようになった。19 民の訴状は1275年に地頭湯浅氏の非法を荘園領主に訴えたものである。荘園領主は地頭に一定額の年貢納入を請け負わせる 20 を結んだり，地頭と土地を折半する 21 をおこなったりした。

伯耆国東郷荘の絵図には，和与（当事者間の取決めによる解決）による21の境界線が記されている。

北条時宗・北条貞時

①13世紀初めチンギス＝ハンがモンゴル帝国を築き，その孫 1 は都を大都（現在の北京）に移して国号を元とあらためた。 1 は朝鮮半島の 2 を通じて日本にも朝貢を求めたが，執権 3 は拒否し， 2 でも 4 とよばれる軍隊が抵抗を続けた。

> 元朝に滞在したマルコ＝ポーロは『東方見聞録』のなかで日本をジパングと紹介した。

1 フビライ（＝ハン）
2 高麗
3 北条時宗
4 三別抄

② 5 年，元が 2 の軍とともに日本を襲う 6 がおこると，幕府は博多湾に石塁（石築地）を築き，九州に所領をもつ御家人に課した 7 を強化した。元は南宋をほろぼして 8 年再び日本を襲った。これを 9 という。２度の蒙古襲来（元寇）後，幕府は博多に 10 を新設し，北条氏一門を任命した。

> 9 では，朝鮮半島の合浦からの東路軍と中国からの江南軍が日本を襲った。
> 10 の新設で，1185年設置の鎮西奉行は権限を縮小された。
> 1299年に元の国書をもって来日した禅僧の一山一寧は，五山文学の興隆に大きく貢献した。

5 1274年
6 文永の役
7 異国警固番役
8 1281年
9 弘安の役
10 鎮西探題

③肥後国の御家人 11 が描かせた『 12 』には，元軍の火器「てつはう」に日本側が苦戦する様子がみえる。

11 竹崎季長
12 蒙古襲来絵巻（絵詞）

④北条氏の家督をつぐ 13 の勢力が強まると，その家臣である御内人と一般の御家人との対立が激しくなった。1285年には 14 がおこり，有力御家人の 15 が 16 の 17 にほろぼされた。やがて 17 も平禅門の乱で 13 の 18 によってほろぼされ， 13 専制政治が確立した。

> 13 の名は北条義時の号「徳宗」に由来する。 13 は北条氏一門や 13 家の家臣である御内人を集めて寄合をひらいた。
> 11 は恩賞を求めて幕府の恩賞奉行 15 を頼った。

13 得宗
14 霜月騒動
15 安達泰盛
16 内管領
17 平頼綱
18 北条貞時

⑤1297年，執権 19 は 20 を発し，御家人の所領の質入れや売却を禁止し，これまでに御家人が質入れ・売却した所領を無償で返却させることとした（ただし買い主が御家人の場合は売買か

19 北条貞時
20 永仁の徳政令

21 20年

ら[21]年以上経過していない場合にかぎる)。しかし，再審請求の越訴を禁止し，金銭貸借訴訟を受理しないとしたため御家人の反発をまねいた。

鎌倉幕府の滅亡と建武の新政

1 持明院統
2 亀山天皇
3 大覚寺統
4 後醍醐天皇
5 記録所

①鎌倉時代後期，後深草天皇にはじまる[1]と[2]天皇にはじまる[3]の2つの皇統が争った。幕府は交互に天皇をたてる両統迭立を勧め，1317年に文保の和談をひらいて妥協をはかった。翌年，花園天皇にかわって[3]から即位した[4]天皇は，延喜・天暦の治を理想として院政を廃止し，[5]を再興して親政をはじめた。

> 後深草・[2]両天皇は後嵯峨天皇を父とする兄弟で，二人の兄には皇族将軍となった宗尊親王がいる。
>
> [1]は長講堂領，[3]は八条（女）院領を経済的基盤とした。

6 悪党
7 正中の変
8 元弘の変
9 光厳天皇

②鎌倉時代後期，畿内では幕府や荘園領主に反抗する土着武士の[6]が現れた。[4]天皇は1324年に討幕計画を立てたが六波羅探題に露見した。これを[7]という。1331年の[8]でも天皇は討幕計画に失敗し，隠岐に流された。かわって[1]の[9]天皇がたてられたが，畿内では[4]天皇の皇子護良親王が討幕運動を続け，楠木正成も[6]などの反幕勢力を結集し河内国で挙兵した。

> [4]天皇の討幕運動は，南宋から伝わった朱子学の大義名分論にもとづいていた。
>
> [7]では[4]天皇の側近日野資朝が配流となった。

10 足利尊氏（高氏）
11 北条高時

③1333年，幕府から畿内の反幕勢力を鎮圧するために派遣された有力御家人[10]が天皇側につき，六波羅探題を攻撃した。関東では上野国の新田義貞が鎌倉を攻めて得宗の[11]以下をほろぼし，鎌倉幕府は滅亡した。

> 幕府では得宗の[11]と内管領長崎高資の専制政治に対する不満が高まっていた。
>
> 隠岐を脱出した[4]天皇は，名和長年によって伯耆国船上山に迎えられた。

④ 12 の新政で 13 天皇は，中央に最高機関の 14 ，論功行賞をおこなう恩賞方，幕府の引付をうけつぐ 15 ，軍事・警察をつかさどる武者所をおいた。地方には 16 と 17 を併置し，東国には陸奥将軍府と鎌倉将軍府をおいて天皇の皇子を派遣した。

武者所の頭人（長官）には新田義貞が就いた。
陸奥将軍府には義良親王，鎌倉将軍府には成良親王が派遣され，それぞれ陸奥守北畠顕家と相模守足利直義が補佐した。

⑤ 13 天皇は所領の安堵を天皇の 18 でおこなうなど，武士社会の慣習を無視して反発を招いた。その混乱ぶりは『建武（年間）記』に収められた「此比都ニハヤル物。夜討，強盗，謀 18 ……」ではじまる「 19 」にうかがえる。

12 の新政では乾坤通宝という貨幣の鋳造も計画された。

⑥ 1335年，11 の子 20 が 21 をおこして鎌倉を占領したが，10 によって鎮圧された。10 はその後 12 政権に反旗をひるがえし，摂津国の湊川の戦いで楠木正成を破って入京した。13 天皇は幽閉され，かわって持明院統の 22 天皇がたてられた。

21 の渦中に護良親王は足利直義によって殺害された。

12 建武の新政
13 後醍醐天皇
14 記録所
15 雑訴決断所
16 国司
17 守護
18 綸旨
19 二条河原落書
20 北条時行
21 中先代の乱
22 光明天皇

第4章　中世(2)

時代の流れを確認しよう

室町幕府

ひとことでいうと

足利氏は将軍となって幕府をひらいたものの，対立する南朝勢力や有力守護大名をおさえ込むのに手間どります。いっぽうで明には朝貢して勘合貿易をはじめます。

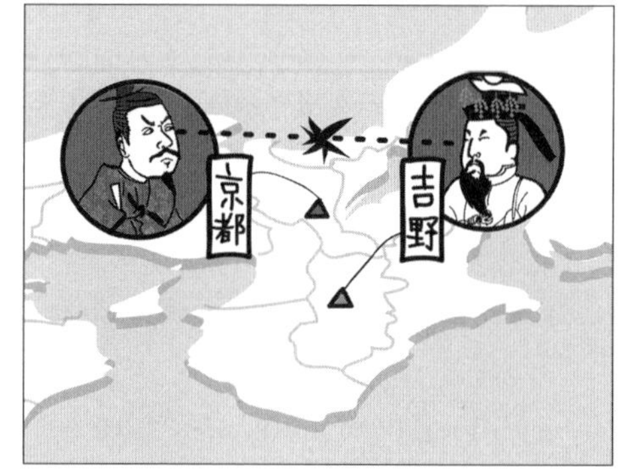

どうして明に朝貢なんてしたんですか？

皇帝から日本国王って認められると威張れるからね。それに中国の生糸って，日本にもち帰ると超高値で売れるんだよ！

足利義満

▶動画で詳しく！

庶民の台頭と戦国大名

ひとことでいうと

自治をおこなうようになった農民たちが，どんどん大きな一揆をおこすようになります。応仁の乱は京都を焼け野原にさせ，下剋上の風潮をまねいて戦国時代に突入します。

▶動画で詳しく！

テーマ10 中世の経済

ひとことでいうと

産業・経済が発達し，貨幣が足りなくなるほど流通します。全国各地にさまざまなタイプの都市がうまれました。

▶動画で詳しく！

▪ 備前国福岡市（『一遍上人絵伝』より）

テーマ11 中世の文化

ひとことでいうと

新しくおこった仏教が建築や絵画，茶の湯などさまざまな方面に影響をおよぼします。易しい修行方法のおかげで庶民の間にも広まりました。

悪人正機説って犯罪者が救われるってことですか？

いやいや。ふつうの人は結婚するし，魚を殺して食べるよね？ でもそれって戒律を破ってるから悪人なんだよ。阿弥陀如来はそういう悪人こそ救ってくれるんだ。

親鸞

▶動画で詳しく！

文化	特徴・文化財
院政期の文化	・浄土教などの文化が地方に伝播 ・武士や庶民の登場 ▪『鳥獣戯画』
鎌倉文化	・公家文化と武家文化の併存 ・鎌倉新仏教の登場  ▪ 東大寺南大門金剛力士像
室町文化	・禅宗の影響を強く受ける ・日本の伝統文化の原型を形成 ▪『瓢鮎図』 

穴埋め問題をやってみよう

➜本文の空欄は基礎用語（レベル1），赤字は発展用語（レベル2）です。レベルに応じて学習しよう！

基礎用語を確認！

1 足利尊氏
2 建武式目
3 足利直義
4 高師直
5 観応の擾乱
6 懐良親王
7 今川貞世（了俊）
8 足利義満
9 1392年
10 後亀山天皇
11 後小松天皇
12 大犯三カ条
13 刈田狼藉
14 使節遵行

テーマ 8 室町幕府

南北朝の動乱と室町幕府

① 1 は1336年，17カ条からなる施政方針の 2 を制定し1338年に征夷大将軍となった。いっぽう後醍醐天皇は吉野に逃れて南朝をおこしたため南北朝の動乱がはじまった。京都の北朝内では 1 の弟の 3 と 1 の執事 4 が対立し，1350年から 5 がおこった。

2 は 1 の諮問に中原是円らが答えたものである。
室町幕府の基本法典としては御成敗式目（貞永式目）が用いられ，追加法令を建武以来追加といった。
3 のあとをついだ足利直冬は，尊氏の実子で 3 の養子になっていた。

② 後醍醐天皇の死後，幼い後村上天皇（義良親王）を北畠親房らがもりたてた。九州では南朝の征西将軍 6 が全土を制圧したが，幕府から九州探題 7 が派遣されると南朝勢力は衰退した。将軍 8 は 9 年，南朝の 10 天皇にせまって北朝の 11 天皇に譲位させ，南北朝の合体が実現した。

南北朝時代に新興武士の間などで流行した派手な服装や奇矯な行動の風俗を「ばさら」といい，ばさら大名の代表として佐々木導誉（高氏）がいる。
楠木正成の子の楠木正行は四条畷の戦いで戦死した。
南北朝合体の際，鏡・玉・剣の三種の神器が 10 天皇から 11 天皇に渡された。
南北朝の動乱が長期化した背景には，単独相続が一般的になったことによる惣領制の解体があった。

③ 1 は，自立性を強めた在地武士である国人層を取り込むため守護の権限を拡大させた。従来の 12 に加えて 13 の検断権と，幕府の裁判の判決を強制執行する 14 権を守護にあたえた。さ

らに 15 年には 16 令をだし，領国内の荘園・公領の年貢の半分を兵粮米として徴発する権限も認めた。16 が認められたのは当初，17・18・19 の3国だけで1年限りだったが，やがて全国で恒常的におこなわれるようになった。

国人は守護に対抗するために国人一揆を結ぶこともあった。
1368年の応安の 16 令では，寺社本所一円領以外の一般の荘園所領に無期限の下地中分を認めた。
荘園領主が年貢徴収を守護に請け負わせることを守護請という。

15 1352年
16 半済
17〜19 近江・美濃・尾張（順不同）

④ 2代将軍足利義詮が没すると子の 20 が将軍となった。幼い 20 は管領細川頼之の補佐を受け，京都の室町につくった「花の御所」で政治をおこなった。幕府の支配機構はこのころ整い，朝廷がもっていた京都の市政権や段銭の徴収権を幕府が吸収した。

20 足利義満

⑤ 将軍を補佐し政務を統括する 21 は，三 21 とよばれた足利一門の 22・23・24 の3氏のなかから任ぜられ，京都内外の警備や刑事裁判をつかさどる侍所の所司は，四職とよばれた 25・26・27・28 の4氏のなかから任命された。関東八カ国と伊豆・甲斐両国は鎌倉府が支配を任され，初代鎌倉公方には尊氏の子 29 が就いた。それを補佐する関東管領は上杉氏が世襲した。

守護は在京が原則で，領国には守護代をおいた。
財務を管理する政所の執事はのちに伊勢氏が世襲した。
問注所は訴訟や裁判の記録，訴訟文書の管理にあたった。
地方機関に奥州探題と羽州探題と九州探題があった。

21 管領
22〜24 斯波・細川・畠山（順不同）
25〜28 赤松・一色・山名・京極（順不同）
29 足利基氏

⑥ 室町幕府の財政基盤には，30 が管理する御料所とよばれた直轄領のほか，田畑・屋敷に守護を通じて課された 31・32，京都で高利貸を営む 33 や酒屋に課された 34・酒屋役，関所や港などで徴収する関銭・津料などがあった。

貿易にたずさわる商人は抽分銭を幕府に上納した。

30 奉公衆
31 段銭
32 棟別銭
33 土倉
34 土倉役（倉役）

守護大名の抑圧

① 1 は1390年，美濃・尾張・伊勢の3カ国の守護をかねる土岐

1 足利義満

2 明徳の乱
3 山名氏清
4 応永の乱
5 大内義弘

康行を討った。1391年には［2］の乱で［3］を討ち，翌年南北朝の合体を実現させると1394年には太政大臣にのぼり公武の頂点に立った。さらに1399年には［4］の乱で周防を拠点とする［5］を和泉国堺に討った。

> 山名氏は但馬国を拠点に山陰地方を中心に11カ国の守護をかね，全国の6分の1を領有し，六分一殿とよばれた。
> ［5］は鎌倉公方足利満兼と結んで義満に反抗した。
> 1416年，前関東管領の上杉氏憲（禅秀）が反乱をおこして鎌倉公方足利持氏に討伐される上杉禅秀の乱がおこった。

6 足利義教
7 足利持氏
8 上杉憲実
9 永享の乱
10 嘉吉の乱（変）
11 赤松満祐

②くじ引きで6代将軍となった［6］は専制政治をおこない，鎌倉公方［7］の反発を受けた。関東管領［8］が［7］をいさめて対立すると，1438年，［6］は［8］を支援して［7］を討った。これを［9］という。いっぽう［6］は1441年におこった［10］で播磨国守護［11］に暗殺された。

> ［9］後，下総の豪族結城氏朝が［7］の遺児春王丸を擁立して反乱をおこしたが，鎮圧された。これを結城合戦という。

③［7］の没後に鎌倉公方となった子の足利成氏は，関東管領上杉憲忠を謀殺し，関東で享徳の乱がはじまった。足利成氏は下総国古河に移って古河公方とよばれ，上杉氏を支持する幕府が派遣した鎌倉公方足利政知と争った。足利政知は将軍足利義政の兄弟で，伊豆国堀越にとどまったため堀越公方とよばれた。

室町時代の外交

1 建長寺
2 夢窓疎石
3 天龍寺

①元寇後も元との民間の往来はとだえず，1325年に鎌倉幕府の北条高時は［1］修造の費用を得ようと元に［1］船を派遣した。室町幕府も足利尊氏が，［2］のすすめで1342年に［3］建立の費用を得ようとして［3］船を派遣した。

> 韓国新安沖で発見された新安沈船は，元から日本に向かう途中で遭難した貿易船と推定される。船からは「東福寺」と記された木簡が発見され，この寺院が貿易に関わっていたことがわかる。
> ［3］は後醍醐天皇の冥福を祈るために建立された。
> 足利尊氏は南北朝内乱での戦没者のため，全国に安国寺と利生塔を

建立させた。

②14世紀，［4］とよばれた海賊集団が朝鮮や中国沿岸で略奪をくり返した。1368年，元をほろぼし明(ミン)を建国した［5］（洪武帝(こうぶてい)）は諸外国に朝貢を求め，私貿易を禁じる［6］政策をとると，日本では大宰府を占拠していた南朝の［7］がこれに応じた。

4 倭寇(わこう)
5 朱元璋(しゅげんしょう)
6 海禁(かいきん)政策
7 懐良(かねよし)親王

［4］の主な根拠地は朝鮮半島に近い対馬(つしま)，その南の壱岐(いき)，さらに肥前(ひぜん)国の松浦(まつら)地方であった。

③［8］年，［9］は僧［10］と博多(はかた)商人［11］に「日本准三后(じゅさんごう)某(それがし)」と署名した国書をもたせて明に朝貢(ちょうこう)し冊封(さくほう)を受けた。明からは「［12］源道義(げんどうぎ)」あての返書と大統暦(だいとうれき)，貿易許可証の［13］があたえられ，1404年，貿易が開始された。

8 1401年
9 足利義満
10 祖阿(そあ)
11 肥富(こいつみ)
12 日本国王
13 勘合(かんごう)

暦を受けとることは，明への服属を意味した。
日本船がもつ［13］は一文字目が「本」となっており（本字［13］），明船がもつ［13］は「日」となっていた（日字［13］）。
この外交関係は瑞溪周鳳(ずいけいしゅうほう)が著した，室町中期までの中国や朝鮮との外交史書『善隣国宝記(ぜんりんこくほうき)』に記録されている。

④勘合貿易は関税がかからず滞在費も明側が負担したため利益が大きく，刀剣(とうけん)・銅・硫黄(いおう)などが輸出され，銅銭・［14］・陶磁器(とうじき)・書籍などが輸入された。朝貢形式に反対した将軍［15］は貿易を中断したが，将軍［16］は貿易の利益を求めて再開した。

14 生糸(きいと)
15 足利義持(よしもち)
16 足利義教

遣明船は寧波(ニンポー)で勘合と底簿(ていぼ)を照合し，北京(ペキン)で交易をおこなった。
興福寺大乗院(こうふくじだいじょういん)に所属して勘合貿易に従事した人物に楠葉西忍(くすばさいにん)がいる。

⑤1523年，堺商人と結んだ［17］氏と博多商人と結んだ［18］氏が勘合貿易の主導権争いから［19］をおこした。以後［18］氏が貿易を独占したが，1551年に［20］が家臣の陶晴賢(すえはるかた)によって倒されると勘合貿易は断絶した。

17 細川氏
18 大内氏
19 寧波の乱
20 大内義隆(よしたか)

勘合貿易断絶後の［4］は後期［4］とよばれ，中国人が中心だった。

⑥1392年，［21］が高麗(こうらい)をほろぼして（李氏）朝鮮を建国すると，朝鮮は日本に通交と倭寇禁圧を求め，将軍足利義満もこれに応じ

21 李成桂(りせいけい)（イソンゲ）

旧石器～弥生　古墳　飛鳥　奈良　平安　鎌倉　室町　安土桃山　江戸　明治　大正　昭和　平成

22 木綿（綿布）

て国交がひらかれた。対馬の守護宗氏を中心に貿易がおこなわれ，銅や硫黄，南方産の赤色染料の蘇木や胡椒などが輸出され，［22］や大蔵経などが輸入された。

> 貿易は三浦の倭館でおこなわれた。三浦とは富山浦（釜山），乃而浦（薺浦），塩浦（蔚山）の3港である。

23 対馬
24 応永の外寇
25 三浦の乱

⑦1419年，朝鮮が［23］を襲撃する［24］がおこると日朝貿易は一時中断したが，まもなく再開し朝鮮と宗氏との間に癸亥約条（嘉吉条約）が結ばれた。しかし1510年に［25］がおこると貿易は衰退した。

> ［24］の翌年に来日した朝鮮使節の宋希璟は，紀行文『老松堂日本行録』のなかで日本の三毛作について記録している。
> 日朝貿易は宗氏が発行した渡航認可証の文引をもつ船だけに認められた。

26 尚巴志
27 那覇
28 坊津

⑧琉球では12世紀に按司とよばれる豪族が分立し，城塞のグスクを各地に築いた。14世紀には北山・中山・南山の3つの王国が争ったが，1429年に中山王の［26］が三山を統一し，琉球王国を建国した。琉球王国は首里を首都とし，その外港［27］から薩摩の［28］などに来航して東南アジアの産物をもたらす中継貿易をおこなって繁栄した。

> 琉球は毎年中国に進貢使（船）を派遣し，中国からは国王の代がわりの際に冊封使が来航した。
> 琉球の島々に伝わる歌謡を琉球王府が集めて編纂したものに『おもろさ（そ）うし』がある。大正期にこれを研究した伊波普猷は「沖縄学の父」とよばれている。

29 十三湊
30 安藤（安東）氏
31 コシャマイン
32 蠣崎氏

⑨蝦夷ヶ島といわれた北海道では13世紀にはアイヌ文化がうまれていた。津軽の［29］を根拠地とする［30］氏はアイヌと交易をおこない，鮭や昆布などを畿内にもたらした。和人がアイヌを圧迫すると，1457年にアイヌは［31］を中心に蜂起したが，［32］氏によって鎮圧された。

> 和人は道南地域に館をつくって定着したが，［31］の乱では道南十二館のほとんどが陥落した。その1つである函館市の志苔館からは，

およそ40万枚にもおよぶ中国銭をおさめた大甕が，近年発掘された。

テーマ9 庶民の台頭と戦国大名

基礎用語を確認！

惣村と土一揆

①鎌倉時代後期から南北朝時代にかけて，農民が自治をおこなう［1］が畿内を中心に現れた。［1］は神社の祭礼をおこなう氏子組織の［2］を母体とし，作人に土地を貸して加地子をとる名主を中心に構成された。［1］の指導者を乙名・沙汰人・番頭といった。有力な農民のなかには，大名と主従関係を結ぶ［3］もいた。

1 惣（惣村）
2 宮座
3 地侍

②惣では［4］をひらき，用水や共同利用地である［5］の管理などをおこない，独自の［6］を定めた。農民が荘園領主や守護に要求する手段には，百姓申状で嘆願する愁訴，一揆を結んで集団でおしかける強訴，全員が耕作を放棄する［7］があった。こうして村民みずから警察権・司法権を行使する［8］や，年貢納入を惣が請け負う［9］が認められていった。

一揆を結ぶ際には神仏に誓約する起請文をつくり，それを焼いた灰を混ぜた水を飲む一味神水という儀式をおこない，一味同心という一致団結した状態の集団を結成した。

現在のこる［6］として，近江国の「今堀地下掟」が有名である。

4 寄合
5 入会地
6 惣掟（村掟・村法）
7 逃散
8 自検断（地下検断）
9 地下請（百姓請・村請）

③［10］年，近江国坂本の［11］の蜂起をきっかけに将軍足利義教の代始めの［12］を要求する［13］がおこった。土民らは［14］・［15］・寺院を襲い実力で私徳政をおこなったが，管領を務めていた畠山満家によって鎮圧された。1429年には武士の退去を要求する播磨の土一揆がおこったが，守護赤松満祐に鎮圧された。

大和国柳生には負債破棄を勝ちとった［12］碑文を刻んだ地蔵石がある。

10 1428年
11 馬借
12 徳政
13 正長の徳政一揆（土一揆）
14・15 酒屋・土倉（順不同）

④1441年，将軍足利義勝の代始めの徳政を要求する［16］がおこると幕府は徳政令をだした。以後，債務の破棄を認めるかわりに［17］を幕府に納めさせる分一徳政令を乱発していった。

16 嘉吉の徳政一揆（土一揆）
17 分一銭

18 山城の国一揆

⑤山城国では応仁の乱後も畠山政長と畠山義就が戦い続けたため，1485年，南山城の国人や農民が連合して軍勢の退去を要求して成功した。これを［18］という。かれらは平等院で掟を定め，36人の月行事という役職を中心に8年間自治をおこなった。

［13］は『大乗院日記目録』に，［18］は『大乗院寺社雑事記』に史料がのこる。ともに尋尊による書で，大乗院は興福寺の門跡であった。

19 加賀の一向一揆

20 富樫政親

⑥1488年におこった［19］は，本願寺の蓮如の布教によって広まった一向宗（浄土真宗）の勢力によるもので，門徒の武士や農民が一揆を結び，守護［20］をたおした。以後約100年間，加賀国は本願寺の領国となり，「百姓のもちたる国」といわれた。

戦国大名の出現

1 足利義政

2・3 細川勝元・山名持豊（宗全）（順不同）

4 1467年

5 応仁の乱

6 足利義視

7 日野富子

8 足利義尚

9 足軽

①将軍［1］のもとで［2］と［3］が幕府の実権をめぐって対立した。そこに将軍家や畠山・斯波家の相続争いが結びつき，［4］年［5］がおこった。将軍家では［1］の弟［6］が東軍の細川氏に，［1］の妻［7］の子［8］が西軍の山名氏につき，畠山氏では政長が東軍，義就が西軍に属した。略奪や放火をおこなう［9］の様子が『真如堂縁起絵巻』に描かれている。

乱がはじまるとまもなく［1］・［8］は東軍に，［6］は西軍へと入れ替わった。

1461年に深刻化した寛正の大飢饉は中世最大の飢饉ともいわれる。

1493年の明応の政変で10代将軍足利義材（義稙）は，管領細川政元により将軍の地位を追われた。以後，幕府の実権は細川氏が握ったが，やがて家臣の三好長慶が奪い，さらにその家臣松永久秀が奪った。この松永久秀は将軍足利義輝を殺害し，東大寺大仏殿を焼亡させた。

10 下剋上

②戦国時代は［10］の風潮がいっそう強まった。関東では駿河国の守護今川氏に身を寄せていた北条早雲が，堀越公方をほろぼして伊豆を占領し，やがて伊豆・相模両国に支配権を確立した。北陸地方では越後の守護代長尾景虎が，関東管領上杉氏の家督をついで上杉謙信と名乗った。越前では守護代の朝倉孝景が守護斯波氏を倒した。斯波氏は尾張でも守護代織田氏に倒された。

北条早雲の孫で北条氏3代目の当主北条氏康は，関東をほぼ手中におさめた。
上杉謙信は甲斐の武田信玄と信濃の支配をめぐり5回に及ぶ川中島の戦いをおこなった。
美濃では斎藤道三が，守護土岐氏を倒した。

③中国地方では陶晴賢が守護大内氏を倒したが，安芸の国人毛利元就に厳島の戦いでほろぼされ，中国地方全土を毛利氏が支配した。東北では陸奥の伊達氏，四国では土佐の長宗我部氏が国人から身をおこして広大な領国を形成した。

守護から戦国大名になった者に，甲斐の武田氏・駿河の今川氏・豊後の大友氏・周防の大内氏・薩摩の島津氏がいる。

戦国大名の領国支配

①戦国大名は国人や地侍を有力家臣の下に配属する［1］をとった。また，土地の面積・収量などを申告させる［2］をおこない，年貢額を銭に換算した［3］という基準で把握した。家臣には領地の［3］にみあった軍役を負担させた。これを［4］という。

②戦国大名が定めた分国法には家臣団統制の規定が多くみえる。甲斐の武田氏の「甲州法度之次第（信玄家法）」には給地の売買の制限や，理非にかかわらず争いの当事者双方を処罰する［5］が含まれ，駿河の「今川仮名目録」には婚姻の許可制が定められた。また，越前の「朝倉敏景十七箇条（朝倉孝景条々）」には城下町の［6］に集住することが規定された。ほかに農民統制の規定もみえ，陸奥の伊達稙宗が定めた『［7］』には逃散の禁止や犯罪者の罪をその親族にも負わせる縁坐制（法）が定められている。

他の分国法として近江の「六角氏式目」，土佐の『長宗我部元親百箇条』，周防の「大内氏掟書」，肥後の「相良氏法度」がある。

③戦国大名は領国内の振興をはかって新興商人の自由な商売をゆるす［8］をだしたり，輸送・流通の円滑化のため関所を撤廃し，宿駅・伝馬の交通制度を整えたりした。また［9］銀山（島根県）や但馬生野銀山（兵庫県）などの開発もさかんにおこなった。

座を撤廃することを楽市・楽座という。

1 寄親・寄子制
2 指出検地
3 貫高
4 貫高制
5 喧嘩両成敗法
6 一乗谷
7 塵芥集
8 楽市令
9 石見大森銀山

> 武田信玄は治水事業に力を入れ釜無川に信玄堤を築いたほか，甲斐黒川金山の開発もおこなった。
> 9 銀山をひらいた博多商人の神屋（谷）寿禎は，灰吹法という銀の精錬方法を朝鮮から伝えた。

テーマ10 中世の経済

基礎用語を確認！

1 刈敷

2 二毛作

3 大唐米

農業と手工業

①中世の肥料として鎌倉時代には［ 1 ］・草木灰が，室町時代にはそれに加えて人糞尿の下肥も普及した。鎌倉時代に畿内や西日本ではじまった麦を裏作とする［ 2 ］は室町時代には全国に広まり，さらに蕎麦を加えた三毛作もはじまった。また，中国からもたらされた大量収穫品種の［ 3 ］（赤米）が西国中心に普及した。

> 『松崎天神縁起絵巻』には牛に犂をひかせる牛馬耕が描かれている。
> 室町時代には作付け時期を区別した早稲・中稲・晩稲の品種改良が進んだ。
> 商品作物として和紙の原料の楮，麻織物の原料の苧，染料の原料の藍，灯油の原料の荏胡麻などが栽培された。戦国期には朝鮮伝来の綿花の栽培が三河を中心にはじまった。

②室町時代の特産物には，京都西陣・加賀・丹後の絹織物，美濃の美濃紙，播磨の杉原紙，越前の鳥の子紙，岡山県の備前焼や尾張の瀬戸焼などの陶器などがあった。製塩業では塩田に人力で海水をくみ上げる揚浜法が一般化したが，潮の干満を利用する入浜法もはじまった。

> 刀剣職人を鍛冶といい，鍬・鍋などをつくる職人を鋳物師といった。大工職は番匠とよばれた。

1 三斎市
2 見世棚
3 六斎市
4 福岡

商業と都市

①平安末期から，月3回ひらかれる定期市［ 1 ］や常設店舗の［ 2 ］がうまれていたが，応仁の乱のころから月6回の［ 3 ］が一般化した。『一遍上人絵伝』には備前国［ 4 ］の市の様子が描かれている。また，連雀商人や振売とよばれた行商人も活動したが，そのなかには炭を売る大原女や，鮎を売る桂女などの女性もいた。

▌営業税を納めた商人がもった市場の販売座席を市座という。

② 平安末期から現れた商工業者の同業組合の［ 5 ］は，本所に座役を納めるかわりに独占的販売権などを認められた。室町時代の代表的な［5］に，石清水八幡宮を本所とし灯油の原料の［ 6 ］を扱う［ 7 ］や，北野神社を本所とする麹座がある。

> ［7］は石清水八幡宮の末社離宮八幡宮に所属した。ほかに祇園社を本所とする綿座があった。
>
> 商工業者のなかには朝廷と結びついて供御人の称号を得たり，大寺社と結びついて神人の称号を得たりして，関銭免除や独占販売などの特権を認められる者がいた。

5 座
6 荏胡麻
7 大山崎油座

③ 鎌倉時代，輸入銭の［ 8 ］や元銭が使われ，年貢の［ 9 ］もはじまった。室町時代には洪武通宝・［ 10 ］・宣徳通宝などの明銭が用いられた。このうち標準貨幣となったのは［ 11 ］であった。しかし銭貨不足から粗悪な私鋳銭も流通し，悪銭を嫌って良銭を選ぶ［ 12 ］がおこなわれるようになった。幕府や戦国大名は，［12］の禁止や良銭と悪銭の交換比率を定めた［ 13 ］をだした。

8 宋銭
9 銭納（代銭納）
10 永楽通宝
11 永楽通宝
12 撰銭
13 撰銭令

④ 遠隔地取引には，現金のかわりに割符とよばれた手形で決済をおこなう［ 14 ］が利用されるようになった。金融業もさかんになり，鎌倉時代の高利貸には［ 15 ］が，室町時代には［ 16 ］があった。

14 為替
15 借上
16 土倉

⑤ 鎌倉時代，各地の港や大河川ぞいの要地には年貢の保管や運送にあたる［ 17 ］が発達した。室町時代には廻船が定期的に就航するようになり，［17］は販売や商人宿を営む問屋に発展した。陸上では［ 18 ］・車借という運送業者も現れた。

17 問丸（問）
18 馬借

⑥ 戦国時代には各地に都市がうまれた。城下町には北条氏の小田原（相模），朝倉氏の［ 19 ］（越前），大内氏の［ 20 ］（周防），大友氏の府内（豊後）などがあり，寺社を中心とする門前町には伊勢神宮の宇治・山田，善光寺の長野がある。同じ宗教都市でも一向宗（浄土真宗）の町は［ 21 ］とよばれ，本願寺を中心とする石山（摂津）のほかに吉崎（越前），富田林（河内）などがある。

19 一乗谷
20 山口
21 寺内町

延暦寺の門前町の坂本や園城寺の門前町の大津は，琵琶湖舟運の港町だった。

22 堺

23 会合衆（えごうしゅう）

24 年行司

⑦戦国時代には自治都市もうまれた。日明貿易の根拠地として栄えた[22]（和泉）や博多（筑前）のほか，平野（摂津），「十楽の津」といわれた桑名（伊勢），伊勢神宮の外港の大湊などがそれである。[22]では36人の[23]，博多では12人の[24]を中心に町政がおこなわれた。応仁の乱の戦火で焼かれた京都では町衆による自治がおこなわれ，1500年には祇園祭も再興された。

京都では町の運営は町衆から選ばれた月行事（がつぎょうじ）が担った。

25 坊津

26 十三湊

27 草戸千軒町

⑧自治都市の多くは港町であったが，このほかの港町には琉球貿易の根拠地ともなった[25]（薩摩），現在観光地としても有名な尾道（備後），古くは大輪田泊とよばれていた兵庫津（摂津），小浜（若狭），敦賀（越前）などがある。また蝦夷との交易拠点となった津軽の[26]や，広島県の芦田川の洪水で埋没した[27]は近年発掘調査がおこなわれた。

今に伝わる「兵庫北関入船納帳」は，兵庫にある東大寺が管轄していた関所を通過した船舶からの関税徴収帳簿である。

テーマ11 中世の文化

基礎用語を確認！

院政期の文化

1 中尊寺金色堂

2 富貴寺大堂

3 白水阿弥陀堂

①平安末期の文化を院政期の文化という。浄土教などの中央の文化が地方に伝播し，地方に阿弥陀堂建築が建てられた。奥州藤原氏による[1]のほか，豊後国（大分県）の[2]，陸奥国（福島県）の願成寺にある[3]がある。

院政期の建築物としては他に伯耆国（鳥取県）の三仏寺投入堂がある。

4 伴大納言絵巻

5 信貴山縁起絵巻

6 鳥獣戯画

7 源氏物語絵巻

②絵画では絵と詞書からなる絵巻物がつくられた。応天門の変を題材とした『[4]』や，長者の米倉が空を飛ぶ有様を描く『[5]』のほか，動物を擬人化して社会を風刺した『[6]』がある。また『[7]』は室内が吹抜屋台の手法，貴族の男女の顔が引目鉤鼻とよばれる描き方がされている。

『5』は命蓮という聖の霊験談である。
高山寺所蔵の『6』は鳥羽僧正覚猷らの筆と伝えられる。
『7』は藤原隆能の筆とされてきた。
後白河法皇が常盤光長に平安後期の宮廷行事や祭礼・法会などを描かせた『年中行事絵巻』は，後世の模写本のみのこっている。

③院政期には装飾経もつくられた。四天王寺所蔵の『8』は下絵に京都の風俗が描かれている。平清盛がつくった『9』は氏神である安芸国（広島県）の10に奉納された。

8 扇面古写経
9 平家納経
10 厳島神社

④文学では，平将門の乱を描く『将門記』や，前九年合戦を描く『11』といった軍記物語が書かれたいっぽう，和文体の歴史物語も登場した。藤原道長を賛美する『12』や摂関政治を客観的に描く『13』がそれである。また，インド・中国・日本の説話を集めた『14』も編まれた。
『12』の作者は赤染衛門といわれている。また，これを国風文化の作品と分類することもある。

11 陸奥話記
12 栄花（華）物語
13 大鏡
14 今昔物語集

⑤芸能では，もともと豊作を祈る歌舞であった田楽が，院政期には貴族の間でも大流行した。また，15は当世風の歌謡である16を集めた『17』を編纂した。
中国伝来の散楽に起源をもつといわれ，滑稽を中心とする雑芸の猿楽も広まった。

15 後白河法皇
16 今様
17 梁塵秘抄

鎌倉文化

①鎌倉時代には民衆救済を目的とする６つの新仏教がおこった。新仏教の開祖たちの多くは延暦寺で学んでいた。開祖の６人を生年順に並べると，法然→栄西→親鸞→道元→日蓮→一遍となる。

宗派	開祖	教え・修行法	主　著	寺院
1	法然	2	『3』	知恩院
4	親鸞	5説	『教行信証』	本願寺
6	一遍	7	死の直前に焼く	清浄光寺

1 浄土宗
2 専修念仏
3 選択本願念仏集（せんじゃく）
4 浄土真宗
5 悪人正機説
6 時宗
7 踊念仏

8 臨済宗
9 興禅護国論
10 建仁寺
11 曹洞宗
12 正法眼蔵
13 日蓮宗
14 立正安国論
15 法然

[8]	栄西	公案と坐禅	『[9]』	[10]
[11]	道元	只管打坐	『[12]』	永平寺
[13]	日蓮	題目	『[14]』	久遠寺

②[15]はひたすら「南無阿弥陀仏」ととなえれば救われると説いた。その教えは「もろこし我がてうに」ではじまる「一枚起請文」に簡潔に記されている。また，関白九条兼実の求めに応じて『[3]』を著した。

16 親鸞
17 唯円
18 歎異抄
19 一遍
20 遊行上人
21 一遍上人絵伝

③[16]は阿弥陀仏を信じる心を重視する絶対他力をとなえた。悪人正機の教えは弟子の[17]が著した『[18]』に書かれている。同じ浄土教系の[19]は全国をまわって「[20]」とよばれ，信心の有無や善人・悪人を問わずすべての人びとが救われると説いた。その様子は円伊が描いた『[21]』にみえる。

> 旧仏教側からの圧迫で，[15]は土佐に流され，弟子の[16]は越後に流された。

22 栄西（ようさい）
23 喫茶養生記
24 北条時頼
25 蘭溪道隆
26 北条時宗
27 無学祖元
28 道元

④ 2度宋に渡り禅とともに茶をもち帰った[22]は，著書『[23]』で茶の効能を説き病の源実朝に献上した。宋から来日した禅僧に[24]にまねかれて建長寺をひらいた[25]や，[26]にまねかれて円覚寺をひらいた[27]がいる。いっぽう同じ禅僧の[28]は権力から離れ，越前国の永平寺にこもって弟子を養成した。

> [8]は幕府の帰依を受け，京都府にある[10]は源頼家の援助で創建された。
> 『正法眼蔵随聞記』は[28]の法話を弟子の懐奘が筆録したものである。

29 日蓮

⑤法華宗ともよばれた[29]宗は他の宗派を激しく攻撃し，「南無妙法蓮華経」という題目をとなえることを重んじた。[29]は蒙古襲来を予言し，著書『立正安国論』を北条時頼に提出したが，逆に幕府から弾圧を受け伊豆や佐渡に流罪となった。

⑥新仏教に対抗して，戒律を尊重する旧仏教勢力も改革をおこなった。

宗派	僧侶	拠点	業　績
法相宗	30	笠置寺	興福寺奏状で法然を批判
華厳宗	31	高山寺	著書『摧邪輪』で法然を批判
律宗	32 33 俊芿	西大寺を再興 極楽寺 泉涌寺	33は病人救済のため 34 をつくる

31は明恵ともよばれ，肖像画に『明恵上人樹上坐禅図』がある。

30 貞慶
31 高弁
32 叡尊
33 忍性
34 北山十八間戸

⑦神道では伊勢神宮の神官 35 が，神が仏の本であるとする反本地垂迹説（神本仏迹説）をとなえ，伊勢神道をおこした。著書に『類聚神祇本源』がある。ほかに，天台宗系の教説である山王（日吉）神道，真言宗系の両部神道がうまれた。

35 度会家行

⑧東大寺勧進職の 36 は宋からとり入れた 37 という建築様式を用い，宋から来た 38 とともに東大寺の再建に取り組んだ。36が再建した 39 は現在ものこっている。その内部にある2つの金剛力士像は，運慶・快慶らの奈良仏師が制作にあたったものである。

源実朝は自ら宋に渡るため38に命じて大船をつくらせたが実現しなかった。

36 重源
37 大仏様
38 陳和卿
39 東大寺南大門

⑨北鎌倉にある 40 は無学祖元を開山とする寺院で，室町期のものとも推定される 41 様の 42 がのこる。京都府にある蓮華王院本堂（三十三間堂）は，後白河法皇の発願で平清盛が造営した和様の建築で，本尊の蓮華王院本堂千手観音像は運慶の長男の湛慶の作である。大阪府にある観心寺金堂は，禅宗様や大仏様の技法を和様建築にとり入れた折衷様で建てられた。

37は天竺様ともいい，41様は唐様ともいう。
ほかに和様の代表的遺構には石山寺多宝塔がある。

40 円覚寺
41 禅宗様
42 舎利殿

⑩鎌倉時代の彫刻では，快慶の代表作で神仏習合を示す僧形八幡神像が東大寺にのこる。運慶の代表作としては興福寺の北円堂に無

43 六波羅蜜寺空也上人像
44 康勝

著・世親像が伝わっている。これは昔のインドの高僧兄弟の肖像彫刻であった。同じ興福寺には康弁作の天灯鬼像・竜灯鬼像もある。また，10世紀に活躍した聖をモデルとする[43]は運慶の四男[44]の作である。

> 運慶の父は康慶である。
> 肖像彫刻の傑作である上杉重房像が，鎌倉の明月院に伝わっている。

45 似絵
46 藤原隆信
47 頂相（ちんそう）

⑪ 鎌倉時代には[45]とよばれる肖像画が描かれた。その名手であった[46]の作と伝えられているのが神護寺所蔵の『伝源頼朝像』と『伝平重盛像』である。[46]の子の藤原信実の[45]には水無瀬神宮に伝わる『後鳥羽上皇像』がある。同じ肖像画でも禅宗の高僧の肖像画は[47]という。

48 一遍上人絵伝

⑫ 鎌倉時代には多くの絵巻物が描かれた。菅原道真の生涯と北野神社創建の由来を描いた『北野天神縁起絵巻』は藤原信実によるものである。浄土宗の開祖の生涯を描いたものに『法然上人絵伝』，時宗の開祖の生涯を描いたものに円伊作の『[48]』がある。近江国の寺院の縁起を描いた『石山寺縁起絵巻』には，大津の関所を通る馬借が描かれ，藤原氏の氏神の霊験を描いた高階隆兼の『春日権現験記』には建築現場の様子が描かれている。『男衾三郎絵巻』では武蔵国の武士の生活が描かれた。

> 争乱を描いたものに1083年にはじまった戦を描いた『後三年合戦絵巻』や平安末期の源平の争乱を描いた『平治物語絵巻』がある。
> 紀伊国の観音霊場として名高いある寺院の本尊千手観音の霊験を描いたものに『粉河寺縁起絵巻』がある。
> 尊円法親王（入道親王）は青蓮院流の書道を創始した。この流派は江戸時代の御家流に発展した。

49 瀬戸焼
50 後鳥羽上皇
51 藤原定家（ていか）
52 新古今和歌集

⑬ 工芸では甲冑の名工の明珍や，刀鍛冶の名工として備前の長光（長船長光），鎌倉の正宗（岡崎正宗）らが活躍した。道元とともに入宋して製陶技術を学んだ加藤景正は，尾張の[49]の開祖となった。

> 京都の刀鍛冶に藤四郎（粟田口）吉光がいる。

⑭ [50]上皇は1205年に[51]・藤原家隆らに命じて『[52]』

を編纂させた。51は日記『明月記』をのこしている。鳥羽上皇の北面の武士であった 53 は，出家して各地を遍歴し歌集『山家集』をのこした。万葉調の和歌を詠んだ将軍源実朝の歌集に『 54 』がある。

53 西行

54 金槐和歌集

⑮日記では慈円の兄の 55 による『 56 』や，阿仏尼が所領訴訟のために鎌倉に赴いた時のことを記した『 57 』がある。随筆としては 58 が人生の無常を嘆いた『 59 』や，鎌倉末期の吉田兼好（兼好法師）による名作『徒然草』がある。

京から鎌倉に下向した際に記された作者不明の紀行文に『海道記』がある。

55 九条兼実
56 玉葉
57 十六夜日記
58 鴨長明
59 方丈記

⑯軍記物では源為朝の活躍を中心に書かれた『保元物語』や，平氏の栄枯盛衰を描き，琵琶法師によって平曲として語られた『平家物語』がある。史書では摂関家出身で天台座主（天台宗の長官）となった 60 が著した『 61 』がある。これは歴史の移りかわりを 62 と 63 によって説明した歴史哲学書で，64 の討幕計画をいさめる目的があったとされる。ほかに鎌倉幕府の公式記録といえる『 65 』や，日本初の本格的な仏教史とされる虎関師錬の『 66 』もある。説話文学では橘成季の『古今著聞集』や，無住による仏教説話集の『 67 』が書かれた。

『平家物語』の作者は信濃前司行長といわれている。
『大鏡』に続いて『今鏡』，『水鏡』（中山忠親の作といわれる）が書かれた。南北朝期の『増鏡』とあわせて四鏡とよばれる。

60 慈円
61 愚管抄
62 道理
63 末法思想
64 後鳥羽上皇
65 吾妻鏡
66 元亨釈書
67 沙石集

⑰学問の分野では，68 が武蔵国称名寺に 69 をつくって書籍を集めた。注釈書としては仙覚の『万葉集注釈』や卜部兼方の『釈日本紀』があり，有職故実書には順徳天皇による『禁秘抄』がある。また，南宋の朱熹が大成した朱子学は宋学ともよばれ，日本には鎌倉時代に禅僧らによって伝えられた。

68 北条(金沢)実時
69 金沢文庫

南北朝期の文化

①南北朝期には上の句と下の句をつぎつぎ交替して詠んでいく連歌や，幾種類かの茶の産地を味別する賭け事の闘茶，茶を飲む会合

1 二条良基
2 応安新式
3 菟玖波集

の茶寄合などがはやった。 1 は連歌の規則書『 2 』を著し，連歌集の『 3 』を編纂し連歌の地位を高めた。

4 太平記
5 増鏡
6 北畠親房
7 神皇正統記
8 梅松論
9 職原抄

②南北朝期は歴史書が多く書かれた。南北朝の内乱の全体を描いた軍記物語の『 4 』，鎌倉幕府の成立から滅亡までを公家の立場から著した『 5 』，南朝の正統性を 6 が著した『 7 』，内乱を武家（北朝）の立場から記した『 8 』がある。 6 は有職故実書の『 9 』も著した。

> 6 は常陸国で『 7 』を著し後村上天皇に提出した。
> 北山文化のころには，『 4 』の誤りを正そうとして今川了俊が『難太平記』を著し，悲劇の武将を描き「判官物」の源泉となる『義経記』も著された。

北山文化

1 臨済宗

①足利義満の時代を中心とする北山文化では， 1 宗が幕府の保護を受けてさかんとなり，南宋の制度にならって五山・十刹の制が整えられた。京都五山は 2 ・ 3 ・ 4 ・ 5 ・ 6 で，鎌倉五山は建長寺・円覚寺・寿福寺・浄智寺・浄妙寺である。五山の上には南禅寺がおかれ，義満は五山を管理する初代僧録に 7 を任じた。

2 天龍寺
3 相国寺
4 建仁寺
5 東福寺
6 万寿寺
7 春屋妙葩

> 寿福寺は栄西を開山とし，北条政子が創建した。
> 五山の管理機関を僧録司といい，足利義満創建の相国寺におかれた。

8 義堂周信
9 絶海中津

②五山の僧らの間では水墨画や漢詩文もさかんで，南禅寺などに住んだ 8 と相国寺の僧の 9 は，五山文学の双璧とよばれた。京都・鎌倉の禅僧による出版物を五山版という。

10 一休宗純

③五山派とは反対に，権力から離れて民間布教に力を入れた一派を林下といい，臨済宗寺院では大徳寺や妙心寺があった。大徳寺の僧侶に『狂雲集』を著した 10 がいる。

11 鹿苑寺金閣
12 如拙

④建築では 11 が足利義満によって建てられた。これは義満がつくった北山第（北山山荘）が死後に寺院とされたものである。絵画では東福寺の明兆，ついで『瓢鮎図』を描いた 12 ，『寒山

拾得図』を描いた周文によって水墨画の基礎が築かれた。

▌ 11 は三層からなり，1層は寝殿造，3層は禅宗様が用いられた。
▌ 12，周文，雪舟は相国寺の僧であった。

⑤神事芸能として出発した猿楽や田楽は室町時代に芸術性の高い能（猿楽能）に発展した。そのあい間に演じられていた風刺性の強い喜劇の狂言も民衆にもてはやされた。能を演じる猿楽座に興福寺を本所とする大和四座がある。

▌ 大和四座とは宝生座・金春座・金剛座・観世座の4つである。

⑥ 13 の保護を受けた観阿弥・ 14 父子が猿楽能を大成した。 14 は能の理論を『風姿花伝（花伝書）』や『花鏡』に著した。その談話を子の元能が『申楽談儀』にまとめている。

▌ 結崎座は観阿弥・ 14 が出て観世座と改称した。

13 足利義満
14 世阿弥

東山文化

①足利義政の時代を中心とする文化を東山文化という。このころ浄土真宗の 1 が北陸などで布教して教団を拡大した。 1 は講という信者組織をつくり， 2 とよばれる手紙で教えを説いた。越前国には 3 ，京都には山科本願寺を建てた。

1 蓮如
2 御文
3 吉崎道場（御坊）

②日親の布教により法華信徒となった京都の町衆は， 4 を結んで1532年に山科本願寺を焼き打ちしたが，1536年の 5 で延暦寺に焼き打ちされて衰えた。神道では， 6 が仏教や儒教を取りこんだ 7 神道をとなえた。

▌ 日親は『立正治国論』を足利義教に提出したが，拷問を受けて「鍋かぶり上人」とよばれた。

4 法華一揆
5 天文法華の乱
6 吉田兼倶
7 唯一神道

③ 8 は足利義政がつくった東山山荘を死後に寺院としたもので， 8 の下層と隣の東求堂内の同仁斎とよばれる書斎には 9 が用いられた。 9 は室内に床の間や違い棚，明障子をもうける建築様式である。

8 慈照寺銀閣
9 書院造

④大徳寺大仙院庭園や龍安寺石庭は岩や白砂だけで滝や水を表現し

旧石器～弥生　古墳　飛鳥　奈良　平安　鎌倉　室町　安土桃山　江戸　明治　大正　昭和　平成

10 枯山水（せんずい）

た 10 庭園である。慈照寺の庭園は，足利義政から「天下第一」と称えられた作庭師善阿弥によってつくられた。

「苔寺」とよばれる西芳寺の庭園は夢窓疎石が造園したとされる。造園には被差別身分の庭師集団の山水河原者とよばれる人びとが活躍した。

11 雪舟
12 四季山水図巻
13 狩野正信

⑤入明して水墨画を大成した 11 の代表作に『 12 （山水長巻）』や『秋冬山水図』，日本三景の1つを描いた『天橋立図』がある。また大和絵では，朝廷の絵所預になった土佐光信が土佐派の基礎を固め，幕府の御用絵師になった 13 が水墨画に大和絵の手法をとり入れて狩野派をおこした。13 の子には『大仙院花鳥図』を描いた狩野元信がいる。

11 と宗祇は，周防の守護大内政弘（応仁の乱では西軍に加わった）に招かれて山口に下向した。

足利義政に仕えた金工家に後藤祐乗がいる。

14 宗祇
15 新撰菟玖波集

⑥正風連歌を確立した 14 は『 15 』を編纂したほか，弟子とともに『水無瀬三吟百韻』を詠んだ。宗鑑はより自由な気風の俳諧連歌をつくり『犬筑波集』を編集した。

『水無瀬三吟百韻』は 14 ・宗長・肖柏により，後鳥羽天皇の二百五十年忌の供養に奉納された連歌である。

東常縁は『古今和歌集』の解釈を秘事として口伝する古今伝授を確立し，14 に授けた。

将軍足利義教の発議で勅撰和歌集の『新続古今和歌集』が1439年に編纂され，二十一代集の最後となった。

16 閑吟集

⑦庶民の間では『一寸法師』などの御伽草子が好まれたほか，小歌がはやって小歌集の『 16 』が編集された。また，きらびやかに飾りたてた衣装をつけて踊る風流（風流踊り）と念仏踊りが結びついて盆踊りもはじまった。

曲舞の別称で語り物の幸若舞が庶民にも流行した。

17 一条兼良（かねら）
18 樵談治要

⑧当代随一の学者として知られた 17 は，政道書の『 18 』を将軍足利義尚に献じたほか，有職故実書の『公事根源』も著した。

17は『源氏物語』の注釈書である『花鳥余情』も著した。
応仁の乱の後，詩僧の万里集九は当時の一流の武将で文人の太田道灌の招きで江戸に下向し，すぐれた漢詩文をのこした。

⑨関東管領の 19 は下野国に 20 を再興した。肥後の菊池氏や薩摩の島津氏は禅僧の 21 を招き，土佐国の吉良氏は南村梅軒を招いて朱子学を講義させたといわれる。地方の寺院でも教育がおこなわれ，教科書には書簡の往復の形をとった『庭訓往来』や，日常語の辞書である『 22 』などが使われた。

20は宣教師フランシスコ＝ザビエルによって「坂東の大学」としてローマに報告された。初代校長は快元である。
『庭訓往来』は南北朝期に玄恵が編纂したといわれる。
教科書には鎌倉初期につくられた漢文調の五言330句からなる『童子教』もあった。

19 上杉憲実
20 足利学校
21 桂庵玄樹
22 節用集

⑩茶道（茶の湯）では 23 が 24 をはじめ，堺の豪商 25 があとをついだ。床の間を飾る生け花の様式である立花の様式が池坊専慶や同朋衆の立阿弥によって整いだした。

池坊専慶ののち池坊専応，池坊専好が出て立花を完成した。
観阿弥や立阿弥のように阿弥号を称した人びとで，将軍や大名に仕えて芸能や雑役に従事した人びとを同朋衆という。

23 村田珠光（しゅこう）
24 侘茶
25 武野紹鷗

第 5 章　近世(1)

時代の流れを確認しよう

テーマ12　ヨーロッパ人の来航と織豊政権

ひとことでいうと

鉄砲の伝来とともにポルトガル船が来航するようになり，南蛮貿易がはじまります。100年続いた戦国の世は，織田信長とそのあとをついだ豊臣秀吉によって統一されます。

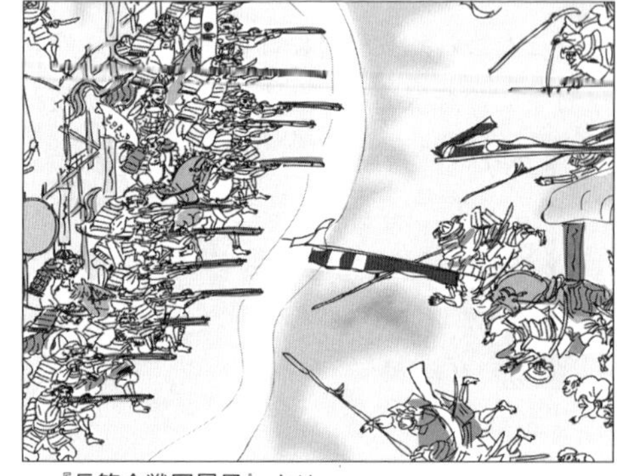

▪『長篠合戦図屏風』より

長篠合戦で足軽鉄砲隊を使ったのはグッジョブでしたね。

わっはっはっは。存分に褒めるがよい。たくさん鉄砲がほしくて早めに鉄砲の産地の堺と国友をおさえておいたからな。ただ，雨が降ったらヤバかったがな。

織田信長

▶動画で詳しく！

テーマ13　幕藩体制の成立

ひとことでいうと

関ヶ原の戦いに勝利した徳川家康は江戸幕府をひらきます。3代将軍家光のときまでに幕府のさまざまな仕組みが整いました。幕府の機構，参勤交代，鎖国体制などがそれです。

テーマ14 文治政治

ひとことでいうと

武断政治による改易は大量の牢人をうみだし，社会不安をまねきました。由井正雪の乱がおこると幕府は文治政治に転換します。これは儒学を背景に法律と制度の力で秩序を保とうとする政治でした。

どうして生類憐みの令なんてだしたんですか？

よその犬を平気で殺すような野蛮な風潮をなくしたかったんだ。そういうのは戦国時代の名残りで，平和な時代にはふさわしくないだろ？

徳川綱吉

▶動画で詳しく！

テーマ15 江戸時代の経済

ひとことでいうと

政治の安定は経済の成長をうながしました。さまざまな産業が発達し，貨幣は地方にも普及しました。参勤交代は陸上交通の発達を，年貢米や商品輸送は水上交通の発達をもたらしました。

▪千歯扱

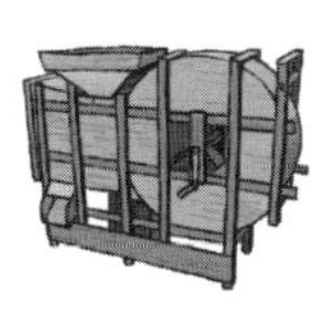

▪唐箕

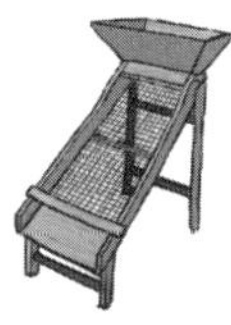

▪千石簁

▪踏車

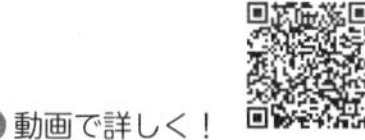

穴埋め問題をやってみよう

➜本文の空欄は基礎用語（レベル1），赤字は発展用語（レベル2）です。レベルに応じて学習しよう！

テーマ12 ヨーロッパ人の来航と織豊政権

基礎用語を確認！

鉄砲伝来と南蛮貿易

1 マカオ

①日本の戦国時代，ポルトガルはインド西海岸のゴア，さらに中国の［1］を拠点とし，スペイン（イスパニア）は，南北アメリカ大陸をへてフィリピンのルソン島のマニラを拠点として東アジアで貿易をおこなうようになった。こうしたことからこの時代を大航海時代とよんでいる。

2 国友

②1543年，中国船に乗ったポルトガル人が種子島に漂着した。領主の種子島時堯が彼らから鉄砲を購入すると，まもなく和泉国の堺・近江国の［2］・紀伊国の根来などで鉄砲がつくられるようになった。

この事跡を伝える代表的な史料として文之玄昌が書いた『鉄炮記』がある。種子島に漂着した船には，倭寇の頭目の一人王直がいた。

3 平戸
4 南蛮貿易
5 銀

③ポルトガル人に続きスペイン人も1584年に肥前国の［3］に来航し，［4］を開始した。［4］は中継貿易で，中国産の生糸のほか，鉄砲，火薬などが日本にもたらされ，日本の［5］や刀剣が輸出された。寄港地は島津氏がおさめる鹿児島や坊津，大友氏の府内，松浦氏の平戸などがあったが，やがて大村純忠がおさめる肥前の長崎が最大の貿易港になった。

ポルトガル人とスペイン人は南蛮人とよばれた。

キリスト教の伝来

1 1549年
2 イエズス会
3 フランシスコ＝ザビエル

①［1］年，［2］会（耶蘇会）のスペイン人宣教師［3］が鹿児島に上陸し，はじめてキリスト教を伝えた。［3］は山口の大内義隆，ついで府内の大友義鎮（宗麟）の保護を受けて布教し，1551年に日本を去った。

［2］会はイグナティウス＝ロヨラを中心とするカトリック（旧教）の修道会であった。

②1556年来日のポルトガル人宣教師 4 は将軍足利義輝から布教の許可を得た。4 は堺のことを「日本のベニス」と報告している。『耶蘇会士日本通信』にその書簡がのこされている。

4 ガスパル＝ヴィレラ

③1563年来日のポルトガル人 5 は織田信長の保護を受けて布教した。5 の著書に『 6 』がある。1570年来日のイタリア人オルガンチノは，京都に南蛮寺（教会堂），近江の安土にはセミナリオ（神学校）を建設した。

> セミナリオは肥前国の有馬にも建設された。また，豊後の府内にはコレジオ（宣教師養成学校）が建設された。

5 ルイス＝フロイス
6 日本史

④キリシタン大名の 7 ・ 8 ・ 9 は，イタリア人宣教師 10 のすすめで1582年，正使の伊東マンショと千々石ミゲル，副使の中浦ジュリアンと原マルチノの4人をローマ教皇グレゴリウス13世のもとに派遣した。この 11 使節が1590年に帰国した際に，10 は活字印刷機を伝えた。

> 帰国後，伊東マンショは病死，千々石ミゲルは棄教，中浦ジュリアンは殉教，原マルチノは国外追放となった。
> キリシタン大名には高山右近・小西行長・黒田孝高（如水）らもいる。
> 細川忠興の妻の細川ガラシャは熱心なキリシタンであった。

7〜9 大友義鎮・有馬晴信・大村純忠（順不同）
10 ヴァリニャーニ
11 天正遣欧使節

織田信長の統一事業

①1 は1560年，上洛をはかる今川義元を桶狭間の戦いで倒し，三河の徳川家康と同盟した。1567年には美濃の斎藤竜興を破り，美濃の稲葉山城を岐阜城と改名し，1568年 2 を将軍にたてて入京した。

> 1 は1567年，岐阜城に入ったころから「天下布武」と刻んだ印判を用いるようになった。
> このころの天皇は正親町天皇であった。

1 織田信長
2 足利義昭

②2 は将軍権力の回復をめざして信長と対立し，近江の浅井長政や越前の朝倉義景，3 寺などと結んだ。そこで信長は1570年に 4 で浅井・朝倉の連合軍を破り，翌年 3 寺を焼打ちし，

3 延暦寺
4 姉川の戦い

さらに1573年には[2]を追放して室町幕府をほろぼした。

5 長篠合戦（長篠の戦い）
6 安土
7 石山本願寺
8 顕如

③信長は1575年，三河国での[5]では，武田勝頼の騎馬隊を足軽鉄砲隊で破り，1576年，近江国の[6]に天守閣を備えた[6]城を築いた。信長はまた一向一揆とも敵対し，1574年に伊勢長島，翌年に越前の一向一揆を鎮圧し，1580年には[7]寺の[8]を長い戦いの末，屈服させた。しかし1582年，毛利氏征討の出陣の途中，京都の本能寺で家臣の明智光秀の反乱にあい，自殺した。

> 武田信玄は1572年に三方ヶ原の戦いで徳川家康を破ったものの，病に陥り帰国の途中で死去した。
>
> 毛利氏の水軍は信長に対抗して[7]寺を支援した。

9 安土
10 楽市令

④信長は指出検地を畿内で実施したほか，輸送・流通の円滑化と城下町の振興をはかって関所を撤廃したり，撰銭令をだしたり，美濃の加納や近江の[9]に[10]をだすなどした。また，自治都市堺を征服し，矢銭（軍費）を払わせ直轄地とした。

> 1577年に[9]でだされた[10]では，債務を帳消しにするいわゆる徳政が施行されても[9]城下ではそれを適用しないと定められた。
>
> 信長は浄土宗と日蓮宗に安土宗論をおこなわせ，日蓮宗を弾圧した。

豊臣秀吉の統一事業

1 豊臣（羽柴）秀吉
2 石山本願寺

①本能寺の変の時，[1]は毛利氏の備中高松城を攻撃中だったが急いで軍を返し，1582年，山崎の戦いで明智光秀を討った。翌年[1]は，信長の重臣柴田勝家を賤ヶ岳の戦いで破って信長の後継者の地位を確立すると，摂津国の[2]の跡地に大坂城を築いた。ついで1584年，信長の次男織田信雄を擁する徳川家康と小牧・長久手の戦いで戦ったが講和した。

> 柴田勝家は信長から越前国に領地をあたえられていた。

3 惣無事令

②秀吉は1585年に長宗我部元親を破って四国を平定するとともに関白となり，翌年には後陽成天皇から太政大臣に任じられるとともに豊臣姓をあたえられた。秀吉はこの地位を利用して，戦闘の停止と，領地の確定を秀吉に委任させることを命じる[3]を発し

たという説がある。

> 1585年に秀吉は，鉄砲で武装した強力な僧兵を擁する根来（寺）および雑賀（衆）の一向一揆をほろぼし紀州を平定した。

③ 3 に九州の島津義久が抵抗すると，秀吉は1587年に大軍を発して屈服させた。翌年，大内裏跡に造営した 4 に後陽成天皇をまねき，諸大名に天皇と秀吉への忠誠を誓わせた。さらに1590年に 5 攻めをおこなうと，陸奥の伊達政宗らも秀吉に臣従し，関東を領していた北条氏政をほろぼして天下統一が実現した。

> 肥前の国人出身の龍造寺氏は，大友氏や島津氏とともに九州の覇権を争ったが島津義久に敗れた。家臣から鍋島氏が出て興隆した。

4 聚楽第
5 小田原攻め

④ 豊臣政権の財政的基盤は，各地にもうけられた約220万石の直轄領の蔵入地のほか，京都・堺・大坂・伏見・長崎などの直轄都市，さらに佐渡金山や石見大森・但馬 6 の銀山などの直営鉱山で，後藤徳乗に命じて 7 などの貨幣も鋳造させた。

6 生野
7 天正大判

⑤ 秀吉は晩年，重要政務を合議する五大老と実務を分担する五奉行を定めた。五大老とは徳川家康（筆頭）・前田利家・毛利輝元・宇喜多秀家・上杉景勝，五奉行とは浅野長政（筆頭）・増田長盛・石田三成・前田玄以・長束正家のことである。

太閤検地と刀狩

① 山崎の戦い後の山城国での検地を皮切りに，秀吉は領地を獲得するたびに 1 をほどこしていった。 1 は，これまでの指出検地とは異なり，検地奉行が直接測量するものであった。まず単位を統一し，米の計量の基準は 2 に統一した。

> 奥州検地の総奉行を命じられたのは浅野長政だった。

1 太閤検地
2 京枡

② 秀吉は長さ1間を6尺3寸（約191cm）とし，1間四方の面積を1歩とした。律令時代とは異なり1段（反）＝10畝＝ 3 歩とし，1町＝10段（反）とした。

3 300歩

③ 田畑・屋敷地に上・中・下・下々などの等級をつけ，それぞれの

4 石盛
5 石高

[4]を定めた。[4]とは1段(反)あたりの標準収穫高のことで，それに面積を乗じて田畑一筆ごとの生産高である[5]を算定した。

> [4]は斗代ともよばれ，上田は1石5斗，中田は1石3斗，下田は1石1斗などと定められた。

6 一地一作人

④[1]では[6]の原則で田畑ごとの耕作者を定めて名請人として検地帳に登録し，年貢負担を義務づけた。年貢率は二公一民を原則とし，村の総石高である村高に年貢を課して，村単位で米を納入させる村請制がとられた。

7 石高制

⑤[1]の結果，貫高制にかわって[7]が確立した。このため1582（天正10）年に開始された[1]を天正の石直しともいう。これにより1つの土地に何人もの権利が重なり合う状態が整理され，荘園制は完全に崩壊した。

> 特権を奪われた国人・地侍層は検地反対一揆をおこした。九州の肥後の一揆，陸奥の葛西・大崎の一揆がある。

⑥秀吉は1591年，全国の大名に対し，[5]を郡・国単位に集計した帳簿である御前帳と国絵図の提出を命じた。これによりすべての大名の[5]が正式に定まり，大名はその[5]にみあった軍役を奉仕する体制ができあがった。

> 江戸幕府は正保，元禄，天保年間の3度にわたって，国絵図と郷帳を提出させた。

8 1588年
9 刀狩令
10 方広寺

⑦[8]年，秀吉は一揆を防止し，農民を耕作に専念させるために[9]をだした。当時，秀吉は京都に[10]の大仏を建立中で，刀や鉄砲を釘につくり直すという口実で武器を没収した。

11 身分統制令（人掃令）

⑧秀吉は1591年，[11]を出し，武士が農民・町人になることや農民が町人になることを禁止した。同年，秀吉が甥の豊臣秀次に関白職を譲ると，豊臣秀次は1592年に人掃令をだして全国的な戸口調査を命じた。こうして検地・刀狩・人掃いなどの政策によって兵農分離が進んだ。

豊臣秀吉の禁教・外交政策

①秀吉は 1 が長崎を教会領としてイエズス会に寄進していたことを知ると，2 年，九州平定後の博多(はかた)で 3 をだした。しかし一般民衆の信仰は自由で，貿易も奨励したため禁教政策は不徹底であった。1588年には倭寇禁圧をはかって 4 （倭寇禁止令）をだした。

1 大村純忠
2 1587年
3 バテレン（宣教(せんきょう)師(し)）追放令
4 海賊取締令(かいぞくとりしまりれい)

②1596年，スペイン船 5 が土佐(とさ)に漂着した際，乗組員がキリスト教の布教は日本征服の手段であると放言したため，秀吉は宣教師らを長崎で処刑した。これを 6 という。

処刑されたのはフランシスコ会の宣教師・信者たちだった。

5 サン＝フェリペ号
6 26聖人殉教(せいじんじゅんきょう)

③明(ミン)の征服も考えるようになった秀吉は，対馬(つしま)の宗(そう)氏を通じて，朝鮮に対し入貢と明侵攻の先導を要求した。朝鮮がこれを拒否すると秀吉は肥前に 7 を築いて本陣とし，8 年に朝鮮に大軍を送った。これを 9 （朝鮮では壬辰倭乱(じんしんわらん)）という。

秀吉はゴアのポルトガル政庁，ルソン島マニラのスペイン政庁などにも服属と入貢を求めた。

9 では，熊本城を築城したことで知られる加藤清正(かとうきよまさ)や，キリシタン大名の小西行長(こにしゆきなが)らを先鋒(せんぽう)に大軍が送られた。

7 名護屋城(なごやじょう)
8 1592年
9 文禄(ぶんろく)の役

④日本軍は釜山(ふざん)（プサン）に上陸し，首都漢城(かんじょう)（ソウル）を陥落させたが，10 の率いる朝鮮軍や明の援軍によって苦戦した。そのため秀吉は明との和平交渉をおこなったが決裂し，1597年ふたたび朝鮮に出兵した。この 11 （朝鮮では丁酉倭乱(ていゆうわらん)）でも日本軍は苦戦し，1598年に秀吉が病死したのを機に撤退した。朝鮮では二度の戦いを壬辰・丁酉の倭乱とよんでいる。

10 は鉄板の屋根をもつ亀甲船(きっこうせん)を導入して朝鮮水軍を率いた。
京都方広寺(ほうこうじ)前の耳塚(みみづか)は，朝鮮に出兵した武士たちが自らの戦功を示すために首の代わりに送ったものを供養した跡である。
朝鮮出兵の際に日本に活字印刷技術が伝えられると，後陽成天皇の命で慶長勅版(けいちょうちょくはん)とよばれる活字本がつくられた。

10 李舜臣(りしゅんしん)（イスンシン）
11 慶長(けいちょう)の役

⑤九州平定後に博多の復興を命じられた博多の豪商島井宗室(しまいそうしつ)は，朝

鮮出兵を回避させる努力をしたが，その後は兵粮米の調達に活発に行動した。同じ博多の豪商に茶人の神屋宗湛がいる。

> 秀吉がその財力を利用した堺の豪商に，小西行長の父の小西隆佐がいる。

テーマ13 幕藩体制の成立

基礎用語を確認！

1 毛利輝元

豊臣氏の滅亡

①1600年，徳川家康に反発する石田三成は［1］を盟主として兵をあげたが，関ヶ原の戦いで家康方の東軍に敗れた。西軍の石田三成・小西行長らは処刑され，［1］は周防・長門2カ国に減封，多くの大名が改易（領地没収）された。

> 関ヶ原は美濃国にあった。
> 五大老のうち上杉景勝は減封のうえ会津から米沢に転封され，宇喜多秀家は八丈島に配流となった。

2 徳川家康

3 1605年

4 徳川秀忠

②1603年，［2］は後陽成天皇から征夷大将軍に任命され，江戸幕府をひらいた。［2］は将軍職を［3］年に子の［4］に譲り，自らは駿府に居城し，大御所として実権を握り続けた。

③家康は方広寺鐘銘事件をきっかけに1614年に大坂冬の陣をおこし，1615（元和元）年の大坂夏の陣で豊臣氏をほろぼした。こうして戦乱が終わり平和になったことを「元和偃武（読みはげんなえんぶ）」という。

> 家康は，豊臣秀頼が再建した京都の方広寺の鐘銘に「国家安康，君臣豊楽」とあるのを家康を呪うものだとした。

幕藩体制

①幕府は全国の４分の１を支配し，それ以外の領地に大名を配置した。大名とは１万石以上の領地をあたえられた武士のことで，石高に応じて軍役を賦課された。将軍一族の親藩，三河以来の家臣の譜代，関ヶ原の戦い前後に家臣になった外様に分けられた。

> 親藩大名のうち尾張・水戸・紀伊の徳川氏は（御）三家とよばれた。
> 江戸時代後期に約270家あった大名家のうち，もっとも大きかった

のは約100万石の加賀（金沢）藩前田家であった。

② 将軍直属の武士で1万石未満の者を直参といい，そのうち将軍に御目見得（将軍に謁見すること）を許された者を旗本，それ以下を御家人といった。前者の多くには知行地があたえられ，後者には俸禄（禄米）が支給された。

大名に属する武士は陪臣とよばれた。

③ 幕府の支配地には将軍の直轄地である約400万石の幕領（天領）と，旗本にあたえられた約300万石の旗本知行地があった。また江戸・京都・大坂の三都と長崎・堺の直轄都市をもち，佐渡・伊豆の金山，石見大森・但馬 1 の銀山などの直営鉱山をもった。

大久保長安は徳川家康に仕え，石見銀山・佐渡の相川金山の奉行を務めて鉱山開発に功績をあげた。

1 生野

④ 大坂の陣直後の1615年，幕府は 2 を発し，大名の居城を1つに限りほかを破却させた。同年，家康は大名に対する法典として 3 を 4 に起草させ，将軍徳川秀忠の名で発布した。

4 は南禅寺の臨済宗僧で，家康に仕えて政治・外交顧問となった。寺院法度を起草するなど一人で寺社行政も担っていたため，没するとかわりに寺社奉行が設置された。

2 一国一城令
3 武家諸法度
4 金地院崇伝（以心崇伝）

⑤ 3 は将軍の代がわりごとに改定されるが，最初の元和令では居城修理の許可制，新規築城の禁止，婚姻の許可制などが定められた。このため広島城を無断で修築した 5 は改易された。

譜代大名で宇都宮城主の本多正純は1622年に改易された。
将軍徳川家光は，肥後の外様大名の加藤忠広（清正の子）を改易した。

5 福島正則

⑥ 将軍 6 は 7 年，3 を改定し 8 令をだした。このとき 9 が制度化され，500石以上の大船建造が禁止された。9 とは，大名に江戸と国元を1年交代で往復させるもので「毎歳夏四月中」に江戸に参じることとされた。

6 の乳母は春日局であった。
3 8 令を起草したのは儒学者の林羅山である。

6 徳川家光
7 1635年
8 寛永令
9 参勤交代

大名に課された江戸城の修築，河川工事などの負担を（御）手伝普請という。

幕府の機構

1 老中
2 若年寄

① 将軍徳川家光の時代には，幕府の機構がほぼ完成した。常置の最高職は［1］で，その上に臨時職として大老をおいた。［1］を補佐する［2］の下には旗本・御家人を監察する目付をおいた。

3 大目付
4 勘定奉行

② ［1］の下には大名を監察する［3］，江戸行政・司法にあたる町奉行，幕領の村々の民政を統轄する［4］がおかれた。また，京都・大坂・駿府におかれた町奉行と，長崎・佐渡・山田・日光・堺・伏見などの直轄地におかれた奉行の総称を遠国奉行という。

軍事をつかさどる職務を番方というのに対し，財政・司法等の実務に従事する職務は役方とよばれた。
大坂に幕府は大坂城代や大坂町奉行をおいて，大坂や西日本を支配するかなめとした。

5 寺社奉行
6 町奉行
7 評定所

③ 三奉行のうち，将軍直属でもっとも格式の高い［5］は大名から選任され，［6］と［4］は旗本から選任された。重要な裁判は三奉行と［1］などで構成する［7］でおこなった。幕府の役職に任命されたのは譜代大名と旗本で，ほとんどの役職は何名かが1カ月交代で勤務する月番制をとり，合議によって政策を決定した。

朝廷・寺社統制

1 京都所司代
2 武家伝奏
3 禁中並公家諸法度
4 学問

① 幕府は皇族に対し，領地として禁裏御料をあたえたが政治的権限は認めず，［1］に朝廷を監視させ，公家から選ばれた［2］に幕府との事務連絡をおこなわせた。1615年，金地院崇伝の起草で17条からなる［3］を定め，天皇の第一の職務を［4］とした。

［3］では紫衣の勅許は幕府の許可が必要とされたほか，武家と公家の官位を別にあつかわせることも定められた。改元の際には中国の年号から縁起のよい年号を選ぶという規定もあった。

5 後水尾天皇

② 将軍徳川家光の時の1627年，［5］天皇が幕府に届け出なく高僧にあたえた紫衣の勅許を幕府が無効とした。これに抗議をした

大徳寺の僧 6 宗彭は配流された。これに反発した 5 天皇は娘の 7 天皇に突然譲位した。この事件を 8 という。

> 7 天皇の母は徳川秀忠の娘の和子である。
> 史上最後の女性天皇は，後桜町天皇（在位1762～1770年）である。

6 沢庵宗彭
7 明正天皇
8 紫衣事件

③幕府は寺社統制のため1601年から宗派ごとに寺院法度をだし，宗派の中心寺院の本山が末寺を統制する本末制度を整備した。将軍徳川家綱は1665年に各宗共通の諸宗寺院法度を発した。

> 1665年に諸社禰宜神主法度が発布され，神道界では吉田家の支配が強まった。

農民統制

①幕領の農村の民政は， 1 配下の郡代・代官がつかさどった。村は 2 ・ 3 ・ 4 の村方三役を中心に自治的に運営された。農民には，田畑や屋敷をもち，検地帳に登録されて年貢を負担する 5 （高持百姓），田畑を借りて小作する水呑百姓（無高百姓），隷属農民である名子・被官らがいた。

> 関東・美濃・飛騨などには郡代が，その他の天領には代官が派遣された。
> 2 は関西では庄屋，東北では肝煎とよばれた。 3 は 2 の補佐役で， 4 は村民の代表で 2 ・ 3 の監視役だった。

1 勘定奉行
2 名主
3 組頭
4 百姓代
5 本百姓

②村民に数戸ずつで五人組をつくらせ，年貢納入などの連帯責任を負わせた。田植えや屋根葺きなどは， 6 またはもやいとよばれる共同労働でおこなわれ，村掟（村法）の違反者は村民との交際を絶つ村八分の制裁を受けた。

> 村の維持，管理などにかかる費用を村入用という。

6 結

③年貢は村の責任で納める 7 がとられ，田畑・屋敷に課される 8 （おもに米納で初期は四公六民）を中心に，副業に課される 9 ，村高に応じて課される高掛物，一国単位で課される土木工事などの国役，宿場に人馬を提供する伝馬役があった。人馬が不足するときは，周辺の農民に 10 が課された。

> 検地などを通して村の領域や構成員を確定していくことを村切（り）

7 村請制
8 本途物成（本年貢）
9 小物成
10 助郷役

という。17世紀末には全国で6万あまりの村があった。
伝馬役を補うために，人馬を徴発された村々を助郷という。
本多正信が書いたとされる政治意見書の『本佐録』には「百姓は財の余らぬやうに不足なきやうに治むること道なり」と記されている。

④将軍徳川家光の時代の1641年，寛永の飢饉で多数の餓死者が出ると，幕府は［11］年に［5］の没落を防ぐために［12］をだすとともに，田畑勝手作りの禁令をだし，貨幣経済の浸透防止をはかった。将軍徳川家綱の時代，1673年に［13］をだし，耕地の細分化の抑制をはかった。

11 1643年
12 田畑永代売買の禁（止）令
13 分地制限令

田畑勝手作りの禁令では本田畑で米・麦・黍・粟・豆の五穀以外の煙草・木綿・菜種といった商品作物をつくることが禁じられた。
［13］では，［2］は2町歩20石，百姓は1町歩10石以下の分地が禁止された。
衣食住や農業技術について細かく指示した慶安の御触書が1649年にだされたという学説があった。

武士・町人

①江戸時代の身分は士農工商ともよばれる四民とその下の穢多・非人からなっていた。武士は苗字・帯刀の特権が認められた。大名が家臣に領地をあたえるしくみを地方知行制，蔵米（禄米）をあたえるしくみを俸禄制という。

宗教者のなかには山岳信仰を広めて山伏ともよばれた修験者や，方位・家相・日取りを占う陰陽師がいた。

②町では町年寄・町名主とよばれる町役人を中心に町政が運営された。土地・屋敷をもつ地主・家持と，屋敷地を借りる地借，借家人の店借の区別があり，地借・店借は町政には参加できなかった。町人には屋敷の間口に応じて地子銭が課されたが，城下町では免除された。

城下町は城郭を中心に武家地・寺社地・町人地から構成された。
店舗をもたずに天秤棒で担いで売り歩く商人を棒手振という。
武家や商家に住み込みで雇われる人を奉公人という。

③家長たる戸主の権限が強く，女子には父・夫・子に仕える三従の教えが貝原益軒の『和俗童子訓』などで説かれ，夫は三行半とよばれる離縁状で離婚ができた。

> 『和俗童子訓』をもとに執筆された，女性の心得を説く『女大学』が広く用いられた。
> 鎌倉の東慶寺などの縁切寺（駆込寺）に妻が入寺して，離婚を認めてもらうことがあった。

江戸初期の外交

①徳川家康は[1]藩の[2]氏に交渉させて朝鮮との国交回復をはかると，朝鮮から1607年に使節が来日した。[3]年には朝鮮と[2]氏との間に[4]（慶長条約）が結ばれ，1年に20隻の[1]からの歳遣船が[5]の[6]で交易することが定められた。その後将軍の代がわりを慶賀する[7]が計12回来日した。

> 朝鮮からの使節は，朝鮮出兵の際の朝鮮人捕虜を連れ戻る任務もあり，3回目までは「回答兼刷還使」とよばれ，4回目からは「[7]」とよばれた。

1 対馬藩
2 宗氏
3 1609年
4 己酉約条
5 釜山（プサン）
6 倭館
7 （朝鮮）通信使

②家康は明との国交回復もはかったが，明が[8]政策をとっていたため拒否された。しかし明船は平戸や[9]に来航したり，東南アジアの各地で日本の朱印船と出会貿易をおこなったりした。1644年，明朝は滅亡し[10]朝が成立した。

8 海禁政策
9 長崎
10 清

③将軍から朱印状をあたえられて貿易をおこなった西国大名には島津・松浦・有馬氏らがおり，豪商には京都の[11]や京都の呉服商茶屋四郎次郎，摂津平野の[12]，長崎の末次平蔵らがいた。

> 輸出品の主力は銀で，ほかに銅や樟脳などを輸出し，生糸・絹織物・砂糖などを輸入した。

11 角倉了以
12 末吉孫左衛門

④東南アジア各地には日本人の自治が認められた日本町がうまれた。アユタヤの日本町の長となった[13]は，シャム（現在のタイ）王朝の要職に就くほどであった。

> ルソン島のマニラやアンナン（現在のベトナム）のフェフォ，カンボジアのプノンペンなどにも日本町があった。

13 山田長政

14 リーフデ号

15 三浦按針

⑤1600年，オランダ船[14]が豊後国臼杵湾に漂着した。その水先案内人であったイギリス人ウィリアム＝アダムズ（日本名：[15]）と，オランダ人の航海士ヤン＝ヨーステンは，徳川家康の外交顧問となった。

16 平戸
17 オランダ商館
18 イギリス商館
19 1623年

⑥オランダは1609年に，イギリスは1613年に幕府から許可されて，肥前の[16]にそれぞれ[17]・[18]をひらき，貿易がはじまった。その後，イギリスはオランダとの抗争に敗れ，[19]年に[18]を閉鎖して対日貿易から撤退した。

新教国（プロテスタント）のオランダとイギリスは布教と切り離して貿易をおこなった。両国人は紅毛人とよばれた。

20 26聖人殉教
21 田中勝介
22 支倉常長

⑦家康は，豊臣秀吉がおこなった[20]で関係の悪化したスペインとの通商再開に努め，1610年，スペイン領のメキシコ（ノビスパン）に京都の商人[21]を派遣した。仙台藩主伊達政宗も1613年，家臣の[22]を慶長遣欧使節としてスペインに派遣したが通商交渉は失敗した。

[21]は，上総に漂着した前ルソン総督ドン＝ロドリゴに同行してメキシコに渡った。

[22]はフランシスコ会宣教師ルイス＝ソテロとともにスペインに渡った。

23 ポルトガル
24 糸割符制度
25～27 京都・堺・長崎（順不同）
28・29 江戸・大坂（順不同）

⑧[23]に対しては1604年に[24]制度をもうけ，中国産の生糸を一括購入することとした。はじめ[25]・[26]・[27]の商人に糸割符仲間をつくらせ，のちに[28]・[29]も加えて五カ所商人とよばれた。

琉球と蝦夷地

1 1609年
2 薩摩
3 島津家久
4 謝恩使
5 慶賀使

①[1]年，[2]藩主[3]は，琉球に侵攻して国王尚寧を江戸まで連行した。琉球は明への朝貢を続けて冊封関係を維持したため，日明両属の国となった。[2]藩は，琉球に砂糖を納めさせ，中国との貿易による利益を吸収した。琉球から幕府には国王の代がわりごとに[4]，将軍の代がわりごとに[5]が派遣された。

②近世になると［6］氏は［7］氏と改姓し，徳川家康からアイヌとの交易独占権を認められ，［7］藩を形成した。当時，蝦夷地では米作がおこなわれておらず，［7］氏は家臣に商場でのアイヌとの交易権をあたえた。これを商場知行制という。

6 蠣崎氏
7 松前

③将軍徳川家綱の時の1669年，和人の不正交易に対する不満から，アイヌの首長［8］が全アイヌによびかけて蜂起した。［7］藩はこれを津軽藩と南部藩の協力を受けて鎮圧した。

8 シャクシャイン

④［8］の戦い後，松前藩では商場知行制から，交易を商人にまかせて運上金を納めさせる場所請負制にかわっていった。蝦夷地からの商品には昆布や，干鰯と同じ役割をもつ鰊〆粕があった。

禁教と鎖国

①幕府ははじめキリスト教を黙認していたが，将軍徳川秀忠の時の1612年に幕領に［1］をだし，1613年には全国に広げた。しかし改宗しない者も多く，翌年幕府はキリシタン大名であった［2］らをマニラに追放した。さらに1622年には長崎で55名の宣教師や信者を処刑した。これを［3］という。

1 禁教令
2 高山右近
3 元和の大殉教

②幕府は貿易統制も強め1616年，キリスト教の侵入を防ぐために中国船以外の外国船の寄港地を［4］・［5］に限定した。将軍徳川家光の時代の1624年には［6］船の来航を禁止した。

4・5 平戸・長崎（順不同）
6 スペイン船

③1631年から朱印状のほかに老中発行の奉書を所持することを命じる奉書船制度をはじめた。1633（寛永10）年からは鎖国令をだし，まず［7］以外の海外渡航を禁止し，［8］年には，［9］の海外渡航と帰国を全面的に禁止した。さらに1636年には長崎に築いた出島に，ポルトガル人を住まわせた。

> 1633年の鎖国令では5年以上の海外居住者の帰国が禁じられた。
> 1636年の鎖国令ではポルトガル人の子孫を国外追放するとした。

7 奉書船
8 1635年
9 日本人

④［10］年，島原領主松倉氏と天草領主寺沢氏の圧政に対して，キリシタンを中心とする３万余の農民が［11］をおこした。翌年，

10 1637年
11 島原の乱（島原・天草一揆）

12 松平信綱

「知恵伊豆」と称された老中 12 によって鎮圧された。

島原・天草地方はかつて有馬晴信・小西行長の領地であった。一揆勢は天草四郎（益田）時貞を首領として原城跡にたてこもった。幕府軍の指揮をとった板倉重昌は総攻撃の際に戦死した。

13 寺請制度
14 不受不施派
15 宗門改

⑤ 11 後，幕府はキリシタンを見破る手段である絵踏を強化した。また，すべての人々を檀徒（檀家・檀那）としていずれかの寺院に所属させる 13 をもうけ，キリスト教や日蓮宗の 14 を弾圧した。そして 15 役をおいて信仰調査をおこなわせ， 15 帳（宗旨人別帳）を作成させた。

踏絵をふむことを絵踏という。旅行などの際には，身許証明書である寺請証文を檀那寺に発行させて持参させた。

16 1639年
17 ポルトガル船
18 1641年
19 平戸
20 （長崎の）出島
21 唐人屋敷
22 東インド会社
23 （オランダ）風説書

⑥ 16 年の鎖国令で 17 船の来航を禁じ， 18 年には 19 のオランダ商館を 20 に移して鎖国体制を完成させた。1689年には中国人を長崎の 21 に移した。

⑦ 20 のオランダ商館は，バタヴィアにある 22 の支店で，その商館長はカピタンとよばれ，毎年来日して海外情報の書かれた 23 を提出し，江戸参府をおこない将軍に面会した。

カピタンが提出した 23 の原文をオランダ通詞（長崎通詞）が翻訳して，提出した。

24 長崎口
25 対馬口
26 薩摩口
27 松前口

⑧鎖国体制下でも，対外的な窓口として「四つの口」がひらかれていた。幕府がオランダ・中国と貿易をおこなう 24 口，朝鮮との 25 口，琉球との 26 口，蝦夷地との 27 口の４つである。

テーマ14 文治政治

基礎用語を確認！

文治政治への転換

1 由井（比）正雪

①将軍家光までの武断政治により多数の大名が改易され，数十万人の牢人やかぶき者といわれる無頼の徒が出現した。こうしたなかで1651年，家光の死去を機に兵学者 1 らが幕府転覆計画を

企てたが失敗した。これを［ 1 ］の乱（慶安の変）という。

▌慶安の変の首謀者には［1］のほか丸橋忠弥がいる。

②慶安の変に衝撃を受けた幕府は，［ 2 ］を緩和し50歳以下の大名に［ 3 ］を認め，［ 4 ］政治に転換した。新将軍徳川家綱は幼少だったため，政治は前将軍家光の弟の［ 5 ］や，下馬将軍の異名をもつ大老［ 6 ］らが補佐した。

2 末期養子の禁
3 末期養子
4 文治政治
5 保科正之
6 酒井忠清

③諸藩においても儒学者をまねいた文治政治が進められた。水戸藩主徳川光圀は朱舜水を，岡山藩主［ 7 ］は［ 8 ］を，加賀藩主前田綱紀は［ 9 ］を，会津藩主［5］は［ 10 ］をそれぞれまねいた。

7 池田光政
8 熊沢蕃山
9 木下順庵
10 山崎闇斎

④将軍徳川家綱の時の1657年，［ 11 ］（振袖火事）で江戸城天守閣は全焼し，市街の大半が焼きつくされた。

11 明暦の大火

⑤1663年，将軍［ 12 ］は武家諸法度（寛文令）を発布するとともに，主君の後を追って自殺する［ 13 ］を禁止した。さらに大名が家臣の子を人質として幕府にだす証人の制も廃止した。

12 徳川家綱
13 殉死

元禄時代

①将軍［ 1 ］は，はじめ大老に［ 2 ］を任じて天和の治をおこなった。その後，［2］が若年寄稲葉正休に暗殺されると，側用人の［ 3 ］を用いて側近政治を展開した。

▌［1］は上野館林藩主から将軍になった。

1 徳川綱吉
2 堀田正俊
3 柳沢吉保

②将軍徳川綱吉のもとで文治主義はいっそう強まり，1683年にだした武家諸法度（天和令）では，第一条を「文武弓馬の道」から「［ 4 ］を励し」にあらためた。また，［ 5 ］（鳳岡）を大学頭に任じ，上野忍ヶ岡の林家の家塾を湯島に移して聖堂学問所とし，孔子を祀る［ 6 ］を建てた。

4 文武忠孝
5 林信篤
6 湯島聖堂

③徳川綱吉は仏教の振興にも努め，1685年から［ 7 ］をだして動物の殺生を禁じた。また，母の桂昌院の願いをいれて護国寺を建立したほか，徳川氏の菩提寺である寛永寺と増上寺を改築した。ま

7 生類憐みの令

た，死や血を穢れたものとして避ける考え方にもとづき，1684年には喪の期間などを定めた服忌令をだした。

8 荻原重秀
9 慶長小判
10 元禄小判

④幕府は勘定吟味役の[8]の建議で1695年，それまでの良質な[9]小判を金の含有量の少ない[10]小判に改鋳した。その差益（出目）により幕府財政は一時回復し，[8]は勘定奉行に昇進したが，貨幣価値が下落したため物価は上昇した。

⑤綱吉時代には天皇の即位儀礼の1つである大嘗祭（会）が221年ぶりに再興された。また吉良義央に対する仇討ちの赤穂事件や，1707年には富士山の噴火もあった。

> 1701年，赤穂藩主浅野長矩が，幕朝の儀礼を管轄する職である高家の吉良義央を傷つけ，切腹させられた。これに不服の浅野家遺臣の赤穂浪士らが，翌年，吉良義央を討った。

正徳の治

1 徳川家宣
2 新井白石
3 間部詮房
4 徳川家継
5 閑院宮家

①綱吉の死後，甲府藩主であった[1]が6代将軍となり，朱子学者で侍講の[2]と側用人の[3]らが政治の刷新をめざした。続く7代将軍[4]までの政治を正徳の治という。この時[2]は，新たに[5]家を創設して朝幕関係の融和をはかった。

6 日本国王
7 雨森芳洲

②[2]らは，庶民の不満の高かった生類憐みの令を廃止し，経費節減のために朝鮮通信使の接待を簡素化した。この時，朝鮮の国書が将軍を「日本国大君」と表していたのを「[6]」にあらためさせた。これに対し対馬藩に仕える儒者の[7]は反対した。

8 慶長金銀
9 正徳金銀

③将軍[1]の時の宝永金銀を経て，将軍[4]の時には[2]によって[8]金銀の質に戻した[9]金銀が鋳造された。

10 海舶互市新例

④[2]は長崎貿易における金・銀の海外流出をおさえるため，1715年に[10]（長崎新令・正徳新令）をだした。これは船数と貿易額の上限を定めたもので，中国船は年間30隻で銀6,000貫，オランダ船は2隻で銀3,000貫とした。

> 幕府は一度撤廃した糸割符制度を1685年に復活させた。

テーマ15 江戸時代の経済

基礎用語を確認！

江戸時代の農業

①江戸時代前期は新田開発がさかんにおこなわれ，17世紀初頭に約160万町歩だった耕地面積が18世紀には約300万町歩に増大した。新田の種類には代官見立新田や町人請負新田などがあり，後者では河内の鴻池新田，越後の紫雲寺潟新田が代表的である。

> 新田開発の背景には，多摩川から引いた玉川上水，芦ノ湖から引いた箱根用水，利根川から引いた見沼代用水などの整備があった。

②農具の改良も進み，深耕用の［1］，脱穀具は扱箸にかわって「後家倒し」ともよばれた［2］が普及した。玄米と籾殻は［3］を用いて風力で選別し，穀粒の大小は千石簁で選別した。揚水には中国伝来の龍骨車よりも小型の踏車が普及していった。

1 備中鍬
2 千歯扱
3 唐箕

③肥料では，刈敷・草木灰・下肥といった自給肥料のほかに，菜種を絞った油粕や，房総半島で生産された［4］などの［5］とよばれる購入肥料が使用された。

> 米穀の生産において，害虫駆除のために鯨油が用いられた。

4 干鰯
5 金肥

④漆・楮・桑・茶の四木や麻・藍・紅花の三草などの商品作物も栽培された。産地としては茶は宇治，藍は［6］，紅花は［7］の最上が有名であった。ほかの商品作物には畿内・三河の木綿，備後の藺草などがあった。

6 阿波
7 出羽

⑤江戸時代には農書も多数書かれた。最古の農書とされる『清良記』，元禄期に［8］が著した体系的な農書の『［9］』，江戸後期に［10］が著した『［11］』と『［12］』が代表的である。

> 明の徐光啓の『農政全書』は『［9］』に影響をあたえた。
> 農書にはほかに三河地方の農業技術を記した『百姓伝記』や加賀藩大庄屋の土屋又三郎が著した『耕稼春秋』がある。

8 宮崎安貞
9 農業全書
10 大蔵永常
11・12 農具便利論・広益国産考（順不同）

⑥幕末には農政家の［13］が，勤労と倹約を中心とする報徳仕法によって小田原藩などの農村復興に努めた。また大原幽学は下総国

13 二宮尊徳

で先祖株組合をつくらせ，相互扶助による農村復興をめざした。

江戸時代の諸産業

1 九十九里浜
2 入浜式塩田

①漁業では地曳網を使った上方漁法がおこなわれた。とくに［ 1 ］は鰯漁がさかんで，干鰯の最大の産地となった。製塩業では播磨の赤穂などの瀬戸内海沿岸で［ 2 ］式塩田が発達した。

▌干鰯は木綿（綿花）栽培の肥料となった。

3 住友家
4 別子銅山
5 たたら製鉄

②銅山には幕府直営の足尾銅山や，南部藩経営の出羽の尾去沢銅山のほか，［ 3 ］家（泉屋）経営の伊予の［ 4 ］があった。鉄生産では，出雲などでとられた砂鉄が足踏みのふいごを使った［ 5 ］製鉄で玉鋼となり，刀剣や農具などの材料として用いられた。

▌林業では木曽檜や秋田杉が商品化された。

江戸時代の手工業

1 西陣
2 桐生

①織物業では，高級絹織物は京都の高機とよばれる織機によって仕上げられる［ 1 ］が独占していたが，18世紀中ごろには上野の［ 2 ］・下野の足利などでも生産されるようになった。ほかに麻織物の奈良晒や越後縮，綿織物の久留米絣・小倉織・尾張木綿・河内木綿などが生産された。

▌絹織物には丹後縮緬もあった。

②漆器では能登の輪島塗や能代・飛騨の春慶塗があった。陶磁器では，尾張の瀬戸焼や，朝鮮伝来の技術による肥前の有田焼（積みだし港の名前を付して伊万里焼ともよばれた），その技術を学んだ加賀の九谷焼が有名であった。

③製紙業では越前の鳥の子紙や奉書紙が，醸造業では摂津の灘・伊丹の酒，また播磨の龍野や下総の野田・銚子の醤油などが有名であった。

3 問屋制家内工業

④18世紀になると問屋商人が原料や道具を前貸して生産をおこなう［ 3 ］工業がうまれ，さらに賃労働者を集めて分業と協業による生産をおこなう工場制手工業（マニュファクチュア）に発展した。

江戸時代の交通

①五街道は幕府直轄で，勘定奉行と大目付から1人ずつが兼任する［1］が管理した。街道には2 ～ 3里おきに宿駅（宿場）がもうけられ，関所では「［2］に［3］」といって，江戸への武器の持込みと，大名の妻の帰国が厳しく取り締まられた。

> 五街道以外にも，中山道追分から越後にいたる北国街道や，四日市・山田間の伊勢街道，中国街道，長崎街道などの脇街道が発達した。

1 道中奉行
2 入（り）鉄砲
3 出女

②五街道は日本橋を起点としていた。江戸から京都までの東海道には品川から大津までの53個の宿駅があり，箱根と新居に関所がおかれた。江戸から草津までの［4］には67個の宿駅があり，その1宿目は板橋で，碓氷と木曽福島に関所がおかれた。江戸から下諏訪までの甲州道中は1宿目が内藤新宿で，小仏に関所がおかれた。日光道中には栗橋関がおかれ，その途中の宇都宮から白河までを奥州道中といった。

> 問屋場の人馬の数は，東海道が100人100疋で，［4］が50人50疋であった。
> 街道には1里（約4 km）ごとに一里塚が築かれた。
> 東海道の大井川や安倍川は船・橋がなく，渡渉しなければならなかった。

4 中山道

③宿駅には公用旅行者の人馬つぎ立てをおこなう［5］のほか，宿泊施設として大名用の本陣や一般旅行者用の旅籠，自炊を旨とする木賃宿などがもうけられた。書簡などを運ぶ飛脚には，公用通信に利用された［6］，各藩の大名飛脚，庶民用の町飛脚があった。

5 問屋場
6 継飛脚

④京都の豪商［7］は河川交通をひらいた。その河川として，丹波と京都を結ぶ保津川や京都二条・伏見間を［8］船が航行する［8］川，甲信と駿州を結ぶ富士川，天竜川がある。

> 大坂と京都は淀川の水運で結ばれた。
> ［7］と同じく，初期豪商とされる人物に堺の今井宗薫がいる。

7 角倉了以
8 高瀬

⑤海上交通では［9］が，出羽国の最上川河口の酒田から長門国の下関経由で大坂へいたる［10］と，陸奥から江戸にいたる［11］

9 河村瑞賢
10 西廻り海運（航路）
11 東廻り海運（航路）

12 北前船

をひらいた。10には蝦夷地の海産物などを運ぶ 12 が運航した。

> 東北諸藩は房総半島を回る航路が開通する前は，銚子で川船に荷物を積み替えて利根川を使って江戸に運んでいた。

13 南海路
14 菱垣廻船
15 樽廻船
16 樽廻船

⑥大坂・江戸間の 13 に17世紀前半から 14 が，18世紀前半からは主に酒を輸送する 15 も運航した。 16 は安定性がよく，低賃金で迅速だったことから19世紀以降，優位にたった。のちには瀬戸内海と江戸間に尾張の内海船が運航した。

> 大坂から江戸に運ばれる物資は下り物とよばれた。
> 下総野田の醤油のような江戸周辺で生産された安い商品を地回り物といい，その市場圏を江戸地回り経済圏という。

江戸時代の貨幣・金融

1 寛永通宝
2 藩札

①徳川家康は金銀貨を鋳造するため金座・銀座をもうけた。金座は後藤庄三郎に，伏見と駿府においた銀座は大黒常是に代々管轄させた。1636（寛永13）年からは銭座が各地にもうけられ， 1 などの銭貨が鋳造され，金銀銭の三貨が全国に普及した。また，越前（福井）藩を皮切りに，諸藩は藩財政の窮乏を補うために 2 を発行した。

3 秤量貨幣（ひょうりょう）
4 丁銀
5 寛永通宝

②金貨は計数貨幣で，1枚が1両の小判やその下の一分金などがあり，単位は1両＝4分＝16朱という四進法であった。銀貨は 3 貨幣で， 4 や豆板銀があり，単位は1貫＝1,000匁であった。銭貨は計数貨幣で一文銭の 5 などがあり，単位は1貫文＝1,000文であった。

6 両替商

③金銀貨の流通は，「上方の銀遣い，江戸の金遣い」といって東西日本で違いがあった。このため三貨の両替が必要となり 6 が繁栄した。 6 には預金・貸付・為替などの業務をおこなう本両替と，銭をあつかう銭両替があった。前者には大坂の十人両替や，江戸の三井などがあった。

> 十人両替には天王寺屋・平野屋・鴻池屋があった。鴻池家は伊丹の酒造業から発展して十人両替にまでなった。

④三貨の換算率は，金１両＝銀50匁＝銭４貫文（4,000文）と公定され，1700年に金１両＝銀60匁にあらためられたが，実際にはその時の相場にしたがった。

江戸時代の商業

①諸藩は年貢米や特産物である［ 1 ］を「天下の台所」といわれた大坂のほか，人口100万人の江戸などの［ 2 ］に送って換金した。［2］には［1］を保管・販売する蔵元（くらもと）と，代金を保管する［ 3 ］がおり，両者は大名相手に金融もおこなった。

▍大坂の人口は約35～40万人で，江戸の武家人口は約50万人であった。

1 蔵物（くらもの）
2 蔵屋敷（くらやしき）
3 掛屋（かけや）

②幕府の年貢米の多くは江戸浅草（あさくさ）の米蔵に保管され，旗本・御家人に俸禄米（ほうろくまい）として支給された。その売却は［ 4 ］（蔵宿（くらやど））が請け負い，旗本・御家人への金融もおこなった。

4 札差（ふだされ）

③地方の商人が大坂などに送る商品を［ 5 ］といい，主要商品には卸売（おろしうり）市場がもうけられ，大坂の［ 6 ］米市場・雑喉場（ざこば）魚市場・天満（てんま）青物（あおもの）市場，江戸の日本橋魚市場・神田（かんだ）青物市場は活況を呈した。

5 納屋物（なやもの）
6 堂島（どうじま）

④商人は問屋・仲買・小売と分業し，問屋は，営業権の独占をはかって同業者の団体である仲間（なかま）をつくり，やがて営業税の運上（うんじょう）・［ 7 ］を納めるかわりに幕府に公認され，［ 8 ］となった。代表的な［8］に，荷積問屋である大坂の［ 9 ］問屋と，荷受問屋の江戸の［ 10 ］問屋があった。ともに元禄年間に結成された。

7 冥加（みょうが）
8 株仲間（かぶなかま）
9 二十四組（にじゅうしくみ）問屋
10 十組（とくみ）問屋

⑤元禄のころ，江戸の材木商で日光東照宮（とうしょうぐう）の修理で富を得た奈良屋（ならや）茂左衛門（もざえもん），大坂の米商人でのちに処罰された淀屋辰五郎（よどやたつごろう）らの豪商があった。伊勢松坂（まつさか）出身の［ 11 ］は江戸で［ 12 ］呉服店をひらき，つけ払いを認めずに「現金掛値（かけね）なし」の新商法で人気を集めた。

▍江戸の紀伊国屋文左衛門（きのくにやぶんざえもん）はみかんや材木の商売で巨利を得た。
▍三井（みつい）家は両替商も営んだが，３代目の高房（たかふさ）は『町人考見録（ちょうにんこうけんろく）』で，大名貸を控えることを述べた。
▍江州（ごうしゅう）商人ともよばれる近江商人（おうみ）は，中世より活動し，江戸時代に行商や出店の形で東日本でも活躍した。

11 三井高利（みついたかとし）
12 越後屋（えちごや）

旧石器～弥生　古墳　飛鳥　奈良　平安　鎌倉　室町　安土桃山　江戸　明治　大正　昭和　平成

第6章 近世(2)

時代の流れを確認しよう

テーマ16 三大改革

ひとことでいうと

江戸幕府の財政を立て直すため，享保の改革など3つの改革がおこなわれます。1つ目の改革は成功しますが3つ目は失敗に終わり，そこに外国船の来航があいつぎ不穏な空気が漂いはじめます。

吉宗さんって「中興の祖」なんていわれてすごいですね。

私が将軍になったときは，幕府の財政はボロボロだったからね。それを立て直せたのは一応自慢かな。おかげで幕府はその後150年もったらしいんだよね。

徳川吉宗

動画で詳しく！

テーマ17 近世の文化

ひとことでいうと

儒学から洋学までさまざまな学問が発達します。また，紙が普及したおかげで浮世絵や書籍などの印刷物が大量に発行されます。教育もさかんになりました。

文化	特徴・文化財
桃山文化	・戦国大名や豪商の権力と富が背景 ・豪華で壮大な文化 ・『唐獅子図屏風』

文化	特徴・文化財
 寛永(かんえい)期の文化	・桃山文化を受けつぐ ・江戸幕府の支配を反映  ▪『風神雷神図屏風(ふうじんらいじんずびょうぶ)』
元禄(げんろく)文化	・上方(かみがた)の町人がおもな担い手 ・日本独自の文化が成熟  ▪『紅白梅図屏風(こうはくばいずびょうぶ)』
宝暦(ほうれき)・天明(てんめい)期の文化	・従来は化政(かせい)文化に含まれていた ・18世紀後半を中心とする文化  ▪『市川鰕蔵(いちかわえびぞう)』
 化政(かせい)文化	・江戸中心の下層民も含む町人文化 ・多種多様な内容をもつ  ▪『富嶽三十六景(ふがくさんじゅうろっけい)（神奈川沖浪裏(なみうら)）』

『解体新書(かいたいしんしょ)』って辞書もないのにどうして翻訳する気になったんですか？

刑死体の解剖を見学したら，『ターヘル・アナトミア』の人体図の正確さに驚いたんだよ。それで文章も読み解きたくなったんだ。

杉田玄白(すぎたげんぱく)

▶動画で詳しく！

穴埋め問題をやってみよう

➜ 本文の空欄は基礎用語（レベル1），赤字は発展用語（レベル2）です。レベルに応じて学習しよう！

基礎用語を確認！

1 徳川吉宗
2 享保の改革
3 相対済し令
4 上げ米
5 100石
6 参勤交代
7 半年
8 定免法
9 質流れ(し)禁令
10 漢訳洋書の輸入の禁
11 青木昆陽
12 甘藷

テーマ16 三大改革

享保の改革

①1716年，紀伊藩主から8代将軍となった［1］は，「諸事権現様御掟の通り」として「権現様」つまり徳川家康時代を理想とする［2］をはじめた。

［1］と9代将軍の徳川家重から，田安・一橋・清水の御三卿がおこった。

②旗本・御家人の金銭貸借訴訟が急増したため，吉宗は1719年に［3］をだして金銭貸借訴訟を当事者間で解決させることとした。また，1722年には諸大名に［4］を命じ，石高1万石につき［5］石の米を上納させるかわりに，［6］の江戸滞在期間を［7］にした。

③吉宗は幕領での徴税法を，その年の収穫に応じて年貢率を決める検見法から，豊凶にかかわらず一定の年貢を徴収する［8］にあらためた。その際，年貢率を五公五民に引き上げた。

吉宗は勘定奉行所を公事方（訴訟）と勝手方（財政，民政）に分けた。勘定奉行神尾春央が「胡麻の油と百姓は絞れば絞るほど出るものなり」と言ったことが本多利明の『西域物語』に見える。

④吉宗は商人資本による町人請負新田の開発を奨励した。また，［9］をだして，質入れした土地を失うことを禁じたが，質地騒動がおこったため撤回した。

質地騒動としては越後高田騒動と出羽長瀞騒動がある。

⑤吉宗は実学も奨励し，1720年にキリスト教関係以外の［10］を緩和するとともに，［11］と野呂元丈にオランダ語の習得を命じた。［11］は『蕃薯考』を著して［12］（さつまいも）の栽培を勧めた。

吉宗は，輸入品であった朝鮮人参のほか，甘蔗（さとうきび）や櫨（ろうそくの原料）の栽培も奨励した。

⑥吉宗は，旗本・御家人の役職ごとの禄高を定め，それ以下の禄高の者が就任する場合には，在職中のみ不足分を支給する［13］をもうけた。これにより町奉行の［14］のほか，農政書『民間省要』を著した川崎宿名主の［15］らを抜擢し，改革を推進した。

13 足高の制
14 大岡忠相
15 田中丘隅

⑦吉宗は江戸の都市政策として1721年，評定所前に［16］をおき，その投書により貧民救済施設の［17］をもうけ，町火消を整備した。このほかそれまでの法令や判例を集大成して［18］を編集した。また，幕初以来の触れを類別に編纂した「御触書寛保集成」をつくらせた。

明暦の大火後に旗本による定火消が設置され，江戸の消火活動にあたった。

［18］の下巻は「御定書百箇条」といい，以後の裁判の基準となった。

16 目安箱
17 小石川養生所
18 公事方御定書

⑧物価統制と営業税の徴収をはかって1721年に［19］を公認し，1730年には米価調節のため大坂の［20］を公認した。また，米価上昇をはかって品位を落とした金銀貨の［21］を鋳造した。

［21］は文字金銀ともよばれ，享保金銀の品位を落として鋳造された。

19 株仲間
20 堂島米市場
21 元文金銀

⑨1732年には，西日本一帯にいなごやうんか（稲の害虫）が大発生して［22］となった。米価は急騰し，翌年，江戸で最初の打ちこわしがおきた。

22 享保の(大)飢饉

田沼時代

①10代将軍［1］の側用人であった［2］は，1772年，老中に昇進して幕政の実権を握った。［2］は商人の経済力を積極的に利用して産業振興策をとった。

1 徳川家治
2 田沼意次

②［2］は［3］を積極的に公認し，幕府が保護するかわりに運上（金）や［4］を納めさせた。また，朝鮮人参座などの幕府直営の座をもうけて専売制を実施した。

3 株仲間
4 冥加（金）

幕府直営の座として大坂に真鍮座・鉄座・銅座をもうけた。
意次は農村の商人の同業組合である在方株も認めた。

5 南鐐二朱銀

③ 2 は，金を中心とした貨幣制度への一元化をはかって 5 を発行した。これは従来の秤量貨幣ではなく，８枚（16朱）で金１両に相当する計数貨幣だった。

6 銅
7 俵物
8・9 印旛沼・手賀沼（順不同）

④ 長崎貿易では 6 や 7 の輸出を促し，従来とは逆に金・銀の輸入をはかった。このほか，商人の出資で下総の 8 ・ 9 の干拓を進めたが失敗した。

7 とはふかひれ・いりこ・ほしあわびなどの中国向けの海産物。

10 工藤平助
11 赤蝦夷風説考
12 最上徳内

⑤ 仙台藩医の 10 から著書『 11 』を献上されると，意次は蝦夷地開発とロシア貿易をくわだて， 12 に千島探検をさせた。

13 浅間山
14 天明の(大)飢饉
15 徳川家治

⑥ 1782年の東北地方の冷害からはじまった大凶作は，1783年の 13 の噴火も重なり 14 となった。民衆の不満が高まるなか，意次の子で若年寄の田沼意知が佐野政言に暗殺され，さらに将軍 15 が亡くなると意次は失脚した。

在方の生産人口の減少を食い止める直接的な手段の１つとして，1767年に幕府は赤子養育法をだした。

百姓一揆

1 代表越訴型一揆
2 佐倉惣五郎

① 17世紀の百姓一揆は，名主などが代官を越えて将軍や領主に直訴する 1 一揆が多かった。一揆の指導者は死刑とされたので，下総の 2 や上野の磔茂左衛門は義民として信仰された。

江戸時代から明治初期にかけて約3,700件の百姓一揆が発生した。

3 惣百姓一揆
4 村方騒動

② 百姓一揆は18世紀になると，領民の多数が強訴する 3 が多くなり，年貢減免のほか専売や藩札の撤廃も要求するようになった。また田畑を集積して村役人を務めた豪農と，村の大半を占める小百姓との間の対立が深まると，貧農が村役人らの不正を訴える 4 もおこった。

3 のうち藩全域におよんだものを全藩一揆という。その代表例として1686年に信濃国松本藩でおこった嘉助騒動や，1738年に陸奥磐城平藩でおこった元文一揆がある。
一揆の主謀者が誰かわからないように円形に署名したものを傘連判状という。

寛政の改革

①1787年，飢饉により米価が高騰し，大坂・江戸などで 1 が発生した。その直後， 2 藩主の 3 が幼い11代将軍 4 の補佐役として老中首座となり， 5 に着手した。 3 は将軍徳川吉宗の孫で，自叙伝に『 6 』がある。

> 4 は一橋家から出て将軍になった。
> 3 の父は，徳川吉宗の二男の田安宗武であった。

②3 は，札差からの借金に苦しむ旗本・御家人を救うために 7 をだした。

> 7 では6カ年以前の古い借金を破棄させ，5年以内の借金は低利年賦で返済させるようにした。
> 5 で，両替商を中心として幕府に登用された10名の豪商を勘定所御用達という。

③3 は農村復興をはかって 8 をだし，江戸に流入した農民に資金を与えて帰村を奨励した。また1万石につき50石を備荒貯蓄させる 9 を命じ，飢饉に備えて各地に社倉（農民がだしあって蓄える倉）・義倉（裕福者の寄付を蓄える倉）をつくらせた。

④江戸の治安を安定させるため，長谷川平蔵の建議で石川島に 10 をもうけ，浮浪者や無宿人（者）を収容して職業技術を指導し，正業に就けるようにした。

⑤3 は，町入用（町費）の節約分の70%を積み立てて江戸町会所に運用させ，蓄えた米穀で飢饉や災害時に貧民を救済する 11 の制度をもうけた。

⑥3 は華美な風俗を抑えるために倹約令をだし，出版統制もおこ

1 天明の打ちこわし
2 白河藩主
3 松平定信
4 徳川家斉
5 寛政の改革
6 宇下人言
7 棄捐令
8 旧里帰農令
9 囲米
10 人足寄場
11 七分積金（七分金積立）

12 洒落本
13 山東京伝
14 恋川春町

なった。遊里小説である 12 の『仕懸文庫』の作者 13 は，風俗を乱すとされて処罰され，成人向けのさし絵入り本である黄表紙の作者 14 は，『鸚鵡返文武二道』で幕政改革を風刺したため弾圧された。

江戸に耕書堂をひらいていた蔦屋重三郎は，『仕懸文庫』の出版元であったため 13 とともに処罰された。

15 寛政異学の禁
16 朱子学
17 昌平坂学問所
18 柴野栗山

⑦ 3 は1790年に 15 を定め，儒学のうち 16 のみを正学とし，聖堂学問所では古学や陽明学などの異学を学ぶことを禁止した。1797年には聖堂学問所を官立とし， 17 にあらため寛政の三博士とよばれる朱子学者の 18 ・尾藤二洲・岡田寒泉を教官とした。

15 がだされた時の大学頭は林信敬で，そのあとをついだ林述斎が 15 を推進した。
岡田寒泉が転出した後，古賀精里が教官となった。
幕府は幕臣を対象に， 16 の理解を試す学問吟味という試験制度をはじめた。

19 光格天皇

⑧ 19 天皇は，実父の閑院宮典仁親王に太上天皇の尊号を宣下したいと考えていたが， 3 の反対で実現しなかった。これにまつわる事件を尊号一件という。

鎖国の動揺

1 ラクスマン
2 根室
3 大黒屋光太夫
4 北槎聞略

① 1792年，ロシアの女帝エカチェリーナ２世の命で 1 が 2 に来航し通商を求めた。しかし老中松平定信は 1 に長崎への入港許可証の信牌をあたえて拒絶した。このとき帰国した漂流民の 3 の体験記録を桂川甫周が『 4 』に著した。

1789年，クナシリ・メナシのアイヌが蜂起した。

5 林子平
6 三国通覧図説
7 海国兵談

② 5 は『 6 』で琉球・朝鮮・蝦夷地を解説し，『 7 』では「江戸の日本橋より唐，阿蘭陀迄境なしの水路也。然ルを此に備へずして長崎にのミ備ルは何ぞや」と海防の必要性を説いたが，老中松平定信は人心をまどわせるものとして処罰した。

5 とともに寛政の三奇人に数えられた蒲生君平は，近畿の陵墓を

▍踏査して『山陵志』を著した。

③1798年に千島を探検した 8 と最上徳内は，択捉島に「大日本恵登呂府」の標柱を建てた。1800年には 9 が蝦夷地を測量し，1808年には 10 が樺太を探検して樺太が島であることを確認した。

▍10 は樺太からさらに大陸に渡って黒龍江下流も探検した。

8 近藤重蔵
9 伊能忠敬
10 間宮林蔵

④1804年，ロシア使節 11 が 12 に来航して通商を要求すると，幕府はこれを追い返した。樺太や択捉島がロシア軍艦の攻撃を受けたため，幕府は1807年に蝦夷地全島を直轄化し，松前奉行をおいた。

▍11 に伴われて帰国した津太夫らの漂流記を，大槻玄沢は『環海異聞』にまとめた。
▍幕府は1799年に東蝦夷地を直轄化し，1807年に蝦夷地全島を直轄化した。その際に松前氏は一時転封されたが，1821年に直轄を解除して松前藩に返還された。

11 レザノフ
12 長崎

⑤1808年，敵対するオランダの商船を追っていた 13 軍艦 14 号が，長崎港内に乱入し，オランダ商館員を捕らえた。この 14 号事件で，長崎奉行松平康英は引責自害した。

▍14 号事件の際，長崎警備の家役を負っていた肥前（佐賀）藩主の鍋島氏も責任を問われて処罰された。

13 イギリス
14 フェートン

⑥1811年，国後島に上陸したロシア軍人 15 を幕府が監禁すると，翌年，ロシアも貿易商 16 を抑留した。しかし，翌年 16 は送還され，その努力で 15 も釈放されたため，日露間の緊張は緩和した。

▍15 はこの体験を『日本幽囚記』に著した。

15 ゴローウニン
16 高田屋嘉兵衛

⑦1806年，幕府は文化の撫恤令をだし，難破した外国船には薪水をあたえて退去させることとした。しかし，14 号事件などがきっかけとなって 17 年，18 をだして外国船を撃退することにあらためた。

17 1825年
18 異国船打払令（無二念打払令）

1824年には常陸大津浜でイギリスの捕鯨船員の上陸・略奪事件がおきていた。

文化・文政時代

1 徳川家斉
2 徳川家慶

①松平定信の老中辞任後，将軍[1]が幕政の実権を握り，1837年に将軍職を[2]に譲った後も，1841年に亡くなるまで大御所として政治をおこなった。この時代を文化・文政時代という。

3 関東取締出役（でやく）
4 寄場組合

②1805年，幕府領・大名領の違いをこえて関東全域で警察権を行使できる[3]（八州廻り）をもうけた。さらに1827年には，この下に村々を寄せあわせた[4]を組織させ，協同して治安にあたらせた。

[3]は代官配下の役人から8名が選ばれた。

5 在郷商人
6 国訴

③商品を消費地に直接販売しようとする[5]が，株仲間を結成して流通を独占する都市の問屋商人と対立した。このため1823年，摂津・河内・和泉3国の[5]や農民が連合して，大坂綿問屋の独占に反対する合法的な訴訟の[6]をおこした。

定期市などを中心として都市化した村を在郷町（在方町）といい，[5]はそこを中心に活動した。

7 天保の(大)飢饉
8 郡内騒動

④1833年から続いた凶作で全国的な米不足に陥ると[7]がおこり，百姓一揆や打ちこわしが続発した。とくに1836年は大凶作であったため，甲斐国では[8]がおこり，三河国では加茂一揆がおこった。

[7]の際，幕府は窮民を収容したり食事などをあたえる御救小屋をもうけて米・銭をほどこした。

9 大坂町奉行所
10 陽明学
11 大塩平八郎
12 生田万
13 洗心洞

⑤1837年，[9]所の元与力で[10]学者の[11]は，大坂近郊の農民によびかけて武力蜂起した。ついで越後柏崎でも国学者[12]が代官所を襲撃した。[11]の私塾を[13]という。

14 モリソン号

⑥1837年，アメリカ商船[14]が漂流民の送還と通商を求めてやってくると，幕府は浦賀や山川で撃退した。このとき三河田原藩

の家老の［15］は『［16］』を，シーボルトに学んだ［17］は『［18］』を著して幕府の対外政策を批判した。しかし1839年，2人は幕府に処罰された。これを［19］という。

15 渡辺崋山（わたなべかざん）
16 慎機論（しんきろん）
17 高野長英（たかのちょうえい）
18 戊戌夢物語（ぼじゅつゆめものがたり）
19 蛮社の獄（ばんしゃのごく）

> 15・17らとともに尚歯会（しょうしかい）に所属していた小関三英（こせきさんえい）は，19の際に自殺した。
>
> 19で弾圧をおこなった目付鳥居耀蔵（とりいようぞう）は，天保の改革では町奉行を務めた。

⑦水戸（みと）藩の徳川斉昭（なりあき）は1838年，日本の様相を「内憂外患（ないゆうがいかん）」と指摘した意見書「戊戌封事（ぼじゅつふうじ）」を将軍徳川家慶に提出した。

⑧1839年に老中首座に就任した水野忠邦（みずのただくに）は，翌年，三方領知替え（さんぽうりょうちがえ）を命じた。これは相模（さがみ）の海岸防備をになった川越（かわごえ）藩を豊かな庄内（しょうない）に，庄内藩を長岡（ながおか）に，長岡藩を川越に転封させる政策であった。しかし大御所家斉が没すると，領民の反対もあって撤回された。

天保（てんぽう）の改革

①1841年に大御所家斉が没すると，将軍［1］のもとで老中首座の［2］は［3］をはじめた。［2］は風俗の取締りをより厳しくおこなった。このとき黄表紙をとじあわせて長編化した合巻（ごうかん）の作家［4］と，市井（しせい）の男女の恋愛を描く人情本（にんじょうぼん）の作家［5］は，風俗を乱すとして弾圧された。

1 徳川家慶（いえよし）
2 水野忠邦（みずのただくに）
3 天保の改革
4 柳亭種彦（りゅうていたねひこ）
5 為永春水（ためながしゅんすい）

> 2は浜松藩主であった。
>
> 2は芝居小屋の江戸三座を場末の浅草（あさくさ）に移転させた。江戸三座とは中村（なかむら）・市村（いちむら）・森田（もりた）の三座である。

②［2］は，物価高騰の原因が［6］の独占的な営業にあるとみなし，1841年に菱垣廻船積問屋（ひがきかいせん）などの［6］を解散させた。そのいっぽうで，［7］の自由な取り引きを認めて物価引き下げをはかったが，かえって流通が混乱し物価は上昇した。

6 株仲間
7 在郷商人

> 1851（嘉永（かえい）4）年，老中阿部正弘（あべまさひろ）により6は再興された。

③江戸に流入した下層民に対しては［8］をだして強制的に帰村させ，農村復興をはかった。また，旗本・御家人に対しては棄捐令

8 人返し（ひとがえし）の法（人返し令）

に類似する無利子年賦返済令をだして，その救済をはかった。

9 上知令（あげち）
10 水野忠邦

④1843年，江戸・大坂周辺の大名領や旗本領を直轄化し，かれらに代替地をあたえるとする［9］をだした。しかし対象となった大名・旗本が強く反対したため撤回し，［10］は失脚した。

11 アヘン戦争
12 南京条約
13 水野忠邦
14 天保の薪水給与令

⑤清国が［11］でイギリスに敗れると，［12］が結ばれて清国は開国し，香港を割譲した。これを受けて老中［13］は1842年，異国船打払令を緩和して［14］をだした。また，砲術家の高島秋帆をまねいて西洋砲術演習をおこなった。

諸藩の改革

①寛政の改革前後には，諸藩でも藩主みずから指揮する藩政改革が広くおこなわれた。多くの藩では，商品生産を奨励するとともに，領内の特定の産物の販売権を城下の商人と組んで独占する専売制がしかれ，人材育成のために藩校（藩学）が設立された。

1 時習館
2 細川重賢
3 上杉治憲

②寛政期に藩政改革をおこなった大名のうち，藩校［1］をおこした熊本藩の［2］，藩校興譲館を再興した米沢藩の［3］，藩校明徳館をおこした秋田藩の佐竹義和は名君とうたわれた。

4 調所広郷
5（黒）砂糖
6 島津斉彬
7 集成館

③薩摩（鹿児島）藩では，藩主島津重豪に登用された下級武士の［4］が改革を進めた。負債約500万両を250年賦返済という形で事実上帳消しにし，［5］の専売や琉球を通じての密貿易をおこなって財政再建に成功した。その後，藩主［6］の時には洋式工場群の［7］がもうけられ，武器やガラスなどが製造された。

> 島津重豪は藩校造士館をつくった。
> ［7］には，のちにイギリス人の指導で日本最初の近代的鹿児島紡績工場も建設された。

8 村田清風
9 越荷方

④長州（萩）藩では，藩主毛利敬親に登用された［8］が藩財政の再建に着手し，負債の37カ年賦皆済仕法を決めた。また［9］という役所をおき，下関を通過する他藩商船の積み荷を担保に資金を貸し付け，収益をあげた。

1831年に専売に反対する防長大一揆がおこると，8は専売制を緩和した。

⑤肥前（佐賀）藩では，藩主10が地主の小作地を没収して小作人にあたえる11を実施し，本百姓体制の再建に努めた。さらに有田焼などの陶磁器の専売をおこない，大砲を鋳造する12を日本で最初にもうけた。

10 鍋島直正
11 均田制
12 反射炉

⑥水戸藩では，徳川斉昭のもとで藤田東湖らが藩校13をつくるなど改革をおこなったが失敗した。いっぽう宇和島藩は藩主伊達宗城の時代に改革をおこない，雄藩の1つとなっていった。

13 弘道館

テーマ17 近世の文化

桃山文化

基礎用語を確認！

①織豊政権の時代の文化を桃山文化という。その象徴ともいえる城郭には高層の天守閣が築かれた。城郭内には書院造を取り入れた居館がもうけられ，その壁や襖や屏風には，金箔地に濃い青で彩色をほどこした濃絵の障壁画が描かれた。欄間には透し彫の彫刻がほどこされた。

中世には山城が多かったが，この時代には小高い丘の上に築く平山城や平地につくる平城と移っていった。

②世界文化遺産にもなった播磨国の姫路城は，関ヶ原の戦い後に池田輝政の手で全面的に改修された。豊臣秀吉が晩年に居城とした伏見城の遺構は，都久夫須麻神社本殿に使用されている。同じく秀吉がつくった聚楽第は，大徳寺唐門と西本願寺飛雲閣がその遺構とされている。いっぽう徳川家康は，上洛時の居館として二条城を造営した。二の丸御殿が現存している。

③濃絵の障壁画の代表的作品に1の『2』がある。ほかに3と子の長谷川久蔵による『智積院襖絵』や，狩野山楽の『牡丹図』もすぐれた濃絵である。

1の濃絵には『檜図屏風』もある。

1 狩野永徳
2 唐獅子図屏風
3 長谷川等伯

4 狩野永徳
5 洛中洛外図屛風

④ [4] が京都の庶民の生活や風俗を描いた『[5]』は，織田信長が上杉謙信に贈ったものとされている。また，[3] は水墨画の『松林図屛風』も描いた。

水墨画には海北友松の『山水図屛風』や狩野山楽の『松鷹図』もある。

6 千利休
7 武野紹鷗
8 侘茶

⑤堺の豪商の [6] は，[7] のあとをついで質素・閑寂の精神を重んじる [8] を大成した。[6] がつくった茶室に妙喜庵待庵がある。[6] の門人に大名茶道を成立させた古田織部がおり，さらにその門人に造園家の小堀遠州がいる。

秀吉は1587年に北野大茶湯（茶会）をひらき，大名から町人・百姓まで身分を問わずまねいて茶をふるまった。

今井宗久・津田宗及・[6] の３人の茶人を三宗匠という。

9 出雲阿国

⑥芸能では，[9] が考案したかぶき踊りが人気となり，阿国歌舞伎とよばれた。それはやがて女歌舞伎に発展したが，江戸幕府によって禁止された。ほかに堺の商人高三隆達が小歌に節をつけた隆達節もはやった。

寛永期に女歌舞伎は，元服前の少年が演じる若衆歌舞伎にかわったが，これも幕府に禁止された。

琉球から伝わった三味線の伴奏に操り人形を動かす人形浄瑠璃も流行した。

10 ヴァリニャーニ

⑦南蛮人がもたらしたヨーロッパの文化を南蛮文化という。宣教師 [10] がもたらした活字印刷機により，『天草版伊曽保物語』『天草版平家物語』がローマ字を用いて印刷された。それらはキリシタン版（天草版）とよばれている。日本語とポルトガル語の辞書の『日葡辞書』も編纂された。

当時の南蛮人の様子は，日本人が描いた『南蛮屛風』に見える。

『どちりな・きりしたん』は国字活字によるキリスト教の入門書である。

「カステラ」や「カルタ」という言葉は，このころ入ってきたポルトガル語である。

寛永期の文化

①江戸時代初期の将軍[1]の時代を中心とする文化を寛永期の文化という。[1]がつくった[2]は徳川家康を祀る絢爛豪華な霊廟建築で，[3]という建築様式であった。いっぽう簡素な[4]の建造物として，八条宮智仁親王の別荘である桂離宮と，後水尾上皇が京都洛北に営んだ山荘の修学院離宮がある。

1 徳川家光
2 日光東照宮
3 権現造
4 数寄屋造

②絵画では，金箔の大画面に大胆な構図で『[5]』を描いた[6]が，装飾画に新様式をうみだした。また，幕府御用絵師となった[7]は『大徳寺方丈襖絵』を描いた。いっぽう土佐光起は宮廷絵所預となって狩野派に対抗した。

> [7]の門人の久隅守景は『夕顔棚納涼図屏風』で庶民の生活を描写した。

5 風神雷神図屛風
6 俵屋宗達
7 狩野探幽

③京都の[8]は多才で，徳川家康から洛北鷹ケ峰に土地をあたえられ芸術村をつくった。工芸品の『舟橋蒔絵硯箱』のほか，陶芸でも楽焼の茶碗に秀作をのこした。

> 千利休は長次郎に聚楽第で茶の湯に用いる楽焼を焼かせた。

8 本阿弥光悦

④朝鮮出兵の際に諸大名が連れ帰った朝鮮人陶工によって，島津氏の薩摩焼，毛利氏の萩焼などがはじまった。その1つである肥前の有田焼は李参平によってはじめられたもので，酒井田柿右衛門が赤絵の技法を完成させた。

> 肥前各地で焼かれた陶器に唐津焼がある。

⑤文芸では，御伽草子にかわって教訓・道徳などをテーマとした仮名草子が現れた。俳諧では，松永貞徳の貞門派がおこったが，のちに西山宗因らの談林派がこれを形式主義だと批判した。

⑥明から禅僧[9]が来日して，禅宗の一派である[10]を伝え，京都の宇治に万福寺を創建した。

9 隠元隆琦
10 黄檗宗

元禄文化〈文学・芸能〉

①5代将軍[1]の時代を中心とする元禄文化は，上方とよばれた

1 徳川綱吉

旧石器～弥生　古墳　飛鳥　奈良　平安　鎌倉　室町　安土桃山　江戸　明治　大正　昭和　平成

大坂・京都の町人をおもな担い手とする文化である。

2 井原西鶴
3 浮世草子
4 日本永代蔵

② 2 は 3 という小説で，営利や享楽の世を才覚で生きる人びとを描いた。その第一作は好色物の『好色一代男』であった。町人物では金銭を追求する商人の喜怒哀楽を描いた『 4 』や，年末の借金取立にまつわる悲喜劇を描いた『世間胸算用』がある。武家物には仇討ちを題材にした『武道伝来記』や『武家義理物語』がある。

2 は西山宗因に俳諧を学び談林派の重鎮となった。

5 松尾芭蕉

③ 5 は「月日は百代の過客にして」ではじまる俳諧紀行文の『奥の細道』を著し，蕉風（正風）俳諧を確立した。吉野・和歌浦など関西地方を訪れたときの紀行文は，『笈の小文』として門人によって刊行された。

5 の俳諧紀行には『野ざらし紀行』もある。また，門人による俳諧撰集に『猿蓑』がある。

6 近松門左衛門
7 国性（姓）爺合戦
8 曽根崎心中

④ 6 は浄瑠璃や歌舞伎の脚本を書いた。明の遺臣鄭成功が明の再興をはかる『 7 』などの時代物のほか，『 8 』や『心中天網島』『冥途の飛脚』といった世話物がある。『 8 』は，竹本義太夫の語りによる人形浄瑠璃が人びとの共感をよんだ。

竹本義太夫は大坂に竹本座をもうけた。女形人形使いの名手に辰松八郎兵衛がいる。

⑤ 芸能では，若衆歌舞伎が成人男性のみによる野郎歌舞伎にかわり，上方に和事（恋愛劇）の名優として坂田藤十郎，女形（女性役）の名優に芳沢あやめが出た。いっぽう江戸には荒事（勇壮な演技）の名優として市川団十郎が現れた。

元禄文化〈儒学〉

1 藤原惺窩

① 封建秩序の維持に役立つ朱子学は幕府や藩に重んじられた。京都の相国寺の禅僧であった 1 は，朝鮮出兵の捕虜であった姜沆から朱子学を学び，近世儒学の祖といわれた。

②［1］の門人であった［2］は，徳川家康に登用され，日本の通史である『［3］』を子の林鵞峰とともに編纂した。さらに孫の［4］が大学頭となるなど，林家は代々幕府の教学の家となった。

> ［1］の門流を京学という。［1］の門弟には石川丈山や松永尺五もいた。上野忍ヶ岡に創設した林家の家塾弘文館が，湯島に移され聖堂学問所となった。

2 林羅山
3 本朝通鑑
4 林信篤（鳳岡）

③［1］の流れをくむ［5］は，加賀藩に仕えたのち将軍徳川綱吉の侍講となった。その門人の［6］には多くの著作がある。政権の変遷を，公家が「九変」し武家が「五変」したと記す『［7］』や，記紀を合理的に解釈した『古史通』，大名の系譜と伝記を編集した『藩翰譜』，そして自伝の『［8］』である。同門の［9］は将軍徳川吉宗に仕え，『六諭衍義大意』を著した。

5 木下順庵
6 新井白石
7 読史余論
8 折たく柴の記
9 室鳩巣

④南村梅軒の流れをくむとされる朱子学は南学とよばれ，それを確立させた谷時中の門下には土佐藩家老の野中兼山や，儒学と神道を融合させた［10］をとなえた［11］がいた。

10 垂加神道
11 山崎闇斎

⑤知行合一を説く陽明学の日本における祖とされる［12］の門人［13］は，岡山藩主池田光政にまねかれ私塾［14］（旧来は池田光政がつくった藩校と考えられていた）をつくった。しかし『［15］』を著して幕政を批判したため，下総古河に幽閉された。

12 中江藤樹
13 熊沢蕃山
14 花畠教場
15 大学或問

⑥孔子・孟子の原典に立ちかえるべきだと主張した古学派では，［16］が『［17］』を著して朱子学を批判したため赤穂に流された。いっぽう［18］・東涯父子は京都の堀川に私塾［19］をひらき，古義学派（堀川学派）とよばれた。

> ［16］は著書『中朝事実』で，日本こそ中華であるとする日本主義を主張した。ほかの著作に『武家事紀』がある。

16 山鹿素行
17 聖教要録
18 伊藤仁斎
19 古義堂

⑦将軍徳川吉宗の諮問に答えた『［20］』のなかで，武士が農村に土着するべきだと説いた［21］は，江戸で蘐園塾をひらき古文辞学派（蘐園学派）の祖となった。その門人［22］は『［23］』を著し，また藩営の専売制を説いた。

20 政談
21 荻生徂徠
22 太宰春台
23 経済録

[21]は1696年から柳沢吉保に仕え，聖人の道について明らかにした『弁道』を著した。その門人の双璧とよばれたのは，[22]と服部南郭である。

[22]の著書には『経済録拾遺』もある。

元禄文化〈その他の学問〉

1 宮崎安貞
2 農業全書
3 貝原益軒
4 大和本草

①自然科学でも実証的な研究がさかんとなり，農学では[1]が最初の本格的な農書の『[2]』を著した。動物や薬草などの研究をおこなう本草学では，[3]が『[4]』を著し，稲生若水が千巻におよぶ大著の『庶物類纂』の編纂に取り組んだ。

5 吉田光由
6 塵劫記
7 渋川春海（しゅんかい）
8 貞享暦

②和算とよばれた日本の数学では，[5]が入門書の『[6]』を著した後，関孝和が『発微算法』を著し和算を大成した。天文学では，[7]（安井算哲）が宣明暦を訂正して[8]をつくり，幕府天文方になった。

9 大日本史

③歴史学では，水戸藩の徳川光圀の命で『[9]』の編纂が江戸の彰考館ではじめられた。

『[9]』は大義名分論の影響を受け，南朝を正統とし紀伝体で書かれ，1906年に完成した。

10 契沖
11 万葉代匠記

④国文学では，[10]が『万葉集』の注釈書である『[11]』を著し，国学のさきがけとなった。北村季吟は『源氏物語』の注釈書である『源氏物語湖月抄』を著した。

『梨本集』を著した戸田茂睡は，従来の和歌の言語使用の制限を批判した。

元禄文化〈美術〉

1 尾形光琳
2 紅白梅図屏風
3 菱川師宣
4 見返り美人図
5 浮世絵

①土佐派から分かれた住吉如慶とその子住吉具慶は，狩野派に加えて幕府の御用絵師となり住吉派を形成した。後者の作品に『洛中洛外図巻』がある。京都では[1]が俵屋宗達の画風を取り入れて装飾画法を大成し，琳派をおこした。代表作に『[2]』や『燕子花図屏風』がある。江戸では[3]が一人立ち美人図の『[4]』を肉筆で描き，挿絵などに用いる[5]版画をはじめた。

②陶芸では，代表作に『色絵藤花文茶壺』がある［6］が，色絵を完成して京焼の祖となった。［1］の弟の尾形乾山も同じ京焼の流れをくんで高雅な作品をのこした。染色では宮崎友禅が友禅染をはじめ，着物に華やかな模様を表した。

> ［1］は工芸品として『八橋蒔絵（螺鈿）硯箱』ものこしている。
> 日本各地に鉈彫の仏像をのこした僧に円空がいる。

6 野々村仁清

宝暦・天明期の文化〈洋学〉

①従来は化政文化に含まれていた18世紀後半を中心とする文化を宝暦・天明期の文化という。この時期は蘭学が発達するが，18世紀初めに海外事情を説いた先駆者がいる。『［1］』を著した西川如見と，屋久島に密入国したイタリア人宣教師［2］を尋問し，『［3］』と『［4］』を著した［5］である。

> 西川如見の著作には『町人嚢』もある。

1 華夷通商考
2 シドッチ
3・4 西洋紀聞・采覧異言（順不同）
5 新井白石

②医学では名古屋玄医が臨床実験を重視する古医方を主張し，［6］が最初の解剖図録『蔵志』を著して，蘭学に影響をあたえた。

6 山脇東洋

③享保の改革で漢訳洋書の輸入の禁が緩和されると，蘭学が発展した。豊前中津藩医の［7］と若狭小浜藩医の［8］らは，『ターヘル・アナトミア』を翻訳し，苦心の末『［9］』を完成した。その付図は小田野直武が描いている。この翻訳の苦心談を［10］が晩年に『［11］』に著した。

> 翻訳にはロシア事情にも精通していた桂川甫周と，［8］と同じ藩の医師中川淳庵も参加した。

7 前野良沢
8 杉田玄白
9 解体新書
10 杉田玄白
11 蘭学事始

④［7］と［8］の弟子であった［12］は，蘭学入門書の『［13］』を著したほか，江戸に私塾の［14］をひらき，太陽暦のオランダ正月（新元会）を祝うなどした。

12 大槻玄沢
13 蘭学階梯
14 芝蘭堂

⑤［12］に学んだ［15］は，日本初の蘭日辞書『［16］』をつくり，宇田川玄随は西洋の内科書を訳して『西説内科撰要』を著した。また，本草学者で戯作・洋画の作者でもあった［17］は，西洋科

15 稲村三伯
16 ハルマ和解
17 平賀源内

学を学んで摩擦起電器のエレキテルをつくった。

▍[17]は寒暖計や火浣布（かかんぷ）（石綿）も作成した。

宝暦・天明期の文化〈国学（こくがく）と尊王論（そんのうろん）〉

1 契沖（けいちゅう）
2 賀茂真淵（かものまぶち）
3 古事記伝（こじきでん）
4 本居宣長（もとおりのりなが）

①儒仏を排し日本古来の道を明らかにしようとする学問を国学という。[1]の流れをくんで『創学校啓（そうがっこうけい）』を著した荷田春満（かだのあずままろ）や，『万葉考（まんようこう）』や『国意考（こくいこう）』を著した[2]らが古典研究をすすめ，『[3]』を著した[4]が国学を大成した。

▍[4]は『源氏物語』『古事記』などの研究から，日本人の真心は「もののあはれ」と主張した。また，紀伊（きい）藩主の諮問に答えて政治経済論『秘本玉くしげ（ひほんたま）』を提出した。

▍古典にもとづく神の道を示した「直毘霊（なおびのみたま）」の著者は[4]である。

5 和学講談所（わがくこうだんしょ）
6 塙保己一（はなわほきいち）
7 群書類従（ぐんしょるいじゅう）

②賀茂真淵（かものまぶち）の門人に，幕府の援助を受けて[5]をもうけ，日本の古典を収集した国学者の[6]がいる。[6]は盲目ながらも『[7]』を編纂した。

8 竹内式部（たけのうちしきぶ）
9 柳子新論（りゅうししんろん）
10 山県大弐（やまがただいに）

③国学者の[8]は京都の公家に尊王論を説き，1758年に宝暦事件で幕府に処罰された。また『[9]』を著した兵学者の[10]は，江戸で尊王論をとなえて幕府批判をしたため1767年に明和（めいわ）事件で死罪となった。

▍頼山陽（らいさんよう）は『日本外史』を著して尊王論を説いた。

11 石田梅岩（いしだばいがん）
12 心学（しんがく）

④[11]は儒教道徳に仏教や神道の教えを取り入れて，商業活動の正当性や町人の道徳を平易に説く[12]をおこし，町人の心をとらえた。著書に『都鄙問答（とひもんどう）』がある。

▍[11]の弟子の手島堵庵（てしまとあん）・中沢道二（なかざわどうに）は[12]を全国に広めた。

13 安藤昌益（あんどうしょうえき）
14 自然真営道（しぜんしんえいどう）

⑤陸奥（むつ）国八戸（はちのへ）の医師[13]は，封建制を批判して『[14]』を著し，万人が直耕する「自然世（しぜんせ）」を理想とした。他の著作に自説の要旨をまとめた『統道真伝（とうどうしんでん）』がある。

▍豊後（ぶんご）の医師の三浦梅園（みうらばいえん）は，儒学や洋学を学ぶなかから自然現象の構造を説明しようとする条理学（自然哲学）を提唱した。

宝暦・天明期の文化〈教育〉

①諸藩は藩士を教育するため藩校をつくった（P.118参照）。会津藩の日新館，長州藩（萩藩）の［1］などがある。また，岡山藩の池田光政は庶民の教育のための［2］として［3］をつくった。

尾張藩（名古屋藩）の藩校は明倫堂である。

1 明倫館
2 郷校（郷学）
3 閑谷学校

②大坂町人の出資によって設立された［4］は，中井竹山が学主のころもっとも栄え，朱子学や陽明学が町人に教えられた。中井竹山は松平定信の諮問に答えて政治上の意見を『草茅危言』に著した。

4 懐徳堂

③［4］に学んだ［5］は，儒教・仏教・神道を批判して普遍的な「誠の道」を説き，『出定後語』を著した。また，米問屋升屋の番頭の［6］は合理主義の立場から無神（無鬼）論を主張し，『［7］』を著した。

5 富永仲基
6 山片蟠桃
7 夢の代

④庶民向けの教育機関として，全国に1万をこえる［8］があり，読み・書き・そろばんが教えられた。教科書には『庭訓往来』をはじめとする書簡文体の往来物などが使われた。

8 寺子屋

宝暦・天明期の文化〈文学・芸能〉

①寛政の改革の風俗取締りによって，遊里文学の［1］や，滑稽を主とする絵入り小説の［2］が弾圧された（P.114参照）。［2］の作品として，恋川春町の『金々先生栄花夢』や山東京伝の『江戸生艶気樺焼』がある。

子供向きの絵本として登場した草双紙が，風刺や滑稽を主とする絵入り小説である［2］に発展した。

1 洒落本
2 黄表紙

②俳諧では，（与謝）蕪村が絵画的描写を特色とする句を詠んだ。俳句の形式を借りる川柳では，柄井川柳らが『誹風柳多留』を撰した。また浄瑠璃脚本では，竹田出雲らが赤穂事件に題材をとった『［3］』や，天神として信仰されている人物の左遷に題材をとった『菅原伝授手習鑑』を合作した。

3 仮名手本忠臣蔵

宝暦・天明期の文化〈美術〉

1 鈴木春信
2 錦絵
3 喜多川歌麿
4 東洲斎写楽

①18世紀半ばに[1]が多色刷の浮世絵版画の[2]を創始して，浮世絵は大きく発展した。寛政期には[3]が『婦女人相十品』などの美人画を描き，[4]が『市川鰕蔵』などの役者絵を個性豊かに描いた。これらは人物の上半身や顔のみを大写しした大首絵であった。

▍[1]が描いた代表的な美人画に『弾琴美人』がある。

5 池大雅

②伝統的絵画では，円山応挙が『雪松図屏風』などの西洋画の遠近法を取り入れた立体感のある作品を描いた。また一部の知識人たちが，中国から伝わった南画の影響を受けて文人画を描いた。その代表作が[5]と（与謝）蕪村の合作『十便十宜図』である。

6 司馬江漢

③長崎に遊学した平賀源内は，油絵の具など西洋絵画の技法を取り入れ『西洋婦人図』を描いた。彼に学んだ[6]は銅版画（エッチング）をはじめ，『不忍池図』をのこした。

▍『浅間山図屏風』を代表作にもつ亜欧堂田善も西洋画を描いた。

化政文化〈学問・思想〉

①19世紀の文化・文政時代（大御所時代）を中心とする化政文化は，江戸の町人をおもな担い手とした文化である。

1 稽古談
2 海保青陵

②幕藩体制の動揺を受けて，政治や経済の改革を主張する経世論が活発になった。『[1]』を著した[2]は，商業を卑しくみる武士の偏見を批判し，藩財政の再建は商工業にたよらなければならないと主張して，藩専売をとなえた。

3 経世秘策
4 本多利明
5 佐藤信淵

③『西域物語』と『[3]』を著した[4]は，開国交易によって国を富ませることを主張した。『農政本論』を著した[5]は，著書『経済要録』で産業振興・国家専売・貿易発展をとなえた。

6 藤田東湖
7 新論

④『大日本史』の編纂事業からおこった水戸学では，将軍は天皇から政治を任されているととらえて尊王論を主張した。『弘道館記述義』を著した[6]や，『[7]』を著した彰考館総裁の会沢

安（正志斎）らは尊王攘夷論を説いた。

▌6は安政の大地震で圧死した。

⑤国学では本居宣長の死後，その影響を受けた 8 が日本古来の純粋な信仰を尊ぶ 9 をとなえた。これは尊王攘夷思想を支えるものとして発展した。

▌8の著書に『古史徴』がある。
▌本居宣長の没後門人には，古典の考証に貢献した伴信友もいる。

8 平田篤胤
9 復古神道

⑥洋学では，天文方の高橋至時が 10 暦をつくった。また，元長崎通詞の 11 が『 12 』を著してニュートン力学を紹介した。「鎖国」という言葉は，11がドイツ人医師 13 の『 14 』の一部を『 15 』として訳した際にうまれた。

▌長崎通詞の本木良永はコペルニクスの地動説を日本に最初に紹介した。
▌スウェーデン医師のツンベルグは『日本植物誌』を著した。

10 寛政暦
11 志筑忠雄
12 暦象新書
13 ケンペル
14 日本誌
15 鎖国論

⑦幕府は1811年，天文方の高橋景保の建議で翻訳のための 16 を設置した。そこでの翻訳にたずさわった宇田川榕庵は化学書『舎密開宗』を翻訳した。

▌16では百科事典を翻訳し，『厚生新編』をつくった。

16 蛮書和解御用

⑧天文方の高橋至時に学んだ 17 は，幕府の命で全国を測量し，「大日本沿海輿地全図」を作成した。

17 伊能忠敬

⑨1828年，ドイツ人蘭館医師の 18 は帰国の際，禁制品の日本地図をもちだそうとして国外追放の処分を受けた。地図を渡した天文方の 19 は逮捕され獄死した。

▌18の著書に『日本』や『日本植物誌』がある。

18 シーボルト
19 高橋景保

⑩シーボルトが長崎にひらいた 20 で学んだ人物として，蛮社の獄で処罰された 21 や，江戸神田に接種機関の種痘所をもうけた伊東玄朴がいる。

20 鳴滝塾
21 高野長英

⑪「東洋道徳，西洋芸術」ととなえて西洋近代科学技術の積極的導入を説いた信州松代藩士の佐久間象山は，吉田松陰にアメリカ渡航を勧めたかどで蟄居となり，のちに攘夷派に暗殺された。

⑫福井藩主松平慶永が顧問とした熊本出身の横井小楠は，外国貿易の必要をとなえ，藩政と明治政府に西洋の思想を生かそうとした。

22 緒方洪庵
23 適塾（適々斎塾）
24 福沢諭吉
25 大村益次郎
26 咸宜園

⑬蘭方医の 22 が大坂にひらいた蘭学塾の 23 では，啓蒙思想家の 24 や，王政復古後の兵制改革に尽力した 25 が学んだ。また，儒学者広瀬淡窓が豊後日田にひらいた 26 にも全国から多くの人が集まった。

安政の大獄で死罪となった橋本左内も 23 で学んだ。

27 吉田松陰

⑭長州藩の萩にあった松下村塾では，安政の大獄で刑死した尊王攘夷論者の 27 が多くの後進を指導した。ここで学んだ者に久坂玄瑞（禁門の変で敗死）・高杉晋作（奇兵隊を組織）・伊藤博文（初代首相）・山県有朋（陸軍の創設者）らがいる。

化政文化〈文学・芸能〉

1 十返舎一九
2 東海道中膝栗毛
3 式亭三馬
4 浮世風呂
5 春色梅児誉美（暦）
6 偐紫田舎源氏
7 曲亭（滝沢）馬琴
8 南総里見八犬伝

①笑いを基調に庶民の生活をいきいきと描いた滑稽本には，弥次喜多道中記で知られる 1 の『 2 』や， 3 の『 4 』や髪結床を舞台にした『浮世床』がある。

②天保の改革では，人情本の『 5 』を著した為永春水と，合巻の『 6 』を著した柳亭種彦が，風俗を乱すとして処罰された。

③歴史や伝説を題材にした小説の読本では，大坂の国学者の上田秋成が怪異小説『雨月物語』を著した。その後に出た 7 は，安房の大名家の再興に題材をとった伝奇小説『 8 』や，院政期の武将をモデルにした『椿説弓張月』を著し人気作家となった。

上田秋成は賀茂真淵の門人で，本居宣長の日本中心主義的な国学を批判し激しい論争をおこなった。

④俳諧では信濃の俳人小林一茶が，人間味豊かな独自の句を詠み，

『おらが春』を編んだ。短歌の形式を借りて世相を滑稽に皮肉った狂歌では，幕臣で四方赤良などの号をもつ［9］が，『万載狂歌集』の編集にあたった。和歌では越後国出雲崎の禅僧の良寛が，童心あふれる和歌を詠んだ。

▌狂歌作者には宿屋飯盛と号した石川雅望もいた。

9 大田南畝(蜀山人)

⑤越後の［10］は雪国の生活や風俗を『［11］』に描写し，三河の菅江真澄は，東北各地を旅して民衆の生活を『菅江真澄遊覧記』に記録した。

10 鈴木牧之
11 北越雪譜

⑥脚本では，生世話物を完成させた［12］が歌舞伎の『東海道四谷怪談』を著した。また河竹黙阿弥は，『三人吉三廓初買』などの盗賊を主人公とする白浪物を得意とした。

▌落語や講談などを上演する施設を寄席という。

12 鶴屋南北

化政文化〈美術〉

①浮世絵では旅情をさそう風景版画が大流行した。「神奈川沖浪裏」を含む［1］の『［2］』や，「日本橋」の朝を描いた1枚からはじまる［3］の『東海道五十三次』が代表的である。

▌［3］には『名所江戸百景』の連作もある。
▌これらの浮世絵は，後にモネやゴッホらヨーロッパの印象派画家たちに大きな影響をあたえた。

1 葛飾北斎
2 富嶽三十六景
3 歌川(安藤)広重

②写生画では，円山応挙の弟子の呉春（松村月溪）が四条派をはじめた。文人画では，のちに蛮社の獄で処罰される渡辺崋山が，肖像画の『鷹見泉石像』を描いた。

▌武士や庶民の姿を『一掃百態』でいきいきと描いた渡辺崋山は，谷文晁に絵を学んだ。同じく谷文晁に学んだ文人画家に，豊後出身の田能村竹田がいる。

化政文化〈生活〉

①農民の行事として端午や七夕などの五節句や，陰暦の7月15日に祖先の霊をまつる盂蘭盆会などがあった。60日に一度，長生きを願って徹夜する信仰があり，その組織を庚申講という。

旧石器～弥生 古墳 飛鳥 奈良 平安 鎌倉 室町 安土桃山 江戸 明治 大正 昭和 平成

1 御蔭参り

②庶民の旅行でもっとも人気だったのは伊勢参宮で，約60年周期で集団参詣の［ 1 ］がおこった。伊勢参宮の際に，讃岐の金毘羅宮や信濃の善光寺にも参詣する人びともいた。

参詣を組織し，祈禱・宿泊などの世話をする人たちを御師という。

③弘法大師信仰にもとづく四国八十八カ所や観音信仰にもとづく西国三十三カ所への巡礼がさかんで，「名所図会」とよばれた旅行案内書も出版された。

④寺社が費用を得るために，寺の秘仏などを開扉して人びとに公開する開帳もさかんとなった。

第7章 近代(1)

時代の流れを確認しよう

テーマ18 開国と江戸幕府の滅亡

ひとことでいうと

ペリーに開国させられると，日本は急速にかわっていきます。すでに力をつけていた薩摩・長州などの雄藩が政治の中心に現れ，ついに幕府は退場させられます。

テーマ19 明治維新と富国強兵

ひとことでいうと

欧米に追いつくべく，ものすごいスピードで変革を繰り返し，「明治維新」をみごと成功させます。しかし変革についていけず，消えていった者たちも多くいたのです。

薩長連合をつくって幕府を倒して，明治維新も成功させたのに，なぜ反乱をおこしたんですか？

幕府を倒せたのは良かったんじゃが，維新で士族が路頭に迷ってしもうたからな。大久保とちがって，わしにはあいつらを見捨てることはできん！

西郷隆盛

動画で詳しく！

テーマ20 立憲国家の成立

ひとことでいうと

明治にはいって10年が過ぎても国会はおろか憲法すらつくっていませんでした。自由民権運動のもりあがりに押されて，政府もようやく重い腰を上げます。

なんで国会をひらくのを嫌がったんですか？

国民の多くは税金を下げてほしがってるだろう？　でも日本を強くするにはお金がかかるんだ。国民を最優先するわけにはいかないんだよ。

伊藤博文

▶動画で詳しく！

テーマ21 日清・日露戦争

ひとことでいうと

朝鮮をめぐる日清戦争，ついで満州をめぐる日露戦争に勝利し，富国強兵の成果が示されます。さらに条約改正にも成功し，ついに脱亜入欧を果たします。

▶動画で詳しく！

▪日英同盟を風刺した絵画

テーマ22 産業革命と社会運動

ひとことでいうと

欧米から安い商品がはいってきたせいで日本の綿産業は大打撃を受けました。それを産業革命で克服します。過酷な労働を強いられた人びとからは，社会主義を求める声も上がりはじめます。

▶動画で詳しく！

穴埋め問題をやってみよう

➜本文の空欄は基礎用語（レベル1），赤字は発展用語（レベル2）です。レベルに応じて学習しよう！

テーマ18 開国と江戸幕府の滅亡

開国

①1844年，幕府は［1］国王から開国勧告を受けたが，将軍徳川家慶は鎖国を「祖法」として拒否した。その2年後に浦賀に来航したアメリカ人［2］の通商要求も拒否した。

▍アメリカは貿易船や捕鯨船の寄港地として開港を望んでいた。

②［3］年，東インド艦隊司令長官の［4］が軍艦4隻をひきいて浦賀に現れた。［4］はアメリカ大統領フィルモアの国書を示して幕府に開国をせまった。同年にはロシアからも［5］が長崎に来航し，開国をせまった。

▍［4］はサスケハナ号に乗船していた。

③老中首座［6］はこの難局を朝廷に報告し，諸大名に意見を求め，安政の改革に着手した。前水戸藩主徳川斉昭を幕政に参与させ，［7］に命じて江戸湾に台場とよばれた砲台を築かせた。［7］には伊豆韮山に反射炉も築かせた。また，武家諸法度にあった大船建造の禁を解くなどの改革をおこなった。

④幕府は1855年，蛮書和解御用を独立させ洋学所とし，翌年［8］に改称して洋学の教授と翻訳などに当たらせた。また洋式軍制を導入し，江戸に講武所，長崎に［9］をひらいた。

▍［8］はのち洋書調所，開成所，開成学校へと発展した。

⑤1854年に［4］がふたたび来航すると，幕府は［10］（神奈川条約）を神奈川で結び，［11］・［12］の開港を認めた。この条約では，燃料・食料の供給や難破船の救助，［13］をアメリカにあたえることが規定された。幕府は同様の条約をイギリス・ロシア・オランダとも結んだ。

▍アメリカから船舶の燃料として石炭を求められた。

基礎用語を確認！

1 オランダ
2 ビッドル
3 1853年
4 ペリー
5 プチャーチン
6 阿部正弘
7 江川太郎左衛門（坦庵・英竜）
8 蕃書調所
9 海軍伝習所
10 日米和親条約
11・12 下田・箱館（順不同）
13 片務的最恵国待遇

⑥日露和親条約では 14 島以南を日本, 15 島以北をロシア領と定め, 樺太を両国雑居の地とし, 長崎の開港も認めた。

▌日露和親条約は下田で調印された。

14 択捉島
15 得撫島

安政の五カ国条約

①1856年に下田に着任したアメリカ総領事 1 から通商条約の締結を求められると, 老中 2 は条約調印の勅許を 3 天皇に求めた。しかし朝廷では攘夷の空気が強く, 勅許は得られなかった。

1 ハリス
2 堀田正睦
3 孝明天皇

② 1 は, アロー号事件を契機とするアロー戦争で清国を破ったイギリス・フランスの脅威を説き, 通商条約の調印を強くせまった。これに対して大老 4 は 5 年, 6 の「違勅」調印を断行した。このときの将軍は徳川家定であった。

▌アロー戦争（第２次アヘン戦争）の結果, 1858年に天津条約が締結された。
▌下田奉行の井上清直とともに 6 に調印した日本全権は岩瀬忠震である。

4 井伊直弼
5 1858年
6 日米修好通商条約

③ 6 では, 7 ・ 8 ・ 9 ・ 10 の４港の開港, 11 の容認, 協定関税制のもとでの 12 の欠如が定められた。また, 開港場に外国人が居住・営業できる 13 をもうけ, 一般外国人の国内旅行は禁止された。同様の条約が 14 ・ 15 ・ 16 ・ 17 とも結ばれ, あわせて安政の五カ国条約とよばれている。

▌ 6 では江戸・大坂の開市も定められた。
▌下田は神奈川開港の６カ月後に閉鎖することになっていた。
▌新潟は港の改修が遅れ1868年の開港となった。

7〜10 神奈川・長崎・新潟・兵庫（順不同）
11 領事裁判権（治外法権）
12 関税自主権
13 居留地
14〜17 イギリス・フランス・ロシア・オランダ（順不同）

④1860年には 6 の批准書を交換するため, 外国奉行新見正興を正使とする遣米使節がアメリカ船ポーハタン号でワシントンに渡った。このとき幕府軍艦咸臨丸も随行したが, その艦長は勝海舟で, 通訳として中浜万次郎も乗船していた。

▌このとき, のちに啓蒙思想家となる福沢諭吉が従者として渡米した。

旧石器〜弥生 古墳 飛鳥 奈良 平安 鎌倉 室町 安土桃山 江戸 明治 大正 昭和 平成

貿易開始

1〜3 横浜・長崎・箱館（順不同）
4 横浜
5 イギリス

①1859年から［1］・［2］・［3］の3港で貿易が開始された。3港のうち［4］の輸出入額がもっとも多く，また当時アメリカは南北戦争中だったため，貿易の相手国は［5］が中心となった。

6 生糸（きいと）

②1865年の貿易では，日本からの輸出品の8割を［6］が占め，ついで茶，蚕卵紙（さんらんし）と続いた。いっぽう輸入品は第1位が毛織物で，それに綿織物，武器類が続いた。当初，貿易は大幅な輸出超過となり，品不足をまねいて物価が上昇した。

7 在郷商人（ざいごうしょうにん）
8 居留地
9 五品江戸廻送令（ごひんえどかいそうれい）
10〜14 雑穀・水油（みずあぶら）・蠟（ろう）・呉服・生糸（順不同）

③［6］などの輸出品は，［7］が問屋を通さずに開港地へ直送し，売込商（うりこみしょう）が外国商人と［8］貿易をおこなって取引された。このため幕府は1860年，貿易統制をはかって［9］をだし，［10］・［11］・［12］・［13］・［14］の5品の横浜港への直送を禁じた。しかし［7］や列強の反対で，効果はあがらなかった。

取引は銀貨を用いておこなわれた。

15 万延小判（まんえん）

④金銀比価が日本では金：銀＝1：5，外国では1：15と異なっていたため，日本から大量の金貨が流出した。幕府は安政小判の金の含有量を従来の3分の1にした［15］を鋳造し，流出防止をはかったが，インフレをまねき物価高騰に拍車をかけた。

将軍継嗣（けいし）問題

1 井伊直弼
2 徳川家茂（いえもち）

①13代将軍徳川家定のあとつぎをめぐって対立がおこった。南紀（なんき）派は紀伊（きい）藩主の徳川慶福（よしとみ）をおし，一橋（ひとつばし）派は徳川斉昭の子で英明といわれた一橋慶喜（よしのぶ）をおした。日米修好通商条約の締結後に家定が亡くなると，大老［1］は慶福を迎えて14代将軍［2］とした。

一橋派には越前（えちぜん）藩主の松平慶永（まつだいらよしなが）や薩摩（さつま）藩主の島津斉彬（しまづなりあきら）がいた。いっぽう南紀派は彦根（ひこね）藩主の［1］らの譜代（ふだい）大名が中心であった。

3 安政の大獄（たいごく）
4 吉田松陰（よしだしょういん）
5 桜田門外の変（さくらだもんがい）

②大老［1］は［3］を断行して反対派を多数処罰した。徳川斉昭・一橋慶喜・松平慶永は隠居（いんきょ）などの処分となり，長州（ちょうしゅう）藩の［4］，越前藩の橋本左内（はしもとさない），頼三樹三郎（らいみきさぶろう）は死刑となった。これに憤激した水戸藩浪士は1860年，［5］をおこして［1］を暗殺した。

1854年のペリー再来航の際に，[4]は下田でアメリカ船に乗り込んで海外密航を企てたが失敗し，幕府に囚われた。

公武合体運動と尊王攘夷運動

① 老中[1]は公武合体運動をすすめ，孝明天皇の妹の和宮を将軍[2]の夫人に迎えた。しかし尊王攘夷派の反発をまねき，1862年に水戸藩浪士らに襲われて失脚した。この事件を[3]という。

1 安藤信正
2 徳川家茂
3 坂下門外の変

② 薩摩藩の実権をにぎる島津久光は勅使大原重徳を奉じて江戸に下り，幕政改革を要求した。幕府はこれを受けいれ，一橋慶喜を将軍後見職，越前藩の松平慶永を政事総裁職，会津藩主[4]を京都守護職とした。これを文久の改革という。

文久の改革で参勤交代は緩和され3年1勤となった。

4 松平容保

③ 尊攘派の志士が外国人を殺傷する事件があいついだ。1860年にハリスの通訳であったオランダ人のヒュースケンが暗殺され，翌年にはイギリスの仮公使館が襲撃された東禅寺事件がおきた。

1862年には高杉晋作らによって，品川御殿山のイギリス公使館焼打ち事件がおこされた。

④ 1862年，島津久光が江戸から京都にもどる途中，横浜郊外の[5]で行列の先を横切った[6]人を殺傷する[5]事件がおこった。1863年[6]は鹿児島を砲撃し[7]となった。

5 生麦
6 イギリス
7 薩英戦争

⑤ 1863年，会津・薩摩両藩らの公武合体派が[8]を決行した。これにより三条実美ら7人の公卿は長州へ下り，京都の尊攘派勢力は一掃された。

この前後には尊攘派が武力討幕をはかる事件があいついだ。吉村寅（虎）太郎らが中山忠光を擁して挙兵した天誅組の変，平野国臣らが沢宣嘉を擁しておこした生野の変，水戸藩の尊攘派が筑波山で挙兵した天狗党の乱である。

8 八月十八日の政変

⑥ 1864年，池田屋事件で尊攘派が新選組に襲撃されると，長州藩は巻き返しをはかって兵を率いて上京し，[9]（蛤御門の変）

9 禁門の変

をおこした。しかし薩摩・会津・桑名(くわな)藩に敗れた。

10〜13 イギリス・フランス・アメリカ・オランダ（順不同）
14 四国艦隊下関砲撃事件

⑦1864年，幕府が第１次長州征討の軍をだすと，10・11・12・13の四国連合艦隊が下関を砲撃した。これを14という。これは前年の長州藩による外国船砲撃事件に対する報復措置であった。

> 攘夷決行の日とされた1863年５月10日，長州藩は下関海峡を通過する外国船を砲撃した。
> 長州藩の伊藤博文(いとうひろぶみ)と井上馨(いのうえかおる)らはひそかにイギリスに密航留学したが，14の報を聞いて帰国し，講和に努力した。

薩長(さっちょう)連合と欧米の動き

①長州藩は第１次長州征討では幕府に恭順した。しかし，門閥，身分にかかわらない志願による奇兵隊(きへいたい)を組織していた高杉晋作が挙兵し，藩政の主導権をにぎると，幕府と戦う準備をすすめた。

②1866年，土佐(とさ)藩出身の坂本龍馬(さかもとりょうま)と中岡慎太郎(なかおかしんたろう)の仲介で，薩摩藩の西郷隆盛(さいごうたかもり)と長州藩の木戸孝允(きどたかよし)の間で薩長連合（薩長同盟）の密約が結ばれ，討幕の方針がかためられた。

1 徳川家茂

③1866年，幕府は第２次長州征討の軍をすすめたが，薩摩藩が出兵を拒否したため苦戦した。物価騰貴に苦しむ民衆は世直し一揆(よなおしいっき)をおこし，大坂・江戸での打ちこわしは幕府軍を背後でおびやかした。そこで幕府は将軍1の急死を理由に戦闘を中止した。

④1861年にロシア軍艦ポサドニック号が九州北方の対馬(つしま)に来航し，碇泊先で土地租借を要求したが，幕府が依頼したイギリスの干渉で，約半年後に退去した。これを対馬占拠事件という。

2 ロッシュ
3 徳川慶喜

⑤フランス公使2は，対日外交の主導権をにぎろうとして幕府に接近し，横須賀(よこすか)製鉄所の設立を支援した。15代将軍に就いた3はフランスの援助を受けて軍制改革をすすめた。

> 1867年，日本が初参加した万国博覧会の開催地はパリだった。日本からは将軍の名代として3の弟の徳川昭武(あきたけ)が参加した。

⑥イギリス公使オールコックは，四国艦隊下関砲撃事件を指導し，日本滞在記『大君の都』を著した。そのあとをついだイギリス公使［4］は薩摩・長州を支援するようになった。

> 薩摩藩は長崎の英国商人グラバーから軍艦や武器を購入した。その邸宅は長崎港を見下ろす旧居留地にいまも建っている。

4 パークス

⑦列国は1865年，艦隊を兵庫沖まで進めて圧力をかけたうえで条約勅許をださせ，1866年には改税約書に調印させた。これは諸外国に有利な内容で，貿易は輸入超過に一転した。

> 兵庫開港の勅許は見送られ，孝明天皇死後の1867年になってようやく認められた。実際には神戸が開港された。
> 改税約書により輸入税率は一律５％に引き下げられた。

江戸幕府の滅亡

①土佐藩は，徳川氏を中心とする雄藩(ゆうはん)大名による合議政治をめざす公議政体論を藩論とした。後藤象二郎(ごとうしょうじろう)らが前藩主山内豊信(やまうちとよしげ)（容堂(ようどう)）を動かして将軍徳川慶喜に［1］をすすめると，慶喜は1867年に［1］をおこなった。これにより，同日に討幕(とうばく)の密勅(みっちょく)を受けた薩長両藩は出鼻をくじかれた形となった。

> 公議政体論は坂本龍馬の「船中八策(せんちゅうはっさく)」がもとになっていた。
> 1866年末に親幕的な孝明天皇が急死し明治天皇にかわると，朝廷では岩倉具視(いわくらともみ)らの討幕派の公家が優勢となっていた。

1 大政奉還(たいせいほうかん)

②1867年，討幕派公卿の岩倉具視らが中心となって朝廷が［2］を発した。これにより摂政(せっしょう)・関白(かんぱく)・将軍などが廃止され，あらたに総裁(そうさい)・議定(ぎじょう)・参与(さんよ)の三職(さんしょく)がおかれて天皇中心の新政府が樹立された。同日夜さっそく三職による小御所会議(こごしょ)がひらかれ，徳川慶喜の辞官納地(じかんのうち)が決定された。

> 総裁には有栖川宮熾仁親王(ありすがわのみやたるひと)が任じられた。
> 辞官納地とは慶喜の内大臣の辞退と領地の返上をいう。

2 王政復古(おうせいふっこ)の大号令

③幕末には大和(やまと)に［3］がはじめた天理教(てんりきょう)，備前(びぜん)に黒住宗忠(くろずみむねただ)がはじめた黒住教，備中(びっちゅう)に川手文治郎(かわてぶんじろう)がはじめた金光教(こんこう)などの民衆宗教が普及し，伊勢神宮への［4］の流行ともあわせて，民衆の願い

3 中山みき

4 御蔭参り(おかげまいり)

旧石器～弥生 古墳 飛鳥 奈良 平安 鎌倉 室町 安土桃山 江戸 明治 大正 昭和 平成

に応えた。そして1867年に東海・畿内一帯でおこった

5 ええじゃないか　「［5］」の乱舞は，倒幕にも影響をあたえた。

テーマ19 明治維新と富国強兵

基礎用語を確認！

新政府の発足

①1868年正月，薩摩・長州を中心とする新政府軍と旧幕府軍は，京都の鳥羽・伏見で衝突し，戊辰戦争がはじまった。戦いは新政府軍の優勢ですすみ，新政府軍の西郷隆盛と旧幕府軍の勝海舟の会談により，江戸城は無血開城した。

相楽総三が赤報隊を組織し，年貢半減令をかかげて東山道を進撃したが，のちに偽官軍として捕らえられ処刑された。

内乱の拡大と貿易の混乱を嫌った外国人パークスが，江戸無血開城に尽力したといわれる。

外国奉行の川路聖謨は，江戸開城の直前にピストル自殺した。

上野寛永寺を拠点に抵抗を続けた彰義隊は，上野戦争で敗退した。

②新政府軍は，9月に会津藩の城を攻め落とすなど奥羽越列藩同盟

1 五稜郭の戦い　の抵抗をしりぞけ，1869年には箱館の［1］の戦いで旧幕府軍の

2 榎本武揚　［2］らを降伏させ，戊辰戦争は終わった。

奥羽越列藩同盟は輪王寺宮能久親王を盟主として結成された。

3 五箇条の誓文　③1868年，明治天皇が天地神明に誓うかたちで［3］が発せられた。内容は公議世論の尊重，人心一新，開国和親，天皇親政などで，由利公正が起草，福岡孝弟が修正したものに木戸孝允がさらに修正してできあがった。

第一条の「広ク会議ヲ興シ，万機公論ニ決スヘシ」の冒頭は，「列侯会議」をあらためたものである。

④［3］が発せられた翌日，人民の心得として五榜の掲示がかかげられた。儒教道徳の強制，徒党・強訴・逃散の禁止，キリスト教の禁止（1873年にこの高札は撤去）が明示された。

4 政体書

5 太政官制　⑤新政府は［4］を制定し，［5］とよばれる政府の組織をととの

えた。これはアメリカにならった三権分立制をとっており，立法府である議政官は，議定・参与からなる上局と，各府県・各藩選出の貢士からなる下局とに分かれていた。

> 4 は福岡孝弟と副島種臣が起草した。
> 議政官の下局は公議所，さらに集議院とあらためられた。
> 高級官吏は４年ごとに互選すると定めていた。
> 1868年に年号を明治と改元し，天皇一代を時代のまとまりとして年号を付ける一世一元の制を採用し，1869年に京都から東京に遷都した。

版籍奉還と廃藩置県

① 政体書では府藩県三治制の地方制度を定めていたため，1869年，大久保利通・木戸孝允らの建議で 1 がおこなわれた。まず薩摩・長州・土佐・肥前の４藩主がおこない，他の藩主も続いた。しかし旧藩主が知藩事に任命されて藩政を継続し，徴税と軍事の両権も各藩に属したままだったため，中央集権化は不徹底だった。 **1** 版籍奉還

② 1 の際に太政官制の改革もおこない，祭政一致・天皇親政の方針で，神祇官と太政官のもとに各省をおく「２官６省」の組織とした。また，蝦夷地を北海道と改称して開拓使を設置した。

③ 新政府は 2 年，薩摩・長州・土佐の３藩から兵を集めて(御)親兵とし 3 を断行した。これにより全国は１使(開拓使)３府302県となった。知藩事は罷免されて東京居住を命じられ，中央政府からあらたに府知事・県令が任命された。 **2** 1871年 **3** 廃藩置県

> 御親兵は1872年に近衛兵と改称された。
> 1871年末には１使３府72県に統合された。
> 3 の直後に太政官制をあらため，正院（太政大臣・左右大臣・参議で構成)・左院(立法を担う)・右院(行政をつかさどる)の三院制とした。

軍制改革

① 新政府は近代的兵制の整備に着手した。まず1869年に兵部省を設置し，廃藩とともに軍事力に関する権限をそこに集め，そのもとに鎮台を４つおいた。

1872年に兵部省は陸軍省と海軍省に改組された。

「富国強兵・殖産興業」は明治政府による近代化のための重要な政策スローガンであった。

1 1873年
2 徴兵令
3 大村益次郎
4 山県有朋
5 血税一揆

② 1872年に徴兵告諭が，［ 1 ］年には［ 2 ］が公布された。ここで定められた国民皆兵制による常備軍編成の制度は，長州藩出身の［ 3 ］が構想し，［ 4 ］が具体化したもので，満20歳に達した男子に3年間兵役の義務を課すものであった。これに反対する一揆を［ 5 ］という。

官吏や官立学校生徒・戸主・嫡子・代人料270円納入者などは兵役が免除された。

6 軍人勅諭

③ 1878年，政府から独立した天皇直属の軍令機関参謀本部が設置された。さらに1893年にはそのうちの海軍参謀部を海軍軍令部として独立させた。1882年には天皇への軍人の忠節を強調する［ 6 ］を公布した。

大規模作戦に対応できるように1888年には陸軍を鎮台編制から師団編制に改編した。

［6］を起草したのは西周と井上毅であった。

地租改正

1 田畑永代売買の禁
2 地券
3 1873年
4 地租改正条例
5 3%

① 新政府は1871年に田畑勝手作りの禁を解き，1872年には［ 1 ］も解いた。このとき地価を定めてそれを記した［ 2 ］を発行し，農民の土地所有権を認めた。ついで［ 3 ］年，［ 4 ］を公布し，課税基準を収穫高から地価に変更し，物納を金納にあらためて税率を地価の［ 5 ］%にし，土地所有者を納税者とした。

1872年に発行された［2］を壬申［2］という。

［2］は1886年に登記法が実施されて廃止となった。

② 地租改正は従来の年貢による収入を減らさない方針だったため，農民の負担は旧来とかわらず，小作料は現物納のままで地主に有利で，所有権のはっきりしない入会地は官有地に編入された。

③ 1876年，地租改正反対一揆が茨城・三重・愛知・岐阜・堺の5

県で発生した。そこで政府は1877年，地租を地価の 6 %に変更した。

茨城県でおきた一揆は真壁騒動とよばれ，他の4県で発生したものは伊勢暴動とよばれる。

6 2.5%

殖産興業

①殖産興業政策の中心となった官庁は，1870年に創設され鉄道・鉱山・電信などの官営事業をおこした 1 と，1873年に新設され 2 が初代内務卿となり，地方行政や警察も管轄した 3 である。 3 は，1877年から東京上野で，機械や美術工芸品を展示・即売する 4 を開催した。

1 では1873年に伊藤博文が初代工部卿となり，1877年に工部大学校を開設してすぐれた技術者の育成に努めた。
川路利良の建議により1874年に警視庁が創設された。

1 工部省
2 大久保利通
3 内務省
4 内国勧業博覧会

②新政府は旧幕府の経営していた佐渡金山・生野銀山や旧藩営の高島・三池の石炭鉱山，秋田藩の院内銀山・阿仁銅山を官営とし，旧幕府の事業を母体とした東京・大阪の砲兵工廠や横須賀・長崎・兵庫の造船所の拡充に力をそそいだ。

高島炭鉱（坑）は肥前藩が経営していた。
東京砲兵工廠は幕府の江戸関口大砲製作所を受けついだ。

③官営模範工場として，1872年に群馬県に生糸を製造する 5 をもうけ， 6 人技師ブリューナをまねいて技術の導入と工女の養成をはかった。同県には屑糸紡績所の新町紡績所も設立した。また，ラシャの製造をはかり千住製絨所を設立した。

「富岡工女」の多くは各地から応募した士族の子女であった。
薩摩藩が鹿児島紡績所についで建設した堺紡績所を政府が買い上げた。
近代的農業教育を施す駒場農学校や，西洋の種苗や農具の試作・実験をおこなう三田育種場も設立した。

5 富岡製糸場
6 フランス

④交通では， 7 年にイギリス人モレルの指導のもと，新橋・横浜間に「陸蒸気」とよばれた 8 が開通した。また，土佐出身の 9 がおこした三菱商会に政府は手厚い保護をあたえ，欧米

7 1872年
8 鉄道
9 岩崎弥太郎

資本の海運業に対抗させた。

10・11 上海・長崎（順不同）
12 前島密

⑤通信では，電信が1869年に東京・横浜間に架設されたのにはじまり，1871年には[10]・[11]間に海底電信線が敷設された。郵便制度も[12]の建議により1871年にはじめられた。

> 日本は1877年に郵便物交換の国際協力の協定である万国郵便連合条約に加盟した。

13 太政官札
14 新貨条例

⑥新政府は1868年に[13]，翌年に民部省札という不換紙幣を発行したが，1871年には金本位制の確立と貨幣制度の統一をはかって[14]を制定した。これは伊藤博文の建議によるもので，1円を純金1.5gの金貨とする金本位制をたてまえとし，貨幣の単位も両・分・朱の四進法から円・銭・厘の十進法にあらためた。しかしアジア諸国との貿易向けに貿易銀とよばれた1円銀貨もつくったため，実際は金銀複本位制であった。

> [13]の発行を建議したのは由利公正である。

15 国立銀行条例
16 渋沢栄一

⑦1872年，アメリカの銀行制度ナショナル＝バンクにならって[15]が制定された。これは[16]が起草したもので，民間銀行が兌換銀行券を発行する制度だった。翌年[16]は，三井組・小野組の出資で第一国立銀行を設立したが，同様の銀行の設立は4行にとどまった。1876年に条例が改正され，正貨との兌換義務が解除されると，1879年までに153行が設立された。

> 1876年には金禄公債証書を国立銀行の資本とすることが認められた。

文明開化

1 本木昌造
2 横浜毎日新聞

①幕末に[1]が鉛活字の鋳造に成功し，1870年に国産活字による日本初の日刊紙『[2]』が発行された。

3 1872年
4 太陽暦

②[3]年に[4]を採用し，それまでの太陰太陽暦（旧暦）における12月3日を[4]の1873年1月1日とした。また，政府は神武天皇の即位日とされる2月11日を紀元節とし，明治天皇の誕生日にあたる11月3日を天長節とし祝日とした。

③銀座通りに街路照明としてガス灯が登場し，和泉要助らが発明した交通手段の人力車，さらに鉄道馬車などが走った。ざんぎり頭は文明開化の象徴とみられた。

▌1886年に日本初の電力会社である東京電燈会社が開業した。

岩倉使節団と征韓論争

①廃藩置県の断行後，不平等条約の予備交渉を目的に［1］年，［2］を大使に，［3］（薩摩出身の大蔵卿）・木戸孝允（長州出身の参議）・伊藤博文（長州出身の工部大輔）らを副使とする遣外使節団を欧米に派遣した。使節団は最初の訪問国のアメリカで交渉に失敗したが，欧米の進んだ文物や制度を見て帰国した。これに随行した［4］は，帰国後『米欧回覧実記』を編集した。

▌岩倉使節団の副使には佐賀藩出身の山口尚芳もいた。いっぽう留守政府は太政大臣の三条実美や西郷隆盛らがあずかっていた。使節団首脳はベルリンで「鉄血宰相」のビスマルクの宴会にまねかれ，国際政治は弱肉強食の世界であり，国際法は常に尊重されるとは限らず，結局は国力や軍事力がものをいうと教示された。

1 1871年
2 岩倉具視
3 大久保利通
4 久米邦武

②使節団に同行した留学生のなかには，フランスに留学し，帰国後ルソーの『社会契約論』を『［5］』として翻訳した［6］や，のちに女子英学塾を創立した［7］がいた。

▌女子留学生にはのちに大山巌夫人となった山川捨松もいた。

5 民約訳解
6 中江兆民
7 津田梅子

③1873年，留守政府は出兵を前提に西郷隆盛を大使として朝鮮に派遣することを決定した。しかし，帰国した［2］や［3］らは内治優先論をとなえてこれに反対し，征韓論争がおこった。

④［2］らが天皇に上奏して使節派遣無期延期の許可を得ると，征韓派の［8］・［9］・［10］・［11］・［12］の5参議はいっせいに下野した。これを明治六年の政変という。

8～12 西郷隆盛・板垣退助・後藤象二郎・副島種臣・江藤新平（順不同）

明治初期の外交

①朝鮮に対しては，日本軍艦雲揚号の挑発行為からおこった前年の［1］を機に，［2］年に［3］を締結させた。調印した日本全

1 江華島事件
2 1876年
3 日朝修好条規（江華条約）

4〜6 釜山（プサン）・仁川（インチョン）・元山（ウォンサン）（順不同）	権は黒田清隆で，その内容は，朝鮮を自主独立の国と承認し，［4］・［5］・［6］の3港を開港し，日本の領事裁判権・関税免除などを認めるというもので，朝鮮にとって不平等な条約だった。
7 1871年 8 日清修好条規	②［7］年，最初の対等条約である［8］を締結した。これは日本全権伊達宗城と清国全権李鴻章が調印したもので，相互に領事裁判権を認めることなどを定めていた。
9 琉球藩 10 尚泰	③1872年，日清両属であった琉球王国を廃して［9］を設置し，国王［10］を藩王に任じて華族に列すると，日清間には琉球帰属問題がおこった。
11 琉球漂流民（漁民）殺害事件 12 台湾出兵	④1871年におきた［11］事件を理由に政府は1874年，［12］をおこなった。西郷従道が出兵軍を指揮し，出兵に反対した木戸孝允は政府を下野した。 ▌イギリス公使の調停により日清互換条款が結ばれ，清は日本に賠償金を支払った。日本の調印者は大久保利通であった。
13 1879年 14 沖縄県 15 琉球処分	⑤政府は［13］年に軍隊・警察を派遣し，［9］を解体して［14］の設置を強行し，［10］に東京居住を命じた。これを［15］という。この動きに対し琉球に宗主権をもつとする清国が抗議したため，前アメリカ大統領グラントが調停をおこなった。しかし解決せず，事実上日清戦争で決着した。 ▌琉球列島のうち先島諸島を清国に譲る先島分島案をグラントから示されると，日本政府は同意したが清国は反対した。
16 屯田兵 17 1875年 18 樺太・千島交換条約	⑥北海道には開拓使顧問にケプロンをまねき，アメリカ式の大農場制度の移植をはかった。1874年に北海道開拓と北方防備をおこなう［16］の制度をもうけた上で，［17］年にロシアと［18］を結び，千島全島を得るかわりに樺太を放棄した。このときの日本全権は榎本武揚であった。 ▌樺太の放棄を建議したのは開拓次官の黒田清隆であった。

⑦ 小笠原(おがさわら)諸島は1876年に日本が領有を宣言し，イギリス・アメリカも承認したため内務省の管轄下におかれた。

四民平等と士族反乱

① 国民皆兵の原則のもとで士族の兵士としての存在意義はなくなったものの，華族・士族への家禄(かろく)は支払われていた。この家禄と，維新の功労者にあたえられた賞典禄(しょうてんろく)をあわせた秩禄(ちつろく)は，国家財政の支出の約３割を占め，大きな負担となっていた。

② 1871年，戸籍(こせき)法が制定され，旧来の郡町村を廃して画一的な地方行政組織の大区・小区制が定められた。翌年にはわが国最初の近代的戸籍である壬申(じんしん)戸籍がつくられた。

> 1871年に出された「えた」「非人(ひにん)」の呼称を廃止する太政官布告は（身分）解放令（賤称(せんしょう)廃止令）とよばれている。

③ 1876年，政府は[1]発行条例を布告し秩禄処分を強制した。華・士族に[1]をあたえて秩禄を全廃したのである。同年に廃刀(はいとう)令(れい)もだされたため，これにより士族はすべての特権を奪われた。政府は士族に帰農などの士族授産をすすめた。

> 1873年には秩禄奉還の法を定め，希望者に家禄の数年分を現金と秩禄公債証書で支給するかわりに家禄の支給を停止していた。

1 金禄公債証書

④ 1874年，征韓中止に反対する士族らが，前年に参議を下野した[2]を擁して[3]をおこした。さらに1876年には，廃刀令に憤激した太田黒伴雄(おおたぐろともお)らによる敬神党(けいしんとう)（神風連(しんぷうれん)）の乱や，福岡の宮崎車之助(みやざきしゃのすけ)らによる秋月(あきづき)の乱，さらに山口で前原一誠(まえばらいっせい)らによる萩(はぎ)の乱がおこった。

2 江藤新平
3 佐賀の乱

⑤ [4]年には[5]が鹿児島で挙兵して[6]がおこった。[5]らの軍は熊本鎮台(ちんだい)を襲ったが，徴兵制による政府軍に敗れ，士族の反乱はこれが最後となった。いっぽう翌年，[6]の恩賞への不満から近衛兵(このえへい)が反乱をおこした。これを竹橋(たけばし)事件という。

> [5]は下野後，鹿児島に教育機関の私学校を設立していた。
> [6]では谷干城(たにたてき)のひきいる政府軍が熊本城を死守した。

4 1877年
5 西郷隆盛
6 西南戦争

テーマ20 立憲国家の成立

基礎用語を確認！

1 板垣退助
2 愛国公党
3 民撰議院設立（の）建白書
4 左院
5 大久保利通
6 日新真事誌
7 立志社
8 愛国社
9 （漸次）立憲政体樹立の詔
10 元老院
11 大審院
12 新聞紙条例
13 郡区町村編制法
14 府県会規則
15 （地方）三新法
16 国会期成同盟
17 集会条例

自由民権運動

①明治六年の政変で下野した［1］・後藤象二郎・副島種臣・江藤新平らは，1874年に［2］を結成し，［3］を太政官の［4］に提出した。これは内務卿の［5］らの薩長藩閥政治を有司専制と非難し，国会の開設を要求するものだった。［3］はイギリス人ブラックが経営する新聞『［6］』に掲載されて大反響をよび，これを機に自由民権運動がはじまった。

> ［3］を起草したのは古沢滋で，明六社の加藤弘之は国会開設を時期尚早であるとしたが，大井憲太郎はそれに反論した。

②［1］は1874年に片岡健吉らと土佐で［7］を設立した。各地にも政社ができ，1875年には［7］を中心に大阪で全国組織の［8］が結成された。これに対して政府の［5］は同年，大阪会議をひらき，木戸孝允・［1］の意見を受けいれるかわりに，２人は参議に復帰し，［8］は事実上解体した。

> 福島県では河野広中らが石陽社を設立した。

③1875年，政府は［9］の詔をだし，立法諮問機関としての［10］と，司法独立の基礎を固めるための［11］を設置し，民情を通じるための地方官会議を開催すると定めた。そのいっぽうで同年，讒謗律・［12］を制定し，政府批判をきびしく取り締まった。

④1878年，政府は［13］（これにより大区・小区制は廃止）・［14］・地方税規則のあわせて［15］を制定し，ある程度民意を政治に反映させるようにした。こうして地方の豪農・豪商層を中心に自由民権運動が活発になっていった。

⑤［8］は1878年に再興し，1880年には［16］と改称した。［16］は河野広中が中心となって国会開設請願書を提出したが政府は受け取らず，［17］を定めて民権派を弾圧した。

> 1877年，片岡健吉らは天皇に立志社建白を上表して却下された。

自由党の拡大を危惧した政府は1882年，17を改正して政党の支部設置を禁じた。これが1890年に集会及政社法，さらに1900年には治安警察法へと発展した。

⑥「ルーソーと云ふ人の説に，人の生るるや自由なりとありて，人は自由の動物と申すべきものであります。」と植木枝盛は『民権自由論』で民衆に平易に民権思想を説いた。

『自由新聞』の主筆となった馬場辰猪は『天賦人権論』を書いた。

明治十四年の政変

① 政府内では，1878年に紀尾井坂の変で内務卿［ 1 ］が暗殺されてから，国会の早期開設を主張する肥前藩出身の［ 2 ］と，それに反対する長州藩出身の［ 3 ］との間に対立がおこっていた。

1 大久保利通
2 大隈重信
3 伊藤博文

② 1881年，開拓使長官の［ 4 ］が，同じ薩摩藩出身の政商五代友厚らの関西貿易社に，開拓使所属の官有物を不当な安値で払下げようとした。これには政府内でも2が反対していたが，この事実が明るみになると民権派は政府を激しく攻撃した。この事件を［ 5 ］という。

薩摩藩の五代友厚は明治維新後は大阪の財界で活躍し，1878年に大阪商法会議所の初代会頭となった。

4 黒田清隆
5 開拓使官有物払（い）下げ事件

③ 1881年，政府は［ 6 ］が世論を動かしているとみて罷免し，［ 7 ］をだして1890年に国会をひらくとした。さらに開拓使官有物の払下げも中止し，民権派の攻撃をかわした。これを［ 8 ］といい，この結果［ 9 ］を中心とする薩長藩閥政府が確立した。

井上毅が中心となって，欽定憲法の基本方針をとる「岩倉具視憲法綱領」が起草された。

6 大隈重信
7 国会開設の勅諭
8 明治十四年の政変
9 伊藤博文

④ 1881年に，国会期成同盟を中心に［ 10 ］を総理（党首）とする［ 11 ］党が結成され，1882年には［ 12 ］を党首とする［ 13 ］党が結成された。いっぽう，政府側も対抗して福地源一郎を中心に立憲帝政党をつくった。その機関紙は『東京日日新聞』で，13党の機関紙は『郵便報知新聞』であった。

10 板垣退助
11 自由党
12 大隈重信
13 立憲改進党

⑤明治十四年の政変の前を中心に，民間の憲法草案である私擬憲法が各地でつくられた。次のものが有名である。一院制をとり抵抗

14 植木枝盛

権や革命権を規定した 14 の「東洋大日本国国憲按」。それを修正して立志社がつくった「日本憲法見込案」。これら自由党系の私擬憲法に対して 13 系では，慶応義塾関係者を中心に設立された社交クラブの交詢社がつくったものがある。イギリスの二院制による議院内閣制をとる「私擬憲法案」である。

> ほかに共存同衆の「私擬憲法意見」や，千葉卓三郎の「日本帝国憲法（五日市憲法）」などがあった。

大隈財政と松方財政

1 大隈重信

①1873年からの大蔵卿 1 による財政下では，殖産興業や西南戦争による出費を不換紙幣の乱発でまかなっていた。このインフレ政策で物価は上昇し，定額の地租にたよる政府の歳入は実質的に減少した。貿易は輸入超過が続き，正貨保有高も減少した。

2 松方正義

②1881年，大蔵卿佐野常民にかわって 2 が大蔵卿に就任した。 2 は，酒造税や煙草税の増税と，軍事費以外の支出をおさえる緊縮財政によって，不換紙幣の回収・処分と正貨の蓄積をすすめた。

3 日本銀行

③兌換制度を確立するため1882年に 3 を設立して唯一の発券銀行とし，1885年から銀兌換銀行券を発行させた。1886

4 銀本位制

年には政府紙幣の銀兌換も開始され， 4 が確立した。

④大蔵卿 2 は，赤字となっている官営事業を払い下げるため，

5 工場払下げ概則

1880年公布の 5 を1884年に廃止し，低価格にあらためて政商に有利な条件で払下げをすすめた。

⑤殖産興業政策は1881年設置の農商務省に引きつがれ，工場払下げなどを推進した。その官僚であった前田正名は松方デフレ下の農工商の実態調査ともいうべき『興業意見』を編纂した。

⑥鉱山の払下げ先は，生野銀山・佐渡金山が三菱，院内銀山・阿仁

銅山は［6］，三池炭鉱は佐々木八郎をへて三井，高島炭鉱（坑）は後藤象二郎をへて三菱であった。官営工場は長崎造船所が［7］，兵庫造船所が川崎正蔵，深川セメント製造所は浅野総一郎，富岡製糸場と新町紡績所は三井にそれぞれ払い下げられた。

> 幕末に南部藩士大島高任が洋式高炉を築いた岩手県の釜石鉄山は，田中長兵衛に払い下げられた。

⑦松方財政によるデフレ政策で，物価は下落し輸出超過となった。米価と繭価の暴落は，定額金納地租を負担する農民の生活を苦しめた。自作農のなかには土地を手放して小作農に転落する者も多く，いっぽうでそれらの土地を集積し，自ら耕作せず小作人に貸しつける［8］が登場した。

6 古河市兵衛
7 三菱
8 寄生地主

民権運動の激化

①1882年，［1］県令［2］に三方道路建設を強制された農民が蜂起すると，［2］は県会議長河野広中らの自由党員を検挙した。これを［1］事件という。翌年には新潟県で高田事件がおこり，1884年には妙義山麓で蜂起した群馬事件，栃木県令［2］の暗殺を計画した加波山事件，埼玉県の［3］党を中心に約1万の農民が借金の取り消しなどを求めた［4］などがおきた。

> 1882年，政府の工作で民権派の板垣退助と後藤象二郎は外遊した。
> 自由党は加波山事件の直後に解党した。

②国会開設が近づくと民権派の再結集がはかられ，星亨のよびかけで後藤象二郎が中心となって大同団結運動がはじまった。1887年には，［5］内閣の外相［6］の条約改正交渉が問題化したことをきっかけに，地租軽減，言論・集会の自由，外交失策の挽回を要求する［7］がおこった。

③1887年，［5］内閣は［8］を公布し，星亨・中江兆民らの民権家を東京から退去させて民権運動を弾圧した。また1889年には後藤象二郎を黒田清隆内閣に入閣させて，民権運動の壊滅をはかった。

> ［8］を制定したときの内務大臣は山県有朋であった。

1 福島
2 三島通庸
3 困民党
4 秩父事件
5 第1次伊藤博文内閣
6 井上馨
7 三大事件建白運動
8 保安条例

憲法の制定

1 伊藤博文
2 グナイスト
3 シュタイン

①1882年，[1]は渡欧してベルリン大学の[2]やウィーン大学の[3]から君主権の強いドイツ流の憲法理論を学んだ。帰国した[1]は1884年に制度取調局をもうけるとともに華族令を制定した。

華族は公爵(こうしゃく)・侯爵(こう)・伯爵(はく)・子爵(し)・男爵(だん)の5つに分けられた。

4 1885年
5 内閣制度
6 宮内(くない)

②[4]年には太政官制を廃止して[5]を創設し，[1]は初代首相となった。皇室事務を管掌する[6]省（[6]大臣）は内閣の外におかれ，天皇を補佐し詔勅などをつかさどる内大臣には三条実美(さんじょうさねとみ)が就いた。

1885年に通信・交通行政をつかさどる逓信(ていしん)省が設置された。

7 井上毅
8 ロエスレル
9 枢密院(すうみついん)
10 伊藤博文
11 黒田清隆内閣
12 1889年
13 大日本帝国憲法

③憲法の起草は，[1]を中心に[7]・伊東巳代治(みよじ)・金子堅太郎(かねこけんたろう)が，ドイツ人法律顧問[8]の助言を得ておこなった。そうしてできた憲法草案は，1888年に設置された天皇の諮問(しもん)機関の[9]において，天皇臨席のもとで審議された。[9]議長には[10]が就任した。そして[11]内閣の[12]年2月11日，[13]が発布された。

憲法制定過程で外国人の政府顧問のロエスレルとモッセが直接助言をあたえた。

14 モッセ
15 市制・町村制
16 府県制・郡制

④地方自治制度は，ドイツ人顧問[14]の助言を得て山県有朋が中心となって整えられ，1888年に[15]，1890年に[16]が制定されて確立した。

市町村会の議員は直接国税2円以上の納入者によって直接選挙された。

17 北海道旧土人(きゅうどじん)保護法

⑤北海道では1886年に北海道庁がもうけられ，アイヌを農業に従事させるための[17]が1899年に制定された。これにより日本人への同化政策がとられたが，1997年にアイヌ文化振興法が制定されると廃止された。

⑥沖縄では旧支配層を懐柔するため長期にわたって旧慣温存策がとられた。人頭税が継続された宮古(みやこ)島では農民による反対運動がお

こった。また謝花昇らは参政権獲得運動を展開したが，沖縄で初めて衆議院議員選挙が実施されたのは1912年と遅れた。

大日本帝国憲法

①大日本帝国憲法は欽定憲法の形で発布された。天皇は国家元首で統治権を総攬すると規定され，条約の締結，宣戦・講和，緊急勅令の制定，文武官の任免などの広範な天皇大権をもった。また，軍隊を指揮する［1］権は内閣や議会からも独立していた。

1 統帥権

1889年に伊藤博文の名で憲法の解説書の『憲法義解』が刊行された。

②国務大臣は天皇を輔弼するとされ，議会に対しては責任を負わなかった。法律や予算の審議をおこなう帝国議会は，衆議院と貴族院の二院制をとり，衆議院が予算先議権をもつ以外は両院は対等の権限をもった。また国民は臣民とされ，法律の範囲内においてのみ自由が認められた。

貴族院は皇族・華族・勅選議員・多額納税者議員で構成された。

③憲法と同時に皇室に関する基本法の［2］が制定されたが，公布されなかった。

2 皇室典範

諸法典の編纂

①刑法典として1870年に制定された新律綱領は，公事方御定書を継承したもので，これを補う改定律例が初代司法卿の江藤新平によって1873年に制定された。これらにかわってフランス人法学者［1］の指導のもとにつくられた刑法と刑事訴訟法である治罪法が，1880年に公布された。

1 ボアソナード

刑法では，法律の規定がなければ罰しないという罪刑法定主義などの近代的法の原則が確立した。

②民法は［1］によって作成され，1890年にいったん公布されたが，ドイツ法学者［2］が「民法出デヽ忠孝亡ブ」という論文を書くなど批判がおこり，民法典論争が巻きおこった。その結果，民法施行は延期され，ドイツ法をもとに［3］権を重視した新民法（明治民法）がつくられ，1898年に施行された。

2 穂積八束

3 戸主権

梅謙次郎は 1 の起草による民法の即時実施を主張した。

商法はロエスレルによって起草された。

帝国議会

1 黒田清隆
2 超然
3 超然主義演説

①1889年，憲法発布の翌日に 1 首相は，政府は政党の動向に左右されず 2 として政治をおこなうという 3 演説をおこなった。

4 第1次山県有朋内閣
5 15円
6 25歳

②1889年，憲法と同時に公布された衆議院議員選挙法にもとづいて，1890年に 4 内閣のもとで最初の総選挙がおこなわれた。有権者は直接国税 5 円以上を納める満 6 歳以上の男子で，これは総人口の約１％にあたり，地租負担に苦しむ地主が多かった。被選挙資格は満30歳以上の男子で直接国税15円以上の納税者であった。

最初の有権者数は約45万人であった。

選挙は記名投票で，小選挙区制でおこなわれた。

③第１回衆議院議員総選挙の結果，立憲自由党が130議席，立憲改進党が41議席を占め，これらの民党が政府よりの大成会などの吏党の議席を上回った。民党は「民力休養・政費節減」をスローガンに地租軽減を求め，軍備拡張をすすめる政府と対立した。

初期議会

1 第1次山県有朋内閣

①1890年， 1 内閣のもとで第一議会がひらかれた。政府が自由党の一部を買収して予算を成立させると，土佐出身の自由党議員の中江兆民は激怒して辞職した。

2 第1次松方正義内閣
3 品川弥二郎

② 2 内閣のもとでひらかれた第二議会では，海軍大臣樺山資紀がおこなった蛮勇演説を機に衆議院は解散となり，第２回総選挙がおこなわれた。その際，内務大臣 3 が激しい選挙干渉をおこなったものの民党優位はかわらなかった。

4 第2次伊藤博文内閣

③ 4 内閣のもとでひらかれた第四議会では，天皇の和衷協同の詔書を用いて民党との対立を回避した。続く第五議会では対外硬

派連合が政府の条約改正交渉に反対し，衆議院は解散となった。しかし第六議会解散後に日清戦争がはじまると，民党と政府は提携するようになった。

テーマ21 日清・日露戦争

条約改正

①［ 1 ］の撤廃と［ 2 ］の回復を目的に，政府は条約改正交渉をすすめた。岩倉遣外使節団が交渉に失敗した後，外務卿［ 3 ］がアメリカに税権回復の同意をとりつけて1878年に仮条約を結んだものの，イギリス・ドイツの反対で改正はできなかった。

②長州藩出身の外務卿［ 4 ］は，各国の外交官をあつめて条約改正会議をひらき，外国人判事の任用と外国人の内地雑居を認めるかわりに，［ 1 ］を撤廃しようとした。また，イギリス人コンドルの設計で［ 5 ］を建設するなど極端な欧化主義政策をとった。

③［ 4 ］の外交方針は，政府内の農商務相谷干城や法律顧問ボアソナードからも批判され，さらに［ 6 ］運動もおこり，1887年，［ 4 ］は外務大臣を辞任した。この時期にはイギリス汽船が沈没した［ 7 ］事件もおこり，国民は法権回復の必要性を痛感した。

④第１次伊藤博文内閣で外相となった［ 8 ］は，国別に秘密交渉をおこない，［ 1 ］の撤廃を主眼に交渉をすすめた。しかし，大審院に限り外国人判事の任用を認めていたことがわかると反対運動がおこり，国家主義団体の玄洋社のテロに遭い外相を辞任した。

［ 8 ］外相の辞任を機に1889年に黒田清隆内閣も総辞職した。

⑤ロシアがシベリア鉄道を起工するなど東アジアに進出しはじめると，イギリスは日本と結んで対抗しようとした。このためイギリスは条約改正に応じる態度に転じたが，第１次松方正義内閣の1891年，［ 9 ］がおこったため［ 10 ］外相は辞任した。

⑥［ 9 ］とは，来日中のロシア皇太子（のちのニコライ２世）が巡査

基礎用語を確認！

1 領事裁判権（治外法権）
2 関税自主権
3 寺島宗則
4 井上馨
5 鹿鳴館
6 三大事件建白運動
7 ノルマントン号事件
8 大隈重信
9 大津事件
10 青木周蔵

津田三蔵によって負傷させられた事件で，政府は犯人に大逆罪を適用して死刑とするように司法当局に圧力をかけた。しかし大審院長児島惟謙は，司法権の独立を守り無期徒刑とした。

▌刑法には皇室に対する大逆罪や不敬罪が規定されていた。

11 陸奥宗光
12 日英通商航海条約

⑦第２次伊藤博文内閣の外相 11 は駐英公使 10 にイギリスと交渉させ，1894年，日清戦争開戦の直前に 12 に調印させた。これは 1 の撤廃と関税率の一部引き上げを内容とするもので，他の欧米諸国とも同様の条約が締結された。

▌11 の回想録に『蹇蹇録』がある。
▌12 では内地雑居を認めて居留地を廃止することや，相互最恵国待遇とすることも定められ，1899年に発効した。

13 1911年
14 小村寿太郎

⑧ 13 年，第２次桂太郎内閣の外相 14 のもとで，改正日米通商航海条約（日米新通商航海条約）を結んだのを最初に，関税自主権の回復を認める完全に対等な条約が結ばれた。

朝鮮問題

1 大院君（テウォングン）
2 壬午軍乱（事変）
3 済物浦条約

①1882年，閔妃（ミンビ）一族の親日政策に反対する 1 は，軍隊を動かして日本公使館を襲うなどのクーデタをおこした。これを 2 という。事件後，日朝間に 3 が結ばれ，朝鮮は日本に対して賠償をおこなった。

▌1 は国王高宗の実父で，閔妃は高宗の妃であった。

4 金玉均（キムオッキュン）
5 甲申事変

② 2 後，閔妃を中心とする事大党が親清政策をとるようになった。親日派（開化派）の独立党はこれと対立し，1884年， 4 らがクーデタをおこした。この事件を 5 という。これはベトナムをめぐる清仏戦争で清国が敗北した機をついたクーデタだったが，清国軍が来援したため失敗した。

6 李鴻章
7 天津条約

③1885年，日朝間では漢城条約が，日清間では伊藤博文と 6 との間で 7 が締結された。 7 では朝鮮への出兵時の相互通告などが約された。結果，朝鮮における日本勢力は後退し，日本では民権論者のなかにも国権論をとなえる者が現れた。

④1885年，8は自ら主宰する『9』に「我国は隣国の開明を待て，共に亜細亜を興すの猶予ある可らず」と主張する社説「10」を発表した。

この社説のような対外政策についての考え方を漢字4字で脱亜入欧という。

8 福沢諭吉
9 時事新報
10 脱亜論

⑤女性としてはじめて政治演説に立ち男女同権を主張した岸田俊子の演説を，11は岡山で聴いて女性民権家となった。11は1885年，大井憲太郎とともに武力による朝鮮の内政改革を計画した12で検挙された。自叙伝に『妾の半生涯』がある。

11 景山英子
12 大阪事件

⑥1889年，朝鮮で凶作を理由に大豆などの輸出を禁じる13がだされた。これに対して日本政府は日本商人が損害を受けたと反発し，賠償金を要求して獲得した。これを13事件という。

13 防穀令

⑦首相14は，第一議会に臨んで，国境としての主権線とともに，その安全確保にとって密接な関係をもつ利益線(具体的には朝鮮)を防衛することが必要であると演説した。

14 山県有朋

日清戦争

①1894年，朝鮮南部の全羅道で民衆が減税と排日を要求して蜂起した。この1（2の乱）の鎮圧を朝鮮政府が清国に要請すると，清国は朝鮮に出兵するとともに3条約にもとづいて日本にも通知した。これを受けて4内閣も朝鮮に派兵した。

1を指導したのは全琫準ら東学の関係者であった。

1 甲午農民戦争
2 東学（党）の乱
3 天津条約
4 第2次伊藤博文内閣

②1894年，5を結んでイギリスの好意的中立を確保した日本は，豊島沖で清国軍を攻撃し，宣戦布告をして6をはじめた。日本軍は黄海海戦に勝ち，山東半島の軍港威海衛を占領し，勝利した。1895年，日本全権伊藤博文・7と清国全権8との間で9が結ばれて講和が成立した。

6では，戦時における最高統帥機関の大本営が広島におかれた。

5 日英通商航海条約
6 日清戦争
7 陸奥宗光
8 李鴻章
9 下関条約

③9では，(1)朝鮮の完全独立の承認（清国の宗主権の否定），(2)

10 遼東半島
11 台湾
12 ロシア・フランス・ドイツ（順不同）
13 三国干渉
14 徳富蘇峰

[10]・[11]・澎湖諸島の割譲，⑶賠償金２億両（約３億円）の支払い，⑷沙市・重慶・蘇州・杭州の開市・開港が定められた。しかし，[12]の３国が日本に[10]の返還を要求する[13]をおこなったため，政府はやむなく受諾した。国民の間には「臥薪嘗胆」の気運が高まり，[14]も平民主義から国家主義に転じた。

> この条約にもとづいて日清両国は1896年，不平等条約の日清通商航海条約を締結した。

15 閔妃
16 樺山資紀

④日清戦争後，朝鮮では[15]がロシアに接近したため，日本公使三浦梧楼が[15]殺害事件をおこした。台湾には台湾総督府を設置し，初代台湾総督には第二議会で蛮勇演説をおこなった[16]が就いた。

> 1898年に台湾総督児玉源太郎の下で民政局長となった後藤新平は，植民地経営を軌道に乗せ，のちに東京市長を務めた。

17 1897年
18 第２次松方正義内閣
19 貨幣法
20 金本位制

⑤[17]年に[18]内閣のもとで[19]が制定され，日清戦争の賠償金を準備金として，金0.75グラム（750ミリグラム）を１円とする[20]が確立した。

> 賠償金は[10]還付代償金も含めて２億３千万両（約３億６千万円）となり，その大半を軍備拡張費にあてた。

政党の進出

1 第２次伊藤博文内閣
2 第２次松方正義内閣
3 第３次伊藤博文内閣
4 地租
5 憲政党
6 第１次大隈重信内閣
7 尾崎行雄

①[1]内閣は日清戦争後，板垣退助を内務大臣に入閣させて自由党と提携し，つぎの[2]内閣も大隈重信を外務大臣に入閣させて進歩党と提携した。かわって1898年に成立した[3]内閣は，[4]増徴案を提出して自由党・進歩党と対立し，両党は合同して[5]を結成した。

②[3]内閣が議会運営にゆきづまって退陣すると，[6]内閣が成立した。内相には板垣退助が就いた。これは陸海軍大臣以外の大臣を[5]員でかためた最初の政党内閣だったが，文相[7]による共和演説事件で[5]が分裂したためわずか４カ月で退陣した。旧自由党は[5]，旧進歩党は憲政本党となった。

③1898年，5と提携した 8 内閣は，4 増徴案を成立させ，翌年には政党員が官界に進出することを防ぐため 9 を改正した。さらに 10 年には社会主義・労働運動を弾圧するために 11 を制定した。同年，納税制限を10円以上とする選挙法改正をおこなういっぽう 12 を制定した。これは陸海軍大臣を現役の大将・中将に限る制度であった。

> 4 は地価の2.5%から3.3%に引き上げられた。
> このときの選挙法改正で有権者が総人口の約２%となった。また，被選挙資格の納税制限は撤廃された。

8 第２次山県有朋内閣
9 文官任用令（ぶんかんにんようれい）
10 1900年
11 治安警察法（ちあんけいさつほう）
12 軍部大臣現役武官制（ぐんぶだいじんげんえきぶかんせい）

④山県有朋（やまがたありとも）首相の一連の政策に反発した5は，星亨（ほしとおる）が中心となって 13 に接近し，14 年に13派の官僚とともに 15 を結成した。初代総裁には13が就いた。幸徳秋水（こうとくしゅうすい）は新聞『万朝報（よろずちょうほう）』（創刊者は黒岩涙香（くろいわるいこう））に「自由党を祭る文」を書き，この動きを批判した。こうして15を与党とする第４次13内閣が成立した。

> 土佐出身の民権論者中江兆民（なかえちょうみん）は幸徳秋水に強い影響をあたえた。

13 伊藤博文
14 1900年
15 立憲政友会（りっけんせいゆうかい）

中国分割と日英同盟

①日清戦争で清国の弱体化がはっきりすると，列強による中国分割がすすんだ。1898年，ドイツは山東半島の 1 を租借し，ロシアは遼東半島の旅順（りょじゅん）・大連（だいれん）を租借した。また，イギリスは九龍半島（きゅうりゅう）・威海衛を租借し，翌年フランスは広州湾（こうしゅう）を租借した。いっぽう，日本は台湾の対岸の福建省（ふっけん）の不割譲を要求し，中国進出に出遅れたアメリカは，国務長官ジョン＝ヘイが門戸（もんこ）開放宣言をおこなった。

1 膠州湾（こうしゅう）

②1900年，清国で「扶清滅洋（ふしんめつよう）」をとなえる 2 が北京の外国公使館を包囲した。清国政府はこの 2 事件に乗じて列国に宣戦を布告し 3 をおこしたが，列国の連合軍に降伏した。翌年，4 が締結され，清国は列国軍隊の北京駐留権を認めた。

> 連合軍のうち最大だった日本兵はイギリスから「極東の憲兵」とよばれた。

2 義和団（ぎわだん）
3 北清事変（ほくしんじへん）
4 北京議定書（ペキンぎていしょ）

③3後ロシアが満州（まんしゅう）を占領すると日本は警戒し，政府内で 5

5 日英同盟

論と日露協商（満韓交換）論が対立した。前者は元老の山県有朋・首相の桂太郎・外相の小村寿太郎らが主張し，後者は元老の伊藤博文・井上馨らが主張した。結局，[6]年，[7]内閣は[5]協約を結んだ。

6 1902年
7 第１次桂太郎内閣

> 日露協商論は満州をロシアが，韓国を日本が支配下におく考えだった。
> [5]協約では，清国・韓国の独立の承認，清国における両国の権益と韓国における日本の権益の承認，どちらかが他国と交戦した場合には中立を守り，２国以上と交戦した場合には参戦することが定められた。

日露戦争

1 内村鑑三
2 平民新聞

①日露間の緊張が高まるなか，近衛篤麿を中心とする対露同志会は主戦論をとなえた。これに対し『万朝報』の[1]・幸徳秋水・堺利彦は，社長黒岩涙香が主戦論に転じたため退社して戦争に反対した。[1]はキリスト教の人道主義の立場から絶対非戦を主張し，幸徳秋水・堺利彦は平民社を結成し『[2]』を創刊して反戦を主張した。

> 主戦論を唱えた東大七博士の一人に戸水寛人がいる。

3 第１次桂太郎内閣
4 日露戦争
5 セオドア＝ローズヴェルト

②1904年，[3]内閣の時に[4]がはじまった。開戦後，与謝野晶子は反戦詩「君死にたまふこと勿れ」を『明星』に，大塚楠緒子も「お百度詣」を発表した。日本軍は旅順，ついで奉天を占領し，日本海海戦で勝利したのを機に米大統領[5]に講和の斡旋を依頼した。

> 旅順包囲軍の司令官で，のちに明治天皇の死にあたって殉死したのは乃木希典，日本海海戦で連合艦隊を指揮してバルチック艦隊を破った司令長官は東郷平八郎である。
> 煙草・塩の専売制は，[4]の戦費調達の一環として実施された。
> 戦費の３分の２が内外で発行された国債でまかなわれた。日銀副総裁高橋是清がイギリスやアメリカで外債の募集にあたった。
> ハーバード大で[5]と親交のあった金子堅太郎は，[4]の際にアメリカ世論を親日に誘導した。

6 小村寿太郎
7 ポーツマス条約

③1905年，日本全権[6]とロシア全権ウィッテの間で[7]が

調印された。この条約でロシアは，(1)韓国に対する日本の指導権の承認，(2) 8 ・ 9 の租借権と長春(ちょうしゅん)以南の東清(とうしん)鉄道の権利の譲渡，(3)北緯 10 度以南の樺太(からふと)の割譲，(4)沿海州・カムチャツカ半島沿岸の漁業権の譲渡を認めた。しかし，賠償金がないことに反対する民衆が 11 をおこし， 12 内閣は戒厳令(かいげんれい)をしいて鎮圧した。

講和条約締結の際に政府を擁護した『国民新聞』は焼打ちを受けた。

④1906年，関東州を統治する 13 が 8 におかれ，後藤新平を総裁とする 14 が設立された。

長春・旅順間を結ぶ 14 は半官半民の会社で，本社は大連におかれた。
アメリカの鉄道王ハリマンから 14 の共同経営を提案されたが，日本政府は断った。
日露戦争後には，対満州の綿布輸出・大豆粕(かす)輸入，台湾からの米・原料糖の移入が増えた。

8 旅順
9 大連
10 50度
11 日比谷焼打ち(ひびややきう)事件
12 第1次桂太郎内閣
13 関東都督府(かんとうととくふ)
14 南満州鉄道株式会社

韓国併合(へいごう)

①1897年に朝鮮は国号を大韓(だいかん)帝国とあらためた。日露開戦直後，日本は韓国と日韓議定書を，ついで第1次日韓協約を結び，韓国政府に日本の推薦する財政・外交顧問をおくことを認めさせた。

②日露戦争の勝利がみえてきた1905年，日本の韓国支配に対する列強の干渉をふせぐために，アメリカとは 1 を結び，イギリスとは 2 協約を改定（第2次 2 ）して韓国保護権を承認させた。かわりに日本はアメリカのフィリピン支配を認め，イギリスには 2 の適用範囲をインドにまで拡大した。

1911年の第3次 2 ではその効力の対象からアメリカを外した。
日露戦争後ロシアとの間に1907年に第1次日露協約を結び，以後，1916年の第4次日露協約まで続いた。

1 桂・タフト協定
2 日英同盟

③ポーツマス条約締結後の1905年，日本は韓国に 3 を強要し，韓国の 4 を奪って保護国化した。このとき漢城(かんじょう)に 5 を設置し，初代統監(とうかん)に 6 が就いた。これに対し韓国皇帝高宗は，オランダでひらかれていた万国平和会議に密使(みっし)を派遣して抗

3 第2次日韓協約
4 外交権
5 統監府(とうかんふ)
6 伊藤博文

議したが無視された。

7 ハーグ密使事件

④1907年，日本は【 7 】を機に皇帝を退位させ，第3次日韓協約を結ばせて内政権を掌握し，韓国軍隊を解散させた。このため反日運動の義兵闘争（運動）が本格化し，1909年には【6】がハルビン駅で安重根（アンジュングン）に射殺された。

8 1910年
9 第2次桂太郎内閣
10 韓国併合条約
11 朝鮮総督府
12 寺内正毅
13 東洋拓殖会社

⑤【 8 】年，【 9 】内閣は【 10 】を結び，韓国を植民地とした。このとき京城に【 11 】を設置し，朝鮮総督に【 12 】が任命された。その後土地調査事業によって朝鮮の農民から土地を奪い，日本の国策会社である【 13 】が最大の地主となった。

【10】は【12】と李完用が調印した。当時の外相は小村寿太郎だった。また，漢城はこのとき京城とあらためられた。
朝鮮では1920年から1934年にかけて産米増殖計画とよばれる農業振興策が実施され，日本は朝鮮から米を移入した。

テーマ22 産業革命と社会運動

基礎用語を確認！

1 臥雲辰致
2 ガラ紡
3 渋沢栄一
4 大阪紡績会社
5 中国
6 インド

産業革命

①紡績業では手紡や，【 1 】が発明した【 2 】による小規模な綿糸生産がおこなわれていた。1882年，【 3 】は1万錘の規模をもつ【 4 】を設立し，蒸気機関を動力とするイギリス製のミュール紡績機と【 5 】や【 6 】の綿花をもちいて綿糸生産をはじめた。

【2】は第1回内国勧業博覧会で最高賞を受賞した。
紡績工場では昼夜2交代制の12時間労働が一般的であった。
ミュール紡績機にかわったリング紡績機は不熟練の女工でも操作できる能率の良い紡績機械であった。

7 1890年
8 生産量
9 1897年
10 輸出量

②1880年代後半に綿紡績業と鉄道業で企業勃興がおこり，綿糸生産は急増した。【 7 】年には綿糸【 8 】量が輸入量を上回り，さらに【 9 】年には，中国・朝鮮をおもな輸出先として綿糸【 10 】量が輸入量を上回った。また，綿織物業では豊田佐吉が発明した国産の力織機が普及しはじめた。

1886年に三越・大丸・白木屋などが共同出資して設立した綿商社・綿

糸製造会社は，1888年に鐘淵紡績会社と改称した。
最初の恐慌は1890年におきた。
政府は紡績業を保護し，1894年には綿糸輸出関税免除法を制定し，1896年には綿花輸入関税を撤廃した。
明治前期には，イギリスのジョン＝ケイが発明した飛び杼を取り入れて手織り機が改良された。

③安い賃金と安い国産繭を背景に，生糸は開国以来輸出品の第1位を占めていた。このため幕末から **11** が発達したが，1894年に **12** が上回った。アメリカ向け輸出を中心に，1909年には清国を抜いて輸出量は世界第1位となった。

11 座繰製糸
12 器械製糸

④政府は鉄鋼の国産化をめざして1897年に **13** を設立し，ドイツの技術を導入して **14** 年に操業を開始した。鉄鋼生産には，清国の **15** の鉄鉱石と筑豊炭田（のちに満州の撫順炭田も）の石炭をもちいた。民間では，三井とイギリスが **16** を北海道室蘭に設立した。機械工業では池貝鉄工所がアメリカ式旋盤の完全製作にはじめて成功した。

13 八幡製鉄所
14 1901年
15 大冶鉄山
16 日本製鋼所

交通・運輸・金融・農業

①1881年，華族の金禄公債を資金にして **1** が設立された。これは最初の民間鉄道会社で，1891年に上野・青森間を全通させた。いっぽう新橋・横浜間の陸蒸気にはじまった官営の東海道線は，**2** 年に東京・神戸間が全通した。**3** 年には **4** 内閣が **5** を制定し，民営鉄道を買収した。

1892年に幹線鉄道建設計画などを定めた鉄道敷設法が制定された。

1 日本鉄道会社
2 1889年
3 1906年
4 第1次西園寺公望内閣
5 鉄道国有法

②海運業は，1896年に造船奨励法と航海奨励法が制定されたこともあって発展した。1885年に三菱会社と共同運輸会社の合併でうまれた **6** は，1893年に日本・インド間のボンベイ航路をひらいた。

6 日本郵船会社

③産業・貿易の振興のために特殊銀行が設立された。1880年に営業を開始した **7** は，1887年に貿易金融を目的とした特殊銀行と

7 横浜正金銀行

8 日本興業銀行

なった。1897年には農工業を改良発展させるために日本勧業銀行が設立され，1902年には産業資本の長期融資機関として［ 8 ］が設立された。

④政府は1899年に農会法を定め，補助金をだして地主を中心に農業の改良をはかった。1900年には産業組合法を制定して，共同購入や販売などをおこなう協同組合の設立を促した。

社会運動

①1888年に高島炭鉱（坑）（たかしまたんこう）の過酷な労働状況を，三宅雪嶺（みやけせつれい）が雑誌『日本人』で報告した。また，1894年には大阪天満紡績で女工ストライキがおこった。

> 九州の炭坑でみられた苛酷な鉱夫管理の制度を納屋制度（なや）という。
> 日本で最初の女工によるストライキが，山梨県甲府の雨宮製糸工場（あめみや）で発生した。

1 労働組合期成会

②1897年にアメリカから帰国した高野房太郎（たかのふさたろう）らにより職工義友会（しょっこうぎゆうかい）が結成され，同年それを発展させた［ 1 ］が結成された。これには片山潜（かたやません）も加わり，機関誌『労働世界』が発行された。

> ［1］のもとで，機械金属労働者によって鉄工組合が結成された。

2 社会民主党
3 治安警察法

③社会主義運動では，1898年に社会主義研究会が結成され，1901年に安部磯雄（あべいそお）・片山潜・幸徳秋水（こうとくしゅうすい）・木下尚江（きのしたなおえ）（著書に『火の柱』がある）らによって［ 2 ］が結成された。これは日本最初の社会主義政党だったが，前年に制定された［ 3 ］によって直後に禁止された。

> 社会主義研究会は1900年に社会主義協会に改組された。
> ［2］に堺利彦（さかいとしひこ）は参加していない。

4 古河市兵衛（ふるかわいちべえ）
5 田中正造（たなかしょうぞう）

④［ 4 ］が経営する栃木県の足尾銅山（あしおどうざん）から出た鉱毒が，渡良瀬川（わたらせ）流域に被害をあたえると，［ 5 ］は1901年，代議士を辞して天皇に直訴した。その直訴文は幸徳秋水が書いたものだった。

> 1900年には，陳情のため集団で上京しようとした被害民と警官隊が衝突した川俣事件（かわまた）がおきた。政府は公害問題を洪水問題に転化し，谷（や）

中村を廃村として住民を集団移転させ，遊水池にした。

桂園時代

①1906年結成の 1 を 2 内閣ははじめ認めたため，日本最初の合法的社会主義政党となったが，翌年禁止された。

1907年には日露戦後恐慌がおこり，足尾銅山争議もおこった。1908年，赤旗事件への対策が不十分であると元老に攻撃されたことから 2 内閣は総辞職した。

1 日本社会党
2 第1次西園寺公望内閣

② 3 内閣は1908年に 4 をだして国民道徳の強化をはかり，内務省が中心となって 5 を推進した。これは地方社会の共同体的秩序の再編をはかる運動であった。

1909年には思想表現の自由を規制する新聞紙法が公布された。町村ごとの在郷軍人会は，1910年に全国組織の帝国在郷軍人会が設立されると，その分会となった。

3 第2次桂太郎内閣
4 戊申詔書
5 地方改良運動

③ 3 内閣は1910年， 6 らを天皇の暗殺をくわだてたとして逮捕し，翌年12名を死刑とした。これを 7 という。さらに1911年には特別高等警察（特高）も設置し，これ以後社会主義運動は弾圧され，いわゆる「冬の時代」を迎えた。

7 で死刑となった女性に管野スガがいる。

6 幸徳秋水
7 大逆事件

④ 8 内閣は 9 年にわが国で最初の労働者保護立法である 10 を制定した。この法律は 11 人以上の工場に適用されたもので， 12 歳未満の者の就労を禁じ，15歳未満の年少者および女子の就業時間を 13 時間までとし，深夜業も禁止した。しかし実施は 14 年まで延期された。

8 第2次桂太郎内閣
9 1911年
10 工場法
11 15人
12 12歳
13 12時間
14 1916年

⑤1899年に 15 が「余嘗て桐生・足利の機業地に遊び，聞いて極楽，観て地獄」と書いた『 16 』が刊行され，1903年には 10 立案の基礎資料となった農商務省による『 17 』が刊行された。1925年には 18 が紡績女工の苛酷な労働実態を描き，女工小歌を収めた『 19 』を著し，1968年には山本茂実が諏訪の製糸工場で働く女工について著した『あゝ野麦峠』が刊行された。

15 横山源之助
16 日本之下層社会
17 職工事情
18 細井和喜蔵
19 女工哀史

第 8 章　近代(2)

時代の流れを確認しよう

テーマ23　第一次世界大戦とワシントン体制

ひとことでいうと

ヨーロッパで第一次世界大戦がおこると，日本は日英同盟を理由に参戦します。ドイツ軍を破って中国での権益を獲得し，太平洋にも勢力を広げます。しかし，これに不満のアメリカはワシントン会議を招集して日本を抑えにかかります。

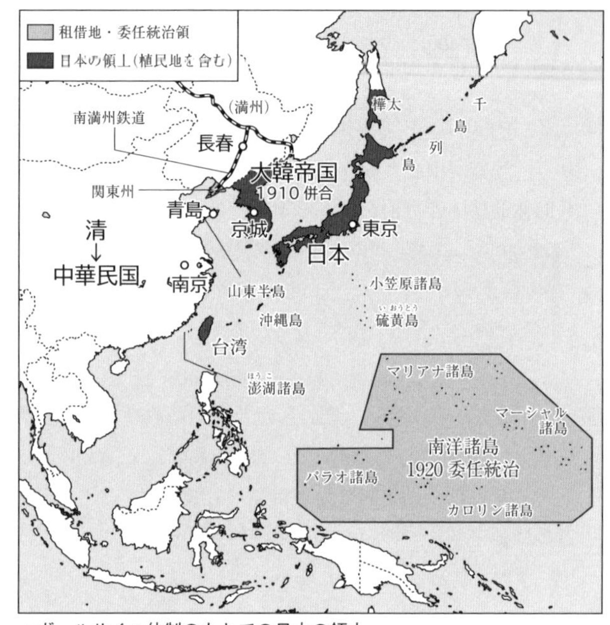

▪ ヴェルサイユ体制のもとでの日本の領土

‘憲政の神様’ なんてよばれてスゴイですね。

わっははは。私は第１回衆議院議員総選挙で当選して以来ずっと議員をやっておったからな。太平洋戦争後でもまだ続けてしまったよ。

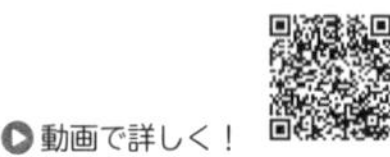

テーマ24 大正デモクラシーと護憲三派内閣

ひとことでいうと

大正デモクラシーが高まるなかで護憲運動や普選運動がもりあがります。とりわけ米騒動はさまざまな社会運動に火をつけました。こうして藩閥政治は終わり，「憲政の常道」がはじまります。

▪ 雑誌『青鞜』表紙

▪ 護憲三派内閣の首脳

「元始，女性は実に太陽であった」ってステキな言い方ですね。

でしょ？　私が20代半ばの言葉よ。あのころは周りから‘新しい女’ってバカにされて，さんざん非難されたわ。戦後に男女同権になるまで，妻は法的には無能力者あつかいだったのよ！

平塚らいてう

▶動画で詳しく！

穴埋め問題をやってみよう

➜ 本文の空欄は基礎用語（レベル１），赤字は発展用語（レベル２）です。レベルに応じて学習しよう！

テーマ23 第一次世界大戦とワシントン体制

基礎用語を確認！

第一次護憲運動

1 第２次西園寺公望内閣
2 上原勇作

①1912年，【1】内閣が軍部からの２個師団増設要求を拒否すると，陸相【2】は帷幄上奏権を利用して天皇に直接辞表を提出した。陸軍は後任の大臣を推薦せず，軍部大臣現役武官制を利用して【1】内閣を退陣に追いこんだ。

1907年，軍部は帝国国防方針を決定し，八・八艦隊の編成を計画した。

２個師団は朝鮮に駐屯させる計画だった。結局，この２個師団増設は第２次大隈重信内閣で実現した。

3 第３次桂太郎内閣
4 第一次護憲運動
5 立憲国民党
6 尾崎行雄
7 立憲同志会

②【3】内閣の非立憲的な政治姿勢に反発して【4】がおこった。【5】の犬養毅と立憲政友会の【6】らを中心に，民衆は「閥族打破・憲政擁護」を叫んで内閣に退陣を要求した。首相は新党の【7】を組織して対抗したが，1913年に退陣した。これを大正政変という。

桂太郎首相は内大臣から首相になった。

8 第１次山本権兵衛内閣
9 ジ（シ）ーメンス事件

③立憲政友会の支持を受けた【8】内閣は，軍部大臣現役武官制をあらため現役規定を削除した。また文官任用令も改正し，政党員の高級官僚への道をひらいた。しかし1914年にドイツの兵器会社からの軍艦購入をめぐる【9】が発覚し，退陣に追いこまれた。

山本権兵衛は薩摩藩出身で海軍軍人であった。

【8】内閣の時，織物消費税・通行税・営業税の廃止を求める廃税運動が広がった。

第一次世界大戦

1 第一次世界大戦
2 第２次大隈重信内閣
3 日英同盟
4 青島

①1914年，サライェヴォ事件をきっかけに【1】が勃発した。【2】内閣は【3】を理由に参戦を決定し，対ドイツ宣戦布告をおこなって，ドイツの根拠地である山東半島の【4】と赤道以北

のドイツ領南洋諸島を占領した。

> ヨーロッパではドイツ・イタリア・オーストリアの三国同盟とイギリス・フランス・ロシアの三国協商が対立していた。
> 大戦が勃発すると元老井上馨(いのうえかおる)は「大正新時代の天佑(てんゆう)」と言った。

②1911年におこった［5］により，孫文(そんぶん)を臨時大総統(だいそうとう)とする中華(ちゅうか)民国(みんこく)が成立し，清朝は倒れた。 | 5 辛亥革命(しんがいかくめい)

> 孫文は1905年に東京で清朝打倒をめざす中国同盟会を結成し，民族主義・民権主義・民生主義の三民(さんみん)主義をかかげて，革命をとなえた。

③［2］内閣の外相［6］（立憲同志会総裁(そうさい)）は，1915年に中国の［7］政府に［8］をつきつけた。これは中国に(1)［9］省の旧［10］権益の譲渡，(2)南満州(みなみまんしゅう)・東部内蒙古(ないもうこ)の特殊権益の承認（旅順(りょじゅん)・大連(だいれん)の租借権と満鉄の権益の期限の99カ年延長），(3)製鉄会社の漢冶萍公司(かんやひょうコンス)の日中合弁(ごうべん)，(4)中央政府への日本人顧問の採用などを認めさせるものだった。

6 加藤高明(かとうたかあき)
7 袁世凱(えんせいがい)
8 二十一カ条（の）要求
9 山東省
10 ドイツ

> アメリカの反対で第5号〔上記の(4)〕を除いて認めさせたが，中国民衆は要求を受けいれた5月9日を国恥記念日(こくち)として反日運動をおこなった。

④雑誌『［11］』の記者（のちに社長）の［12］は，小日本主義にもとづく植民地放棄論を唱え，シベリア出兵にも反対した。戦後は自由民主党の総裁として首相となった。

11 東洋経済新報
12 石橋湛山(いしばしたんざん)

⑤1917年，［13］内閣は特派大使石井菊次郎(いしいきくじろう)を派遣して，アメリカの主張する中国の門戸(もんこ)開放・領土保全・機会均等と，日本が要求する中国における特殊権益の承認を相互に確認しあう［14］を結んだ。また同年，［15］亀三(かめぞう)を通じて段祺瑞(だんきずい)政権に多額の［16］をおこなった。

13 寺内正毅(てらうちまさたけ)内閣
14 石井・ランシング協定
15 西原(にしはら)
16 借款(しゃっかん)

米騒動(こめそうどう)と原敬(はらたかし)内閣

①1917年，ロシア革命がおこってソヴィエト政権が誕生すると，革命の波及をおそれたアメリカは，チェコスロヴァキア兵の救出を名目にソヴィエト政権への軍事干渉を提案した。［1］内閣は

1 寺内正毅

2 シベリア出兵
3 加藤友三郎内閣

それにこたえ，1918年 2 をおこなった。しかし干渉は失敗し， 3 内閣の1922年に撤兵した。

1920年，ニコライエフスクに駐屯する日本軍がロシアの抗日パルチザンに殺害された。これを尼港事件という。

4 富山県
5 1918年
6 米騒動

② 2 をみこした米商人の買い占めによって米価が暴騰すると， 4 県での騒動をきっかけに 5 年， 6 がおこった。 1 内閣は軍隊を出動させて鎮圧し，責任をとって退陣した。

富山県の漁村の主婦たちの行動が「越中の女一揆」と新聞で報じられると， 6 は全国に広がった。

7 立憲政友会
8 原敬

③長州・陸軍出身で超然主義の立場をとる 1 にかわり，元老山県有朋らの推薦で， 7 の総裁 8 が首相となった。 8 ははじめて衆議院に議席をもつ首相で，初の本格的政党内閣となった。また 8 は爵位をもたないため「平民宰相」とよばれた。

8 内閣は陸相・海相・外相以外をすべて政党員で固め，四大政綱として，(1)教育の改善整備，(2)交通通信の整備拡充，(3)産業及び通商貿易の振興，(4)国防の充実をかかげた。

9 普通選挙制
10 3円
11 高橋是清

④ 8 首相は 9 制の導入に反対し，1919年に納税資格を 10 円以上とし，小選挙区制とする選挙法改正をおこなった。これに野党が反発すると 8 は議会を解散し，総選挙で立憲政友会は圧勝した。しかし1921年 8 首相は刺殺され，あとをついで立憲政友会総裁となった 11 首相にかわった。

1919年の選挙法改正で有権者数は人口の約５％となった。
中村太八郎らは，1897年に松本で普通選挙期成同盟会を設立し，東京に進出して普選運動をすすめていた。

⑤1920年 8 内閣は，論文「クロポトキンの社会思想の研究」を書いた東京帝国大学助教授森戸辰男を休職処分とした。

大戦景気

①第一次世界大戦による需要増大で大戦景気がおこった。重化学工業部門では，世界的な船舶不足から海運・造船業が空前の好況と

なり，［1］がうまれて日本は世界第３位の海運国となった。鉄鋼業では八幡製鉄所が拡張され，満鉄経営の［2］が設立された。また，ドイツからの輸入がとだえたため，薬品・染料・肥料などの化学工業がおこった。

［1］とよばれた者に内田信也がいる。

②軽工業部門では，好景気の［3］向けの生糸輸出が増大し，ヨーロッパ諸国からの商品が減ったアジア市場へは，日本の綿製品の輸出が増大した。

③大戦前後から日本の紡績資本により中国各地に在華紡とよばれる工場が設立されていった。しかし上海の在華紡でのストライキをきっかけに1925年［4］がおこり，反帝国主義運動が中国各地へ広がった。

④大戦景気の時期に工業生産額が農業生産額を超え，工場労働者数は150万人を超えた。工業原動力は，猪苗代水力発電所が東京への長距離送電に成功したことで蒸気力から電力へ転換し，火力発電から水力発電へと主力が移った。貿易は輸出超過となり，外貨を蓄積して債務国から債権国に転じたが，賃金の上昇を物価の上昇が上回った。

大企業が中心になって経済界の意見を代表する機関として，1917年に日本工業倶楽部が結成された。初代理事長は団琢磨が務めた。

⑤大戦後，ヨーロッパ諸国がアジア市場に復帰すると，日本の貿易は早くも1919年には入超となり，1920年には株価の暴落を機に［5］がおこった。そうしたなかで財閥は，持株会社を頂点に多数の企業を支配するコンツェルンの形態を整えた。［6］・［7］・［8］・［9］は四大財閥とよばれる。

三井は1909年に持株会社の三井合名会社を設立した。安田財閥は安田善次郎が創立した金融財閥で，その持株会社は安田保善社であった。

1 船成金
2 鞍山製鉄所
3 アメリカ
4 五・三〇事件
5 戦後恐慌
6〜9 三井・三菱・住友・安田（順不同）

ヴェルサイユ体制

1 原敬内閣
2 西園寺公望
3 山東省
4 ドイツ

①1919年，パリ講和会議がひらかれ，連合国とドイツの間でヴェルサイユ条約が調印された。日本は［1］内閣が首席全権として［2］を派遣し，［3］省の旧［4］権益の継承と赤道以北のドイツ領南洋諸島の委任統治権を得た。この条約にもとづくヨーロッパの新しい国際秩序を，ヴェルサイユ体制とよぶ。

> 委任された南洋諸島にはマーシャル諸島なども含まれ，1922年には南洋庁をパラオ諸島に設置し，南洋諸島の統治に当たった。

5 三・一独立運動
6 五・四運動

②パリ講和会議の最中に，朝鮮では3月1日の独立宣言を機に［5］がおこった。中国でも5月4日に北京の学生らによって［3］省の権益の返還を求める［6］がはじまった。しかし返還は認められなかったため，中国はヴェルサイユ条約の調印を拒否した。

> アメリカ大統領ウィルソンは，国際平和と民族自決など14カ条の平和原則をとなえた。
>
> ［5］を機に3代朝鮮総督斎藤実は，それまでの武断政治から文化政治に転換した。

③1920年，ウィルソンの提唱で国際連盟が発足した。その規約を制定する際に日本が提案した人種差別禁止（撤廃）案は，米英の反対で採択されなかった。日本はイギリス・フランス・イタリアとともに常任理事国となり，事務局次長には新渡戸稲造が就いた。いっぽうアメリカは議会の反対で国際連盟に参加せず，ドイツ・ソ連はのちに加盟した。

> 国際連盟の付属機関として，労働問題についての勧告や調停をおこなう国際労働機関（ＩＬＯ）が設立された。
>
> 1924年にアメリカは排日移民法を制定し，日本人の北米への移民が厳しく制限された。

ワシントン体制

1 ハーディング
2 ワシントン会議
3 加藤友三郎

①1921年，アメリカ大統領［1］は［2］を召集した。原敬内閣は海軍大臣［3］を首席全権に，駐米大使幣原喜重郎らを派遣した。これによりうまれた新しい国際秩序をワシントン体制という。

▌ 2 で各条約が締結されたのは高橋是清内閣の時であった。

②1921年に太平洋の安全保障をはかる四カ国条約が米・英・日・仏の間で結ばれ，これにともない［ 4 ］の廃棄が決定し，次の［ 5 ］内閣の1923年に廃棄が実施された。

4 日英同盟（協約）
5 加藤友三郎内閣

③1922年締結の［ 6 ］では，主力艦の保有量を米・英が5，日本が3，仏・伊は1.67の比率に制限し，10年間の主力艦建造停止を約束した。これにより八・八艦隊の計画は挫折した。

6 ワシントン海軍軍縮条約

④1922年締結の［ 7 ］は米・英・日・仏・伊・蘭・ポルトガル・ベルギー・中国が結んだもので，中国の主権尊重・門戸開放・機会均等・領土保全を約束した。これにともない［ 8 ］は廃棄された。このとき日中間で［ 9 ］懸案解決条約が結ばれ，［ 9 ］省の旧ドイツ権益を返還することになった。

7 九カ国条約
8 石井・ランシング協定
9 山東

テーマ24 大正デモクラシーと護憲三派内閣

基礎用語を確認！

大正デモクラシー

①大正時代の自由主義的・民主主義的風潮や，普通選挙や政党政治を求める運動を大正デモクラシーという。それを理論的に支えたのは，［ 1 ］と［ 2 ］だった。

1 民本主義
2 天皇機関説
3 吉野作造

②［ 3 ］がとなえた［1］は，国体が君主制であるか共和制であるかを問わず，国民の利益と福祉を目的とする政治をおこなうべきだという考えであった。大日本帝国憲法を前提に，主権在君の原則のなかで民主主義の実現をはかったのである。［3］は1916年，総合雑誌『［ 4 ］』に「憲政の本義を説いて其有終の美を済すの途を論ず」と題する論文を発表した。

4 中央公論

③［3］らの知識人が［ 5 ］を組織すると，［3］の指導のもとで東大の学生たちは［ 6 ］をつくった。

▌ 5 の設立には社会政策学派の経済学者福田徳三も参加した。

5 黎明会
6 （東大）新人会

旧石器～弥生 古墳 飛鳥 奈良 平安 鎌倉 室町 安土桃山 江戸 明治 大正 昭和 平成

7 美濃部達吉

8 上杉慎吉

④ 7 の 2 は国家法人説ともよばれ，天皇には万能無制限な権力が認められているわけではなく，法人としての国家に主権があるとする憲法学説であった。大正期には天皇主権説をとなえた 8 と論争をおこなった。

> 7 の代表的著書に『憲法撮要』があるが，すでに1912年に『憲法講話』を著して第一次護憲運動に影響をあたえていた。

大正時代の社会運動

1 鈴木文治
2 友愛会
3 日本労働総同盟

① 労働運動では，1912年に 1 が結成した 2 は1919年には大日本労働総同盟友愛会，さらに1921年には 3 と，労働組合の全国組織に発展した。この間，労資協調主義から階級闘争主義に方針を転換し，各地の労働争議を指導した。また1920年には初のメーデーがおこなわれた。

> 3 から1925年に除名された左派により，日本労働組合評議会が結成された。
> 1920年には『溶鉱炉の火は消えたり』で知られた八幡製鉄所争議がおこり，1921年には神戸で三菱・川崎造船所争議がおこった。

4 日本農民組合
5 賀川豊彦

② 農民運動では，小作料の引き下げを求める小作争議が頻発し，1922年に 4 が結成された。これは最初の小作人組合の全国組織で，著書に『死線を越えて』がある 5 と杉山元治郎らが中心となった。これに対して政府は1924年，小作争議を話し合いで解決する目的で小作調停法を制定した。

6 平塚らいてう（明）
7 青鞜

③ 婦人運動は1911年に 6 らによって結成された文学者団体の 7 社にはじまった。6 は雑誌『 7 』の創刊号の冒頭に「元始，女性は実に太陽であった。」と書いた。

8 市川房枝
9 新婦人協会
10 治安警察法

④ 1920年に 6・8 らによって結成された 9 は，女性の政治活動禁止を定めた 10 第5条の撤廃を要求した。その結果1922年に女性の集会参加のみが議会で認められ，1924年に 8 を中心とする婦人参政権獲得期成同盟会に発展した。

> 戦後，主婦連初代会長となった奥むめおも 9 に参加した。
> 女性の経済的独立を主張する与謝野晶子と国家による母性保護を求

めるを軸に「母性保護論争」が『婦人公論』誌などで展開された。

⑤社会主義者の活動も再開され，1920年に日本社会主義同盟が結成された。翌年には婦人団体の 11 が， 12 （戦後，最初の労働省婦人少年局長となる）や伊藤野枝らによって結成された。さらに1922年には，国際共産党いわゆるコミンテルンの指導で，堺利彦・山川均らが非合法で 13 を結成した。

11 の設立世話人は堺真柄であった。

11 赤瀾会
12 山川菊栄
13 日本共産党

⑥労働者や貧農などを代表する無産政党が結成された。1925年には農民労働党が結成されたが即日結社禁止となり，1926年に 14 が結成された。しかし同年，中間派と右派が分裂・離脱し，中間派は日本労農党，右派は社会民衆党を結成した。

日本労農党所属の浅沼稲次郎は，1960年社会党委員長のときに少年に刺殺された。社会民衆党所属の安部磯雄はキリスト教社会主義者で，早大野球部の創立者であった。3党分裂後の 14 の委員長には大山郁夫が就いた。

14 労働農民党

⑦1922年，被差別部落の人々が部落解放運動に立ちあがり， 15 が結成された。創立の中心となった西光万吉は「水平社宣言」を起草した。

15 全国水平社

関東大震災

①1923年，加藤友三郎首相が病死すると， 1 内閣の組閣中に 2 が発生した。内閣は戒厳令をだして治安維持をはかった。震災後の東京の復興計画は，内相後藤新平が帝都復興院総裁となってすすめられた。

1 第2次山本権兵衛内閣
2 関東大震災

②2 の混乱のなかで，労働運動指導者が官憲によって殺害された亀戸事件や，無政府主義者の 3 とその妻伊藤野枝らが甘粕正彦憲兵大尉によって殺害された甘粕事件がおこった。

官憲や住民が組織した自警団によって，数千人の在日朝鮮人らが殺害された。

3 は荒畑寒村らとともに1912年に雑誌『近代思想』を創刊した。

3 大杉栄

③ [2] の被害は震災恐慌をひきおこした。震災手形を抱える銀行の経営が悪化したため，蔵相井上準之助は1カ月間の支払猶予令（モラトリアム）を発し，さらに震災手形割引損失補償令によって日本銀行に特別融資をさせた。

> 政府は日本銀行が手形を再割引することを認め，銀行の救済をはかった。

4 虎の門事件
5 第２次山本権兵衛内閣

④ 1923年末，無政府主義者の難波大助が，摂政宮裕仁親王（のちの昭和天皇）を狙撃した。摂政宮はあやうく難をのがれたが，この [4] 事件の責任をとって [5] 内閣は総辞職した。

第二次護憲運動と護憲三派内閣

1 清浦奎吾内閣
2 憲政会
3 加藤高明
4 立憲政友会
5 革新倶楽部
6 政友本党

① 貴族院を中心とする超然主義の [1] 内閣が成立すると，護憲三派とよばれた [2] （総裁 [3] ）・ [4] （総裁高橋是清）・ [5] （総裁犬養毅）の３党が第二次護憲運動をおこした。[1] 内閣は，[4] から分裂して結成された [6] （総裁床次竹二郎）を味方につけて総選挙をおこなったが，護憲三派に敗れて退陣した。

7 憲政会
8 加藤高明
9 憲政の常道
10 五・一五事件

② 総選挙で第一党となった [7] の [8] が，３党連立の護憲三派内閣を組織した。これ以後，衆議院の多数党が政権を担当する「 [9] 」がはじまり，[10] 事件まで８年間続いた。

> [5] が1925年に立憲政友会に合流すると，３党の連立は崩れ，[7] 単独内閣になった。このとき [4] は総裁に田中義一を迎えた。

11 幣原喜重郎

③ [8] 内閣は外務大臣に [11] を迎え，中国に対する露骨な内政干渉をひかえる協調外交をすすめた。ロシア革命以後，日本とソ連の国交はとだえていたが，1925年日ソ基本条約を締結して国交を樹立した。

12 1925年
13 国体の変革
14 私有財産制度
15 治安維持法
16 25歳
17 男性
18 普通選挙法

④ [12] 年，[8] 内閣は，[13] や [14] 制度の否認を目的とする結社を禁止する [15] を制定した。同年，満 [16] 歳以上の [17] がすべて選挙できる [18] を制定した。これにより総人口の約20%が選挙権をもつこととなり，選挙区制度は中選挙区制

となった。

15 が最初に適用された事件は京都学連事件である。

18 により有権者数はそれまでの約４倍の約1,240万人となった。

⑤ 8 内閣では，陸相宇垣一成（うがきかずしげ）のもとで４個師団が削減された。これを宇垣軍縮とよぶ。

旧石器～弥生 古墳 飛鳥 奈良 平安 鎌倉 室町 安土桃山 江戸 明治 大正 昭和 平成

第9章 近代(3)

時代の流れを確認しよう

テーマ25 恐慌と軍部の台頭

▪ リットン調査団

ひとことでいうと

昭和恐慌に苦しむなか軍部は満州事変をおこし，五・一五事件で政党政治を終わらせます。二・二六事件後はいっそう力を強めました。続く日中戦争は長期戦となり，戦争終結の見通しを失います。

二・二六事件のとき，陛下を慕っている皇道派を処罰したのはどうしてですか？

昭和天皇

軍の上層部には『やんちゃな若者のしたことだから大目に見てやろう』なんて言うヤツもおったが，軍を統べるのは大元帥である私なのだ。勝手な行動を見逃すわけにはいかん！

▶動画で詳しく！

テーマ26 第二次世界大戦

ひとことでいうと

第二次世界大戦でのドイツの快進撃に刺激され，アメリカを仮想敵国とする日独伊三国同盟を結びます。日米関係の悪化からはじまった太平洋戦争は各地に甚大な被害をあたえ，日本は敗北します。

▶動画で詳しく！

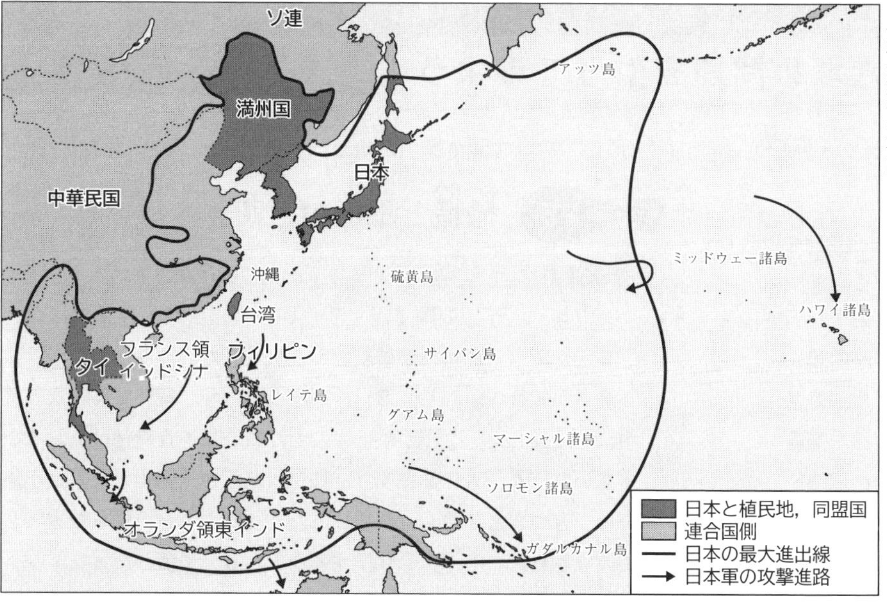

■太平洋戦争の要図

テーマ27 近代の文化

ひとことでいうと

欧米(おうべい)の影響を受けて，思想や教育をはじめ美術・文学にいたるまで大きな変化がおこります。来日した宣教師(せんきょうし)や御雇(おやとい)外国人の活躍も目立ちました。

咸臨丸(かんりんまる)でアメリカに行ったそうですね？

あれは衝撃だった。アメリカ人は出自にこだわらないんだ。辞書を買って急いで英語を勉強したよ。そのあと幕府(ばくふ)に頼まれて2回も欧米に行ったな。

福沢諭吉(ふくざわゆきち)

文化	特徴・文化財
明治文化	・西洋文明の移植による近代化 ・国民自身による近代文化の発展 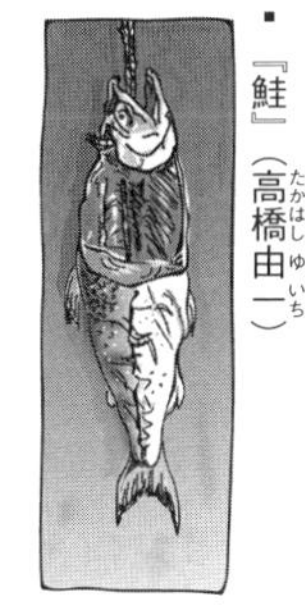 ■『鮭』（高橋由一(たかはしゆいち)）
大正・昭和初期の文化	・都市化と工業化の進展 ・大衆文化の誕生  ■『キング』創刊号の表紙

▶動画で詳しく！

穴埋め問題をやってみよう

➜ 本文の空欄は基礎用語（レベル１），赤字は発展用語（レベル２）です。レベルに応じて学習しよう！

基礎用語を確認！

1 第１次若槻礼次郎内閣
2 片岡直温
3 鈴木商店
4 台湾銀行
5 金融恐慌
6 枢密院
7 緊急勅令
8 憲政会
9 田中義一内閣
10 モラトリアム
11〜15 三井・三菱・第一・住友・安田（順不同）

テーマ25 恐慌と軍部の台頭

金融恐慌

① 1927年，［ 1 ］内閣で震災手形善後処理法案の審議中に蔵相［ 2 ］が東京渡辺銀行が破綻したと失言した。これをきっかけに預金者が銀行に殺到し，取付け騒ぎとなった。続いて第一次大戦中に急成長した［ 3 ］が破綻すると，これに不良貸付けをおこなっていた［ 4 ］も休業に陥り，取付け騒ぎが全国化した。中小銀行はつぎつぎと休業し，華族にあたえられた金禄公債を資本として設立された十五銀行も休業するなど［ 5 ］恐慌となった。

② ［ 1 ］内閣は［ 6 ］に［ 4 ］救済の［ 7 ］を求めたが，［ 6 ］に拒否され内閣は総辞職に追いこまれた。これは［ 6 ］の伊東巳代治が与党［ 8 ］の進める幣原外交に反対していたためであった。

③ ［ 1 ］内閣にかわって成立した［ 9 ］内閣は，立憲政友会を与党とし，積極（強硬）外交をとなえた。蔵相高橋是清は３週間の支払猶予令（［ 10 ］）を緊急勅令で発し，さらに日本銀行からの非常貸出しをおこなって銀行の救済をはかった。こうして恐慌はしずまったが，［ 11 ］・［ 12 ］・［ 13 ］・［ 14 ］・［ 15 ］の五大銀行に預金が集中し，政党と財閥の結びつきが強まった。

> 1876年に設立された日本最初の普通銀行は三井銀行である。
> 立憲政友会と三井，憲政会（立憲民政党）と三菱のつながりが強まった。

1 田中義一内閣
2 1928年
3 普通選挙
4 三・一五事件

普選実施

① ［ 1 ］内閣が［ 2 ］年に［ 3 ］をはじめて実施すると，無産政党員が８名当選し，日本共産党が公然と活動を開始した。内閣は同年の［ 4 ］事件と1929年の四・一六事件で共産党員を大量検挙した。

②社会主義勢力の高まりに対して［1］内閣は，［5］年，緊急勅令で［6］を改正して最高刑を懲役10年から［7］に引き上げた。同年，思想弾圧のための特別高等警察（特高）を全国化した。労働農民党から当選した山本宣治は［6］改正に反対し，右翼に刺殺された。［6］は1941年に第２次近衛文麿内閣でも改正され，再犯予防のため予防拘禁制が付け加えられた。

5 1928年
6 治安維持法
7 死刑

田中義一の積極外交

①孫文のあとをついだ［1］が1926年にはじめた北伐に対し，憲政会を与党とする［2］内閣の［3］外相は不干渉政策をとり続けた。このため枢密院や政友会などから軟弱外交と非難された。

1 蔣介石
2 第１次若槻礼次郎内閣
3 幣原喜重郎

②積極（強硬）外交に転換した［4］内閣は，山東省の日本人居留民の保護を名目として［5］をおこない，北伐の阻止をはかった。1928年には国民革命軍と武力衝突をひきおこした。これを［6］という。

4 田中義一内閣
5 山東出兵
6 済南事件

③［4］内閣は1927年に［7］をひらいて「対支政策綱領」を決定し，日本の権益を守るために中国に対して強硬方針でのぞむことを表明した。そのいっぽうで欧米とは協調路線を継続し，ジュネーヴ軍縮会議に参加したが，補助艦制限の交渉は決裂に終わった。

7 東方会議

④1928年，パリで［8］が締結された。日本もこれに調印したが，「人民ノ名ニ於テ」国際紛争解決の手段としての戦争を放棄するとしたため，明治憲法に抵触すると問題にされた。

［8］に調印した日本全権は内田康哉であった。

8 不戦条約

⑤1928年，関東軍の参謀河本大作らは，満州軍閥の［9］を奉天郊外で爆殺し，混乱に乗じて満州の占領をはかったが失敗した。この［10］事件の真相は秘密にされ，満州某重大事件と報じられたが，天皇の不信をかって［11］内閣は総辞職した。

関東軍司令部は当初旅順におかれた。

［9］の爆死後，子の張学良が国民政府の指揮下に入ったため北伐は終了した。

9 張作霖
10 張作霖爆殺事件
11 田中義一内閣

昭和恐慌

1 寺内正毅(てらうちまさたけ)内閣
2 1917年
3 金輸出禁止

①第一次世界大戦中，【1】内閣はアメリカにならって【2】年に金兌換を停止し，【3】をおこなった。これにより金本位制は停止され，外国為替相場(かわせそうば)は不安定となり，やがて輸出不振に陥った。

4 立憲民政党
5 浜口雄幸(はまぐちおさち)内閣
6 井上準之助(いのうえじゅんのすけ)
7 緊縮財政
8 1930年
9 金輸出解禁(かいきん)（金解禁）

②【4】を与党とする【5】内閣は，蔵相に【6】を起用してデフレ政策をとった。物価引き下げをはかる【7】と，国際競争力の強化をはかる産業合理化をすすめ，【8】年1月，旧平価(へいか)の100円＝約50ドルで【9】を断行した。しかしこれは円の切り上げとなり，円高不況をまねいた。

> 1927年に憲政会は政友本党と合流して【4】にかわった。
> 【6】の前職は日本銀行総裁であった。

10 昭和恐慌

③すでに1929年10月のアメリカのニューヨーク株式相場の暴落が，世界恐慌に発展していた。そのなかで【9】をおこなったため，二重の打撃となって日本経済は【10】に陥った。

11 浜口雄幸内閣
12 重要産業統制法

④恐慌により輸入超過となって正貨が流出し，失業者は増大した。アメリカ向けの生糸の輸出は激減し，繭価が下落，米価などの農産物価格も下落して農業恐慌となった。小作争議・労働争議の件数は激増し，政党や財閥を攻撃する声が高まった。【11】内閣は1931年，【12】を制定してカルテルの結成を促進した。

> 【10】下でおこった労働争議に鐘淵紡績(かねがふちぼうせき)争議がある。
> 金輸出再禁止後の円安を見越して財閥(ざいばつ)が円売り・ドル買いをおこなったため，正貨流出に拍車をかけた。
> 1930年は米価が暴落し，いわゆる「豊作飢饉(ほうさくききん)」をひきおこした。翌年は東北・北海道を中心に大凶作となった。しかし，植民地米が移入されていたため米価は高騰せず，欠食(けっしょく)児童や女子の身売り(みうり)が続出した。

ロンドン海軍軍縮会議

1 浜口雄幸
2 幣原喜重郎

①1929年に成立した【1】内閣は，外相に【2】を起用して協調外交をすすめた。1930年には日中関係の改善をはかり，中国の関税自主権を認める日中関税協定を結んだ。

②1930年, [3]会議がひらかれた。日本からは首席全権若槻礼次郎らが出席し, 日本の補助艦保有量を対米英約７割とする[3]条約が調印された。しかしこの内容に不満をもつ海軍軍令部らの反対をおしきっての調印は[4]をひきおこした。

> 会議には海相財部彪らも出席した。条約では主力艦の建造停止を1936年までに延長することも定められた。
> 兵力量の決定は憲法12条の編制大権に含まれ, 内閣の補弼事項であったが, 海軍はこれを憲法11条の統帥権に含まれるとし, 海軍軍令部の同意が必要であると主張した。

3 ロンドン海軍軍縮

4 統帥権干犯問題

③軍令部長加藤寛治を中心に野党の立憲政友会・軍部・右翼らが内閣をはげしく攻撃するなか, 政府は枢密院の同意をとりつけて条約の批准に成功した。しかし1930年, [1]首相は右翼青年に狙撃され, 翌年死亡した。

④1931年, 陸軍青年将校の秘密結社桜会が, [5]内閣を倒して宇垣一成内閣の樹立をはかるクーデタを計画し, 未発に終わった。これを三月事件という。さらに満州事変に呼応して, 荒木貞夫内閣の樹立をはかるクーデタ未遂事件の十月事件もおこった。

> ２つの事件は橋本欣五郎率いる桜会と民間右翼の大川周明が提携して計画された。

5 浜口雄幸内閣

満州事変

①[1]年９月18日,「世界最終戦論」をとなえる関東軍参謀[2]らが[3]郊外の[4]で満鉄の線路を爆破した。関東軍はこれを中国軍のしわざとして軍事行動を開始し, [5]がはじまった。協調外交をすすめる立憲民政党の[6]内閣は不拡大方針をとったが, 関東軍は無視して戦線を拡大していった。

> [4]事件の直前には, 朝鮮人農民と中国人農民が長春郊外で衝突した万宝山事件がおこった。
> [4]事件の中心人物のひとりである関東軍参謀板垣征四郎は, 終戦後, A級戦犯に指名され, 東京裁判で絞首刑になった。
> 関東軍は奉天・吉林・黒龍江の東三省, のちには熱河省も占領した。
> [4]事件から敗戦までの一連の戦争を十五年戦争という。

1 1931年
2 石原莞爾
3 奉天
4 柳条湖
5 満州事変
6 第２次若槻礼次郎内閣

旧石器〜弥生 古墳 飛鳥 奈良 平安 鎌倉 室町 安土桃山 江戸 明治 大正 昭和 平成

7 犬養毅内閣
8 上海事変
9 満州国

②軍部をおさえられない 6 内閣は，閣内不一致のため総辞職し，立憲政友会を与党とする 7 内閣にかわった。1932年にはいると軍部は列国の批判の目をそらすためもあって第１次 8 をおこし，さらに 9 を建国した。これは清朝最後の皇帝の溥儀を執政にたてた傀儡国家であった。

9 は首都を新京とし，スローガンに「王道楽土・五族協和」をかかげ，日本・朝鮮・満州・蒙古・漢民族の協和をうたった。

10 井上日召
11 血盟団
12 井上準之助
13 団琢磨

③1932年，国家主義者 10 がひきいる右翼団体の 11 員が，前蔵相 12 と三井合名会社理事長 13 を暗殺する 11 事件がおこった。

14 犬養毅
15 五・一五事件
16 憲政の常道

④立憲政友会を与党とする 14 内閣が満州国の承認に反対すると，海軍青年将校らは1932年５月15日に首相官邸で 14 首相を射殺した。この 15 事件によって「 16 」といわれる政党内閣は８年間で終わった。

15 事件には農本主義者橘孝三郎を中心とする右翼団体愛郷塾なども加わっていた。

国連脱退

1 斎藤実

①五・一五事件後，元老西園寺公望は穏健的な海軍大将の 1 を後継首相に推薦した。 1 首相は，立憲政友会や立憲民政党に各界の人物で構成された挙国一致内閣を組織した。

1 内閣の外務大臣は，はじめ内田康哉であった。

2 リットン
3 日満議定書

②満州事変勃発後，中国が国際連盟に訴えると 2 調査団が派遣された。これに対して 1 内閣は1932年に満州国との間に 3 をとりかわし，正式に満州国を承認した。

2 はイギリス人であった。
満州国承認に反対して対日ゲリラが撫順炭鉱を襲撃すると，日本軍は近村の住民約3,000人を虐殺した。これを平頂山事件という。

4 1933年

③ 4 年，国際連盟の臨時総会がジュネーヴでひらかれ，日本軍の満鉄付属地への撤兵を求める勧告案が提出された。これが日本

をのぞく42カ国の賛成で採択されると，日本全権［5］らは退場し，［1］内閣は国際連盟に脱退を通告した。　5 松岡洋右

▌国連脱退通告が発効したのは1935年であった。

④満州事変は1933年に中国との間に［6］が結ばれて終了したが，軍部はさらに華北地域を支配下におこうとして華北分離工作をすすめた。1935年には冀東地区防共自治政府などの傀儡政権を成立させた。　6 塘沽停戦協定

⑤［7］内閣は1934年にワシントン海軍軍縮条約の廃棄通告をし，［8］内閣の1936年にはワシントン・ロンドン両条約が失効した。　7 岡田啓介内閣　8 広田弘毅内閣

高橋財政

①1931年12月に［1］内閣が成立すると，蔵相［2］はただちに金兌換を停止して［3］をおこなった。これにより日本は金本位制を離脱して［4］に移行した。　1 犬養毅内閣　2 高橋是清　3 金輸出再禁止　4 管理通貨制度

▌［4］は1942年の日本銀行法で恒久的に制度化された。

②［2］蔵相は日本銀行の引受けによる赤字公債を発行し，満州事変のための軍事費を増やすインフレ政策（積極財政）をとった。このため円為替相場は下落し，円安となって輸出は増大した。なかでも［5］の輸出額は1933年にイギリスを抜いて世界１位となり，イギリスから「ソーシャル＝ダンピング」と非難された。　5 綿織物

▌イギリスは本国と属領の間で排他的なブロック経済圏を形成し，アメリカはフランクリン＝ローズヴェルト大統領がニュー・ディール政策をとった。

③1933年ごろには工業生産額は恐慌以前の水準を回復し，重化学工業生産額が軽工業生産額を超えた。鉄鋼業では八幡製鉄所を中心に大合同がおこなわれ，半官半民の［6］がうまれた。　6 日本製鉄会社

④軍部と結びついた新興財閥が急成長をとげた。［7］は日産コンツェルンを結成し，野口遵は日窒コンツェルンを結成した。　7 鮎川義介

旧石器～弥生　古墳　飛鳥　奈良　平安　鎌倉　室町　安土桃山　江戸　明治　大正　昭和　平成

新興財閥にはほかに，大河内正敏の理研コンツェルン，中野友礼の日曹コンツェルン，森コンツェルンなどがある。

日産は満州重工業開発会社を母体に満州に進出した。日窒は日本窒素肥料会社を母体に朝鮮に進出した。

⑤政府に農村の救済を求める農村救済請願運動が全国的に盛り上がると，政府は農村対策として時局匡救費を計上し，公共土木事業に農民を就労させる時局匡救事業をはじめた。このいっぽうで政府は［ 8 ］運動を推進し，自力更生・隣保共助をスローガンに産業組合を中心とした農民の組織化をはかった。また満州への移民も計画された。

8 農山漁村経済更生運動

⑥高橋是清蔵相が殺害された後に［ 9 ］内閣の蔵相となった馬場鍈一は，大軍備拡張予算を編成した。

9 広田弘毅内閣

学問・思想の弾圧

①ナショナリズムの高揚は無産政党にも及び，1932年には社会民衆党を脱党した赤松克麿を中心に日本国家社会党が結成された。のこったグループは合同して，当時最大の無産政党となる社会大衆党を結成した。

斎藤実内閣の時に共産党幹部の佐野学・鍋山貞親が，天皇制を認める民族社会主義への転向を獄中から声明した。

②文部省は1933年，京都帝国大学教授の［ 1 ］がとなえる自由主義的な刑法学説を「国体に反する」として休職処分にした。これを［ 2 ］事件という。当時の文相は立憲政友会の鳩山一郎だった。

このとき［1］の著書『刑法読本』などが発禁処分となった。

1934年に株式売買をめぐる疑獄事件の帝人事件がおこると，斎藤実内閣は総辞職した。

1 滝川幸辰

2 滝川事件

③1935年には，貴族院議員の［ 3 ］のとなえる［ 4 ］が，天皇を侮辱するものとして貴族院で菊池武夫議員から攻撃された。［ 5 ］内閣は［4］を否定する［ 6 ］をだし，［3］は議員辞職に追いこまれた。

3 美濃部達吉

4 天皇機関説

5 岡田啓介内閣

6 国体明徴声明

このとき 3 の著書『憲法撮要』などは発禁処分となった。
出口なおを教祖とする大本教は教派神道に属さず，不敬罪や治安維持法により弾圧された。

二・二六事件

①陸軍内部で，天皇親政による急進的な国家改造をめざす皇道派と合法的な国家改造をめざす統制派が対立した。皇道派の真崎甚三郎が陸軍教育総監を罷免されると，同派の相沢三郎が統制派の軍務局長永田鉄山を斬殺するなど，両派は抗争をくり返した。

皇道派の中心的軍人には荒木貞夫もいた。
1934年，陸軍は『国防の本義と其強化の提唱』（陸軍パンフレット）を作成し，公然と国家のありかたを論じた。

②1936年2月26日，[1]の思想的影響を受けた皇道派青年将校らがクーデタをおこした。彼らは斎藤実内大臣・[2]蔵相・渡辺錠太郎陸軍教育総監らを殺害し，首相官邸などを占拠したが，戒厳令がしかれて天皇から反乱軍とされ，鎮圧された。[3]内閣はこれを機に退陣した。

この事件では，3 首相と元内大臣の牧野伸顕は難をのがれ，鈴木貫太郎侍従長は重傷を負った。

③[4]事件の主謀者として銃殺刑となった 1 は国家社会主義者で，著書『日本改造法案大綱』で天皇大権の発動による国家改造を説いた。

1 は1919年に大川周明らとともに右翼団体の猶存社を結成した。

④ 4 事件後，前外相の[5]が後継首相になると，軍部は組閣に干渉し，[6]を復活させた。軍部が「帝国国防方針」を改定すると，五相会議で「国策の基準」を決定した。

政友会代議士浜田国松の軍部批判に対し，陸軍大臣寺内寿一が反発して腹切り問答がおこり，これをきっかけに 5 内閣は総辞職した。

⑤[5]内閣の総辞職後，元老の西園寺公望は陸軍の穏健派宇垣一成を後継首相に推薦したが，反発した陸軍は陸相を推挙せず，

1 北一輝
2 高橋是清
3 岡田啓介
4 二・二六事件
5 広田弘毅
6 軍部大臣現役武官制

7 林銑十郎（はやしせんじゅうろう）

6 を利用して組閣を阻んだ。かわりに陸軍大将の 7 が組閣し「軍財抱合」をはかった。

日中戦争

1 西安（せいあん）（シーアン）

①1936年，1 で共産党と戦っていた張学良は，督励（とくれい）にきた蔣介石を監禁し，内戦の停止と抗日政策への転換を要求した。この 1 事件をきっかけに国民党と共産党は提携に向かった。

2 盧溝橋事件（ろこうきょう）
3 第１次近衛文麿内閣
4 上海事変
5 南京（ナンキン）

②1937年7月7日，日中両軍が北京（ペキン）郊外で衝突する 2 がおきた。3 内閣は最初不拡大方針を声明したもののすぐに派兵を決定した。戦闘は第２次 4 がおこると南に広がった。いっぽう中国は第２次国共合作を成立させて，抗日民族統一戦線を結成して戦った。同年末に日本軍が首都 5 を占領すると，国民政府は首都を重慶（じゅうけい）に移して抗戦を続けた。

> 3 内閣の外相は広田弘毅だった。
>
> 正式に中国に宣戦布告をしていなかったため，当時は日中戦争を「支那（しな）事変」とよんだ。
>
> 日本軍は，1937年に 5 を占領するにあたって中国軍人や民衆を多数虐殺した。これを 5 事件という。

6 近衛声明
7 国民政府
8 東亜新秩序（とうあ）

③ドイツ駐華大使トラウトマンによる日中和平工作がすすめられていたが，1938年，近衛首相は第一次 6 を発し，「7 を対手とせず」と言って自ら和平の道をとざした。しかし，勝利への見通しがたたなくなると第二次 6 を発し，戦争の目的は日・満・華による「8」建設にあると一転した。

9 汪兆銘（おうちょうめい）
10 米内光政（よないみつまさ）内閣

④3 内閣は国民政府の切りくずしをはかって 7 の要人 9 を重慶から脱出させた。10 内閣の1940年，9 に南京政府を樹立させたが戦争は終結できなかった。また，立憲民政党の斎藤隆夫（さいとうたかお）は反軍演説をおこない議員を除名された。

> 近衛文麿のブレーンらによって組織された私的な政策検討グループに昭和研究会があった。

戦時統制

①日中戦争がはじまると，[1]内閣は国民に戦争協力を求めて[2]運動を展開した。思想教化のテキストとして，文部省発行の『[3]』がもちいられた。

②[1]内閣は戦争のための経済統制もおこない，貿易統制のための輸出入品等臨時措置法や，軍需産業に優先的に融資するための[4]などを制定し，物資動員計画を作成する[5]を設置した。

> 1941年には文部省教学局から『臣民の道（しんみんのみち）』も刊行された。
> 1918年に制定された軍需工業動員法は日中戦争に適用された。

③[1]内閣は1938年，[5]が立案した[6]を制定した。これは戦争に必要な人的・物的資源を動員するための勅令を，議会の承認なしでだせるようにしたものだった。これにより議会は形骸化した。同じ議会で電力国家管理法も可決され，私企業に対する国家統制が強まった。

> [5]を拠点として，政府による介入や統制を重視した経済政策を推進した官僚を革新官僚とよぶ。[5]は東条英機（とうじょうひでき）内閣で1943年に商工省と統合されて軍需省となった。

④[6]にもとづいて1939年にだされた勅令として，[7]内閣がだした，業種別に初任給を公定した賃金統制令と強制的に軍需産業に動員する[8]がある。[9]内閣では公定価格制を導入した[10]と小作料を制限する小作料統制令がだされた。

⑤労働組合も戦争に協力するようになり，1938年から各職場に労資協調をとなえる産業報国会（ほうこくかい）が結成されていった。その全国組織が1940年結成の[11]である。労働組合はすべて解散させられた。

⑥1940年から，農村では政府が強制的に米を買い上げる供出制（きょうしゅつせい）がはじまり，砂糖・マッチは切符制（きっぷせい）となって購入の際には切符が必要となった。翌年，米は配給制（はいきゅうせい）となり米穀配給通帳で管理された。1942年には米穀の確保を目的に[12]法が制定され，[12]制度がはじまった。

1 第1次近衛文麿内閣
2 国民精神総動員運動
3 国体の本義（ほんぎ）
4 臨時資金調整法
5 企画院（きかくいん）
6 国家総動員法
7 平沼騏一郎（ひらぬまきいちろう）内閣
8 国民徴用令（ちょうよう）
9 阿部信行（あべのぶゆき）内閣
10 価格等統制令
11 大日本産業報国会
12 食糧管理

旧石器～弥生 古墳 飛鳥 奈良 平安 鎌倉 室町 安土桃山 江戸 明治 大正 昭和 平成

1939年，米麦等の集荷買い入れ売り渡しを政府がおこなうために米穀配給統制法が公布された。

1940年，ぜいたく品の製造や販売を禁止する七・七禁令がだされ，1941年には生活必需物資統制令が公布されて，切符制は日用品全般に及んだ。

学問・思想統制の強化

1 矢内原忠雄（やないはらただお）
2 矢内原事件

①1937年には植民地政策の研究者であった［1］の論文「国家の理想」が右翼から攻撃され，東京帝国大学教授を追われる［2］事件がおこった。［1］の主著に『帝国主義下の台湾』がある。

1937年から翌年にかけて，第１次人民戦線事件では山川均や，戦後に日本社会党の最高指導者となる鈴木茂三郎（すずきもさぶろう）が検挙され，第２次人民戦線事件では，労農派の指導者で東大教授の大内兵衛（おおうちひょうえ）や，東大助教授の有沢広巳（ありさわひろみ），美濃部亮吉（りょうきち）らが検挙された。

3 津田左右吉（つだそうきち）

②1938年，自由主義的経済学者河合栄治郎（かわいえいじろう）の著書『ファシズム批判』が発禁となり，翌年，河合栄治郎は東大を休職となった。ついで歴史学者［3］の古代史研究が天皇家の尊厳を侵すものとして早大を追われ，主著『神代史（しんだいし）の研究』などが発禁となった。

1940年，国家的情報・宣伝活動と言論や報道の取り締まりをおこなう内閣情報局が設置された。

テーマ26 第二次世界大戦

基礎用語を確認！

第二次世界大戦

1 広田弘毅（ひろたこうき）内閣
2 日独防共協定
3 第１次近衛文麿（このえふみまろ）内閣

①［1］内閣で，ソ連への対抗と共産主義防止をはかる［2］が結ばれ，翌1937年，［3］内閣の時に日独伊防共協定に発展した。

4 ノモンハン事件

②日中戦争が続くなか，日本軍はソ連軍とも戦闘し敗れた。1938年のソ連・満州（まんしゅう）国境でおこった張鼓峰（ちょうこほう）事件と，翌年の満州・蒙古（もうこ）国境でおこった［4］である。

5 独ソ不可侵（ふかしん）条約

③1939年，ドイツはソ連と［5］を締結し，ポーランドに侵入した。ポーランドと同盟を結んでいたイギリス・フランスはドイツ

に対して宣戦布告をし，第二次世界大戦がはじまった。

④ 5 の締結が 4 のさなかであったため， 6 内閣は驚き，「欧州の天地は複雑怪奇」と言って総辞職した。つぎの 7 内閣とそのあとの 8 内閣は，第二次世界大戦に対して不介入方針をとった。

▌ 6 は1924年に国家主義団体の国本社（こくほんしゃ）を組織し，総裁となった。

6 平沼騏一郎（ひらぬまきいちろう）
7 阿部信行（あべのぶゆき）内閣
8 米内光政（よないみつまさ）内閣

新体制運動

① 中国侵略を続ける日本に対しアメリカは，1939年に 1 の廃棄を通告してきた。 1 は翌年失効し，アメリカは石油・鉄などの軍需物資をいつでも輸出禁止できるようになった。

1 日米通商航海条約

② ドイツの軍事的成功に刺激を受けて， 2 はナチスのような一国一党の政治体制をめざす 3 をはじめた。政党や軍部はこれを支持し，軍部は陸相を単独辞職させて後任をださず，親英米路線の 4 内閣を退陣させた。かわって日独伊の提携強化，南進策を基本方針とする第２次 2 内閣が成立した。

▌第２次 2 内閣は成立直後，大東亜（とうあ）新秩序建設の方針を盛り込んだ基本国策要綱を決定した。

2 近衛文麿
3 新体制運動
4 米内光政内閣

③ 1940年，すべての議会政党が解散し 3 に参加して 5 が発足した。しかし当初めざした政治組織とはならず，首相を総裁，各道府県知事を支部長とする上意下達（じょういかたつ）の組織となった。のちには大日本婦人会など，あらゆる民間団体を傘下におさめた。その末端組織は約10戸でつくられた隣組（となりぐみ）で，政府方針の伝達・物資の配給などの役割を果たした。こうして国民統制のための翼賛（よくさん）体制がととのえられ，日本のファシズム体制が確立した。

▌無産政党の社会大衆党を先頭に議会政党が解散していった。
▌隣組の上に，村では部落会，都市では町内会がおかれた。
▌1940年は神武紀元2600年にあたるとして，各地で盛大な祝賀式典がおこなわれた。

5 大政翼賛会（たいせいよくさんかい）

④ 1942年に 6 内閣がおこなった総選挙は 7 とよばれ，政府

6 東条英機（とうじょうひでき）内閣
7 翼賛選挙

の援助を受けた推薦候補が絶対多数を獲得した。

> このとき翼賛政治体制協議会の推薦を受けずに立候補して当選した人物に鳩山一郎，芦田均，尾崎行雄らがいる。
>
> [7]後に挙国一致的政治結社として翼賛政治会が結成された。

仏印進駐と三国同盟

1 第２次近衛文麿内閣
2 北部仏印進駐

①国民政府の蔣介石は米英ソなどから物資の援助を受けており，その輸送路を援蔣ルートといった。1940年，[1]内閣は，資源の獲得と援蔣ルートの遮断を目的に[2]をおこなった。

> 仏印とはフランス領インドシナのことで，今のベトナムなどにあたる。

3 日独伊三国（軍事）同盟
4 野村吉三郎

②1940年，[1]内閣はアメリカを仮想敵国とする[3]を締結した。これと[2]に反発したアメリカはくず鉄・鉄鋼の対日禁輸をおこなった。悪化した日米関係を調整するため，駐米大使[4]とアメリカ国務長官ハルとの間で，日米交渉が開始された。

5 松岡洋右
6 日ソ中立条約

③1941年，外相[5]は対米交渉を有利に進めるため，ソ連との間に５年間を有効期間とする[6]を結んだ。しかし独ソ戦争がはじまると日本外交は混乱し，御前会議で対ソ戦・南進を方針とする「帝国国策要綱」を決定した。それにもとづき関東軍をソ満国境に集結させて，関東軍特種演習をおこなった。

7 第３次近衛文麿内閣
8 南部仏印進駐
9 対日石油禁輸

④日米交渉の継続をはかる[1]内閣は，強硬論をとる[5]外相を更迭するためにいったん総辞職し，[7]内閣を発足させた。しかし，そのいっぽうで[8]進駐をおこなったため，アメリカは[9]と在米日本資産の凍結措置をとった。

> 対日経済封鎖をおこなった「ＡＢＣＤ包囲陣」の国は，アメリカ・イギリス・中国・オランダである。

太平洋戦争の開戦

1 第３次近衛文麿内閣
2 東条英機

①[1]内閣は1941年９月の御前会議で，対米交渉がまとまらない場合の対米開戦を「帝国国策遂行要領」で決定した。しかし交渉は難航したため[2]陸相が開戦を主張すると，対立した[1]

内閣は総辞職し，かわって内大臣木戸幸一の推薦で 2 内閣が成立した。

②アメリカから 2 内閣に対して 3 が示され，満州事変以前の状態への復帰を要求されると，日本はこれを最後通牒とみなして交渉を断念し，開戦を決定した。

3 ハル＝ノート

> 日米交渉で野村吉三郎をたすけるため，2 内閣は来栖三郎をアメリカに派遣した。
> 3 では，中国・仏印からの全面撤退と日独伊三国同盟の空文化，南京政府と満州国の否認を求められた。

③1941年12月8日，海軍がハワイの真珠湾を奇襲攻撃し，陸軍はマレー半島に奇襲上陸した。そのうえで対米英宣戦布告をおこない，4 がはじまった。

4 太平洋戦争

> 日本の連合艦隊司令長官は山本五十六であった。
> 1942年2月にシンガポールを占領すると，日本軍は抗日分子とみなした中国人数万人を虐殺した。

連合国の反攻

①1942年4月にはじめて本土空襲を受けると，本土防衛のために6月，1 島の攻略をはかって 1 海戦をおこなった。しかしアメリカ軍に大敗し，日本海軍は制海，制空権を失った。

1 ミッドウェー

②日本軍は1943年2月にガダルカナル島から撤退し，1944年にはマリアナ沖海戦でもアメリカ軍に敗れ，2 島が陥落した。この責任を負って 3 内閣は総辞職し，4 内閣が成立した。

2 サイパン島
3 東条英機内閣
4 小磯国昭内閣

> 1943年9月の御前会議で絶対国防圏まで防衛ラインを後退させることにしたが，その一角とされた 2 島が陥落し崩れた。

③連合国は1943年，イタリアを無条件降伏させた後，アメリカ・イギリス・中国の3カ国首脳による 5 会談をひらき，5 宣言を発表した。

5 カイロ

> 5 会談の参加者は，アメリカ大統領フランクリン＝ローズヴェルト，イギリス首相チャーチル，中国政府主席蔣介石であった。

5 宣言では，満州・台湾・澎湖諸島の中国への返還，朝鮮の独立，日本の委任統治領である南洋諸島のはく奪などを求めた。

6 東条英機内閣
④1943年，6 内閣は 5 会談に対抗して，満州国・新国民政府（南京汪兆銘政権）・フィリピン・タイ・ビルマ・自由インドの代表を東京に集めて 7 会議をひらいた。会議では占領地域の結束を誇示する 7 共同宣言が採択された。

7 大東亜

大東亜共栄圏の実像

①欧米による植民地支配からアジアを解放して東アジアの共存共栄をはかろうという「大東亜共栄圏」構想は，太平洋戦争におけるスローガンだったが，侵略を正当化するためのものでもあった。

1 創氏改名（そうしかいめい）

②朝鮮では日本語の強制，姓名を日本式にあらためる 1 ，神社参拝の強制などの皇民化（こうみんか）政策がおこなわれた。

兵力不足を補うために朝鮮と台湾では徴兵制がしかれ，また，朝鮮人女性のなかには従軍慰安婦（じゅうぐんいあんふ）として戦地にだされた人もいた。近年，被害者が日本政府に対して公式謝罪と個人補償を求めている。

③日本国内の労働力を補うため，朝鮮や中国から強制連行した人びとを炭坑や鉱山などで働かせた。

秋田県の鉱山で強制連行された中国人が蜂起し，厳しい弾圧と殺害，処刑がおこなわれた事件を花岡事件（はなおか）という。

国民生活の崩壊

1 国民学校

①1941年，政府は小学校を 1 とあらため，「忠君愛国」の国家主義的教育を推進した。

2 学徒出陣（がくとしゅつじん）

②1943年，徴兵年齢を満20歳より満19歳に引き下げ，在学中の文科系学生を軍に徴集した。これを 2 という。いっぽう未婚女性は地域ごとに女子挺身隊（ていしんたい）に組織され，軍需工場に動員された。

1942年にはそれまでの婦人3団体を結合して大日本婦人会が結成され，20歳以上の女性が強制的に加入させられた。

1943年から労働力不足を補うために，学徒（がくと）（勤労）動員（どういん）によって，中等学校程度以上の学生，生徒も軍需工場に通年動員された。

敗戦

①1944年，サイパン島のマリアナ基地からの本土空襲が本格化すると，同年から学童の集団疎開(そかい)がはじまった。1945年3月10日には 1 がおこなわれ，一夜にして約10万人が焼死した。

1 東京大空襲(だいくうしゅう)

②1944年にアメリカ軍はフィリピンのレイテ島に上陸し，これを占領した。連合艦隊はレイテ沖海戦で大敗し，翌年3月には硫黄島(いおうとう)の日本軍が玉砕(ぎょくさい)した。4月1日にアメリカ軍は 2 に上陸した。 3 は6月まで続き，日本軍以外に10万人以上の県民が死んだ。

3 では男子中学生は鉄血勤皇隊(てっけつきんのうたい)と名づけた戦闘要員に，女学生はひめゆり隊などを編成して看護要員などに動員された。

太平洋戦争・ 3 終了50周年を機に， 3 の全戦没者の追悼の意を表すために全戦没者の名を刻印したモニュメントが平和の礎(いしじ)である。

2 沖縄本島(おきなわほんとう)
3 沖縄戦

③1945年2月，アメリカ・イギリス・ 4 の3カ国首脳が 5 会談をひらき 5 協定を結んだ。このとき秘密協定で， 6 降伏の2～3カ月後に 4 が対日参戦すること，そのひきかえに 4 に 7 ・ 8 を譲渡することが約された。

5 会談の参加者は，米大統領フランクリン＝ローズヴェルト，英首相チャーチル，ソ連共産党書記長スターリンであった。

近衛文麿は1945年2月に戦争終結させることを天皇に上奏(じょうそう)した。近衛上奏文といわれる。

鈴木貫太郎(すずきかんたろう)内閣はソ連を仲介とする終戦工作を試みた。

4 ソ連
5 ヤルタ
6 ドイツ
7・8 南樺太(からふと)・千島(ちしま)列島（順不同）

④1945年7月にドイツの 9 でアメリカ・イギリス・ソ連の3カ国首脳による 9 会談がひらかれた。日本の無条件降伏を勧告する 9 宣言を， 10 ・ 11 ・ 12 の名で発表した。

9 会談の参加者は，米大統領トルーマン，英首相チャーチル（途中からアトリーにかわる），ソ連共産党書記長スターリンであった。

9 宣言では，カイロ宣言の履行，日本の軍国主義の除去・戦争犯罪人の処罰などが求められた。

9 ポツダム
10～12 アメリカ・イギリス・中国（順不同）

13 鈴木貫太郎内閣
14 ポツダム宣言

⑤ [13] 内閣が [14] を黙殺すると，アメリカは8月6日に広島，9日に長崎に原子爆弾を投下した。ソ連も8日に日ソ中立条約を無視して日本に宣戦を布告し，翌日満州・朝鮮に進撃した。この事態を受け，[13]内閣は御前会議で[14]の受諾を決定し，8月15日に天皇がラジオ放送で終戦を国民に知らせた。

ソ連に日本人が捕虜となったことをシベリア抑留(よくりゅう)という。

陸軍は本土決戦を主張していたが，東郷茂徳(とうごうしげのり)外相らは「国体護持(ごじ)」だけを条件に[14]の受諾を主張した。

日本の敗戦を国民に知らせた文書を「終戦の詔勅(しょうちょく)」という。

テーマ27 近代の文化

基礎用語を確認！

1 神仏分離令
2 廃仏毀釈(はいぶつきしゃく)
3 大教宣布の詔(たいきょうせんぷのみことのり)
4 島地黙雷(しまじもくらい)

明治文化〈神道(しんとう)と仏教〉

① 1868年，新政府が神仏混淆(こんこう)を否定する [1] をだすと，各地で寺院や仏像を破壊する [2] の運動がおこった。1870年には [3] を発して神道の国教化を推進した。

1869年に設置された神祇官(じんぎかん)は，1871年に神祇省に格下げされ，1872年にはこれにかわって教部省(きょうぶ)がおかれた。

政府は神社に対する信仰を宗教として扱わず，皇室を中心とする国家神道として保護した。天理教(てんり)などの民衆宗教も，これに従属する教派神道として政府から公認された。

戊辰戦争(ぼしんせんそう)以来の国事のために戦死した者を祀った招魂社(しょうこんしゃ)は，1879年に靖国神社(やすくに)と改称され，以後の戦没者も合祀(ごうし)した。

② 政教分離と信教の自由の立場から神道国教化に反対した浄土真宗(じょうどしんしゅう)の僧侶 [4] は，仏教の復興・再建につとめた。

浄土真宗大谷派の僧侶の清沢満之(きよざわまんし)も精神主義運動を展開して仏教の近代化をはかろうとした。

キリスト教

① 横浜で医療に従事したヘボンはローマ字をつくり，それを用いて辞書『和英語林集成』を編纂(へんさん)した。オランダ人のフルベッキは長崎で英学を教授し，開成学校(かいせい)に勤務し政府顧問となった。

横浜バンドの植村正久(うえむらまさひさ)は牧師でありながら当時の教養人をはじめ多

くの指導者に影響をあたえた。

②ジェーンズは熊本洋学校にまねかれ，彼の教え子たちは熊本バンドとよばれた。その一人海老名弾正（えびなだんじょう）は同志社総長となった。

③ 1 で初代教頭クラークの教えを受けた者たちは札幌バンドとよばれる。その一人 2 は無教会主義を提唱し，キリスト教の立場から 3 への拝礼を拒否して教員の職を追われた。このとき帝国大学教授井上哲次郎（いのうえてつじろう）は論文「教育と宗教の衝突」でキリスト教を激しく糾弾した。同じく札幌バンドの 4 は，英文の著書『武士道』で日本的な道徳観を著した。

矢島楫子（やじまかじこ）らが1886年に矯風会（きょうふうかい）を設立し廃娼（はいしょう）運動や禁酒運動に取り組んだ。日本救世軍を創設した山室軍平（やまむろぐんぺい）も廃娼運動に取り組んだ。

1 札幌農学校
2 内村鑑三（うちむらかんぞう）
3 教育（に関する）勅語（ちょくご）
4 新渡戸稲造（にとべいなぞう）

明治文化〈啓蒙（けいもう）思想〉

①明治初期には， 1 が欧米諸国の実情を紹介した『 2 』や， 3 がスマイルズの『自助論』を訳した『 4 』，西周（にしあまね）の『万国公法』，加藤弘之（かとうひろゆき）の『真政大意』などが刊行され，欧米の制度・思想が紹介された。

3 はミルの『自由論』を訳した『自由之理（ことわり）』も著した。
西周とともに蕃書調所（ばんしょしらべしょ）で翻訳などに従事し，幕末にオランダ留学をした津田真道（つだまみち）は，『泰西国法論（たいせいこくほうろん）』を訳出した。

1 福沢諭吉（ふくざわゆきち）
2 西洋事情
3 中村正直（なかむらまさなお）
4 西国立志編

② 1 の著書には「天は人の上に人を造らず」ではじまる『学問のすゝめ』や，文明進歩の理法を説いた『文明論之概略』もある。

1 は豊前中津藩（ぶぜんなかつ）出身でイギリス流の功利（こうり）主義を主張した。

③ 5 は啓蒙思想の普及をめざし， 1 らによびかけて1873年に 6 を結成した。メンバーに 3 ，西周，加藤弘之，津田真道らがいる。翌年から『明六雑誌（めいろくざっし）』を刊行したが，1875年に讒謗律（ざんぼうりつ）や新聞紙条例が制定されると自ら廃刊した。

5 は薩摩（さつま）藩からイギリスに留学したことがあり，のちに憲法発布の日に暗殺された。
『日本道徳論』の著者である西村茂樹（にしむらしげき）も 6 に参加した。

5 森有礼（もりありのり）
6 明六社（めいろくしゃ）

旧石器~弥生 古墳 飛鳥 奈良 平安 鎌倉 室町 安土桃山 江戸 明治 大正 昭和 平成

7 中江兆民

④「東洋のルソー」とよばれた【7】はフランス流天賦人権主義を主張し，フランス留学時代の友人の西園寺公望がおこした『東洋自由新聞』の主筆を務めた。

8 加藤弘之

⑤ダーウィンの考えを援用した社会進化論の影響を受けた【8】は『人権新説』を著して，それまで主張していた天賦人権論を否認し，国家主義に転じた。

明治文化〈国家主義思想〉

1 徳富蘇峰
2 三宅雪嶺

①明治20年代には国家主義思想が台頭した。平民的欧化主義をとなえて政府による上からの欧化政策に反対していた【1】は，日清戦争を機に国家主義に転じ，海外膨張論をとなえるようになった。国粋（保存）主義をとなえた【2】も，日本の伝統を重んじて，極端な欧化政策を批判した。著書に『真善美日本人』がある。陸羯南は国民主義を，高山樗牛は日本主義をそれぞれとなえた。

【1】は熊本洋学校出身で，著書に日本の歴史を記した『近世日本国民史』がある。1942年には文化人の国策協力団体である大日本言論報国会の会長となった。
高山樗牛は帝大在学中に歴史小説『滝口入道』が懸賞に当選した。

3 民友社
4 国民之友
5 政教社
6 日本人
7 日本

主義	中心人物	団体名	雑誌・新聞
平民主義	徳富蘇峰	【3】	雑誌『【4】』新聞『国民新聞』
国粋保存主義	三宅雪嶺	【5】	雑誌『【6】』
国民主義	陸羯南	−	新聞『【7】』
日本主義	高山樗牛	−	雑誌『太陽』の主幹

【5】のメンバーには『日本風景論』の著者の志賀重昂もいた。

明治文化〈教育〉

1 1872年
2 フランス
3 学制
4 教育令

①明治政府は1871年に文部省を設置し，【1】年には【2】式の教育制度をモデルに，国民皆学の方針をうたう【3】を発布した。しかし，学校の建設費や授業料が住民負担とされたため【3】反対一揆がおきた。そこで1879年，【3】を廃止して【4】を定め，アメリカ式の自由主義的な教育制度にあらためた。

初代文部卿となったのは大木喬任(おおきたかとう)である。

3 の序文として付された太政官(だじょうかん)布告は，一般に「被仰出書(おおせいだされしょ)」とよばれている。3 では全国を8大学区に分け，6歳以上の男女を小学校に通学させることとした。

4 がだされた時の文部大輔は田中不二麿(ふじまろ)だった。自由民権運動が高揚すると 4 は1880年，中央集権的なものに改正された。

② 5 年，6 内閣の初代文部大臣 7 によって，小学校令・中学校令・師範(しはん)学校令・帝国大学令からなる 8 が制定された。義務教育は尋常(じんじょう)小学校の4年間とされた。開成学校などを統合して1877年に設立された東京大学は，このとき帝国大学と改称された。

小学校教員の養成のため1872年に師範学校がもうけられ，1874年には女子のために女子師範学校がもうけられた。

東京大学の初代綜理は加藤弘之であった。

帝国大学は植民地であった朝鮮の京城(けいじょう)や台湾の台北(たいほく)にもおかれた。

5 1886年
6 第1次伊藤博文(いとうひろぶみ)内閣
7 森有礼
8 学校令

③ 9 内閣で 10 年，忠君愛国(ちゅうくんあいこく)の精神を教育の基本とする 11 が発布された。起草者は第2次伊藤博文(いとうひろぶみ)内閣の文相ともなる井上毅(こわし)と，元田永孚(もとだながざね)であった。

天皇・皇后の肖像写真である御真影(ごしんえい)は，11 とあわせて学校行事で重要な位置づけをあたえられた。

9 第1次山県有朋(やまがたありとも)内閣
10 1890年
11 教育（に関する）勅語(ちょくご)

④ 女子の中等教育は1899年公布の高等女学校令で確立され，女性の家庭での役割を強調する良妻賢母(りょうさいけんぼ)主義の教育がおこなわれた。

⑤ 1903年に小学校教科書が検定制から 12 制にかわった。これを 13 制度という。日露(にちろ)戦争後の1907年には義務教育の年数が 14 年に延長され，就学率は97%に達した。

1900年の小学校令改正で義務教育期間の授業料が廃止されると就学率は90%に達した。

12 国定制
13 国定教科書制度
14 6年

⑥ 帝大教授の 15 は1891年に「神道は祭天(さいてん)の古俗(こぞく)」という神道に批判的な論文を発表し，神道家から攻撃され辞職した。1911年

15 久米邦武(くめくにたけ)

16 新島襄

には南北朝正閏問題がおこり，南北朝併立説をとった喜田貞吉が文部省編修官の職を退いた。

南北朝正閏問題により，教科書の記述は南朝正統論に修正された。

⑦明治時代に創設されたおもな私立学校として次のものがある。

学校名	創立者	現在の名称
慶応義塾	福沢諭吉	慶應義塾大学
同志社英学校	16	同志社大学
東京専門学校	大隈重信	早稲田大学

同志社英学校は1875年，東京専門学校は1882年にそれぞれ設立された。

初代司法大臣を務めた山田顕義は，日本法律学校（現日本大学）を設立した。

成瀬仁蔵は1901年に女性のための高等専門教育機関として日本女子大学校を創立し，吉岡弥生は東京女医学校を創立した。

明治文化〈学問〉

1 ベルツ

①明治初期には多くの御雇外国人がまねかれた。東京大学で地質学を教授したドイツ人のナウマンはフォッサ＝マグナの指摘や石器時代の象の化石の研究で知られている。同じくドイツ人の 1 は東大で内科・産科を講義して「近代日本医学の父」ともいわれ，在日中の日記は明治時代の一級史料となっている。また，イタリア人銅版画家のキヨソネは紙幣印刷を指導し，明治天皇の肖像画作成にもあたった。

アメリカ人マレーは女子教育に力を注いだ。ロシアうまれのケーベルは，東京帝国大学の哲学科の教授として来日した。

ワーグマンは『絵入ロンドンニュース』の特派員で，日本最初の風刺漫画雑誌『ジャパン・パンチ』を発行した。

1885年に陸軍に招聘されたドイツ軍人メッケルはドイツ式軍制を指導した。

2 北里柴三郎

②科学技術上の業績にはつぎのものがある。医学では 2 が破傷

風菌の純粋培養に成功したほか，ペスト菌を発見し，伝染病研究所を設立した。また，[3]は赤痢菌を発見した。薬学では[4]がアドレナリンの抽出に成功し，タカジアスターゼの創製をおこなった。また，鈴木梅太郎はオリザニン（ビタミンB_1）の抽出に成功した。

> 秦佐八郎はサルバルサン（梅毒の薬）を創製し，大森房吉は地震計を発明した。
> 19世紀後半に海外から持ち込まれた伝染病，とりわけコレラが猛威をふるい，大流行した年には年間10万人以上の死者が出た。

3 志賀潔
4 高峰譲吉

③ 天文学では木村栄が緯度変化のZ項を発見し，物理学では長岡半太郎が原子構造の理論を発表した。また，田中館愛橘は全国の地磁気を測定した。

> イギリスに留学して日本に近代数学を導入した菊池大麓は，自然科学分野での基礎・応用研究を促進するため1917年に設立された理化学研究所の初代所長となった。

④ 日本史では[5]が『日本開化小史』を著した。[5]は自由主義経済を説き『東京経済雑誌』も創刊した。また，東京帝国大学の史料編纂掛では，六国史に続く編年体基礎史料集の『大日本史料』の編纂がはじまった。

5 田口卯吉

明治文化〈文学〉

① 明治初期には江戸時代以来の伝統的な戯作文学をひきついだ仮名垣魯文が『安愚楽鍋』を書いた。自由民権運動がさかんになると政治小説も書かれ，代表的なものに矢野龍溪の『経国美談』，東海散士の『佳人之奇遇』，末広鉄腸の『雪中梅』がある。

② 明治20年前後には[1]が写実主義をとなえ，評論『小説神髄』を著した。その考えを受けついだ[2]は，口語体の文体である言文一致体による小説『浮雲』を著した。『金色夜叉』を著した尾崎紅葉らの[3]も写実主義をとなえた。

> [1]は1885年に小説『当世書生気質』を発表した。
> [3]に参加した山田美妙も言文一致体の小説『夏木立』を著した。

1 坪内逍遙
2 二葉亭四迷
3 硯友社

旧石器～弥生　古墳　飛鳥　奈良　平安　鎌倉　室町　安土桃山　江戸　明治　大正　昭和　平成

3 の機関誌は『我楽多文庫(がらくた)』であった。

4 樋口一葉(ひぐちいちよう)
5 森鷗外(もりおうがい)

③日清戦争前後にはロマン主義文学がさかんとなった。代表的な作品に 4 の『にごりえ』・『たけくらべ』や，陸軍軍医としてドイツに留学したときの経験を素材にした 5 の『舞姫(まいひめ)』などがある。雑誌では北村透谷(きたむらとうこく)らが創刊した『文学界』が中心となった。

5 がデンマークの童話作家アンデルセンの原作を翻訳したものに『即興詩人(そっきょうしじん)』がある。
泉鏡花(いずみきょうか)は『高野聖(こうやひじり)』を著し，のちに自然主義文学の先駆者となる国木田独歩(くにきだどっぽ)は『武蔵野(むさしの)』を発表した。

6 徳冨蘆花(とくとみろか)

④ロマン主義が全盛のころ，他方で 6 のベストセラー『不如帰(ほととぎす)』に代表される社会小説が登場した。この作品は作者の兄が創刊した『国民新聞』に連載された。

6 の著書には『自然と人生』もある。
『五重塔(ごじゅうのとう)』の著者幸田露伴(こうだろはん)は芸術家の一途な求道を理想主義に求めた。

⑤日露戦争前後になると自然主義文学が主流となった。島崎藤村(しまざきとうそん)が著した被差別部落出身の青年教師を主人公とする小説『破戒(はかい)』のほか，田山花袋(たやまかたい)の『蒲団(ふとん)』・『田舎(いなか)教師』や長塚節(ながつかたかし)の『土』などの作品がある。

島崎藤村は最初ロマン主義的な詩人として詩集『若菜集(わかなしゅう)』を発表し，のちに自然主義に転じた。馬籠宿(まごめじゅく)を舞台にした小説『夜明け前』もある。

7 夏目漱石(なつめそうせき)

⑥自然主義に対して，理知的な態度で人生を描いた 7 は，デビュー作『吾輩(わがはい)は猫である』が雑誌『ホトトギス』に連載された。1907年には『東京朝日新聞』の専属作家となり，小説『こころ』などを発表した。

7 と同じく西洋文化と東洋的人生観の葛藤(かっとう)を描いた森鷗外の作品に『阿部一族』がある。

⑦詩歌では，与謝野鉄幹(よさのてっかん)がロマン的抒情(じょじょう)を主義とする新詩社をつくり，機関雑誌『明星(みょうじょう)』を創刊した。その同人の与謝野晶子(あきこ)は第1歌集『みだれ髪』を発表した。

▌上田敏は訳詩集『海潮音』を刊行した。

⑧貧窮のなかで社会主義思想を盛りこんだ詩を書いた［ 8 ］は，第1歌集『一握の砂』を出版したほか，国家権力を批判した評論『時代閉塞の現状』も著した。韓国併合については「地図の上朝鮮国にくろぐろと墨をぬりつつ秋風を聴く」と記している。

8 石川啄木

⑨俳句の革新運動をおこした［ 9 ］は，俳句雑誌『［ 10 ］』を創刊し，のちに門下の高浜虚子がひきついだ。同じく門下の伊藤左千夫は，短歌雑誌『アララギ』を創刊した。

9 正岡子規
10 ホトトギス

⑩ギリシア系イギリス人のハーンは，帰化して日本名小泉八雲となり，小説『怪談』などを発表した。

明治文化〈新聞・雑誌〉

①政治評論を掲載する大新聞に対し，世上の諸事件や読み物などに力を入れた新聞を小新聞という。その元祖といわれるのは，1874年に東京で創刊された『読売新聞』である。

▌日本語による近代的新聞の最初は，1862年にオランダ政庁発行の新聞から抄訳し，江戸幕府の蕃書調所で編集・発行された『(官板) バタビヤ新聞』である。
▌政府は国の公示事項を収載した政府の機関紙官報を1883年に創刊した。

②フランス人画家のビゴーは，漫画雑誌『トバエ』で時事問題を風刺した漫画を連載した。

③巌本善治は1885年創刊の婦人啓蒙雑誌『女学雑誌』を主宰した。

明治文化〈演劇・音楽〉

①歌舞伎では，明治初期に河竹黙阿弥が新しい作品を発表し，明治中期には9代目市川団十郎らが活躍した団菊左時代をむかえた。いっぽうオッペケペー節で人気を得た［ 1 ］は，民権思想を盛りこんだ壮士芝居を演じ，それがやがて新派劇に発展した。

1 川上音二郎

▌河竹黙阿弥は散切物や史実を重んじて写実的に演出した活歴物を発

表した。

2 文芸協会

② 日露戦争後には，シェークスピアの翻訳者としても知られる坪内逍遙と島村抱月がつくった[2]や，2代目市川左団次と小山内薫がつくった自由劇場が，西洋の近代劇を翻訳・上演した。これらは新劇とよばれた。

3 伊沢修二

③ [3]の提唱で音楽取調掛が設置され，それは後に東京音楽学校に発展した。[3]はその初代校長となったほか，西洋風のメロディの唱歌を学校教育に採用した。

滝廉太郎は『荒城の月』や『花』を作曲した。

明治文化〈絵画〉

1 浅井忠

① 西洋画は，代表作に『鮭』のある高橋由一らによって開拓された。明治政府は1876年に工部美術学校を設立し，ここでフォンタネージから油絵を学んだ[1]は油彩画『収穫』を描き，洋画団体明治美術会を結成した。

工部美術学校で西洋彫刻法を教えたのはラグーザであった。

2 黒田清輝
3 白馬会

② フランス印象派の画風を学んだ[2]は，明治美術会に対抗して[3]を結成した。[2]の代表作には『湖畔』や『読書』がある。また，[3]で活躍した洋画家に『海の幸』を描いた青木繁がいる。

4 フェノロサ
5 岡倉天心
6 東京美術学校

③ 東大で哲学などを教えていた[4]は，[5]とともに古社寺の調査をおこない，日本の伝統美術の保存と復興を説いた。2人は1887年に日本美術に重点をおく[6]を設立し，[5]は校長となった。これに協力した日本画家に『悲母観音』を描いた狩野芳崖や，『龍虎図』を描いた橋本雅邦がいる。

[5]の著書に『茶の本』がある。
[6]は洋画を排斥して開校したが，1896年に洋画科が開設され，教授として黒田清輝が招聘された。

④ 1898年，[5]と橋本雅邦は[6]を離れ日本美術院を結成した。ここで活躍した日本画家に『生々流転』を描いた横山大観や，『黒き猫』

や『落葉』を描いた菱田春草がいる。

⑤1907年に 7 内閣の文部大臣牧野伸顕の尽力で，日本画，西洋画，彫刻の3部門をもつ文展（文部省美術展覧会）が開設された。

7 第1次西園寺公望内閣

浮世絵の歌川派の末流として，江戸の風情を色濃く伝える美人画を描いた日本画家に鏑木清方がいる。

明治文化〈彫刻・建築〉

①彫刻では，高村光雲が『老猿』をつくり，荻原守衛が『坑夫』・『女』を，朝倉文夫が『墓守』をつくった。

新海竹太郎は『ゆあみ』をつくった。

②工部大学校教師として来日したイギリス人 1 によって本格的な西洋建築がもたらされ， 2 やニコライ堂が建設された。

1 コンドル
2 鹿鳴館

1876年に建てられた長野県松本市に現存する開智（小）学校は，和洋折衷の「擬洋風建築」の代表である。

③ 1 のもとから育った 3 は，日本銀行本店や東京駅の設計をおこなった。また片山東熊は，ヴェルサイユ宮殿を模した赤坂離宮（現在の迎賓館）の設計をおこなった。

3 辰野金吾

大正・昭和初期文化〈都市文化〉

①郊外には水道やガスを完備した和洋折衷の 1 がつくられた。

1 文化住宅

関東大震災の後に創設された財団法人同潤会が，東京や横浜に鉄筋コンクリート造りの集合住宅を建設した。

②大都市ではサラリーマン（俸給生活者）とよばれる会社員・公務員が増え，タイピストや電話交換手などの新しい職場に進出した女性は 2 とよばれた。市電やバス（乗合自動車）も発達した。

2 職業婦人

東京と大阪では地下鉄も開業した。

1911年には東京丸の内の皇居に面した場所に帝国劇場がひらかれ，新しい観劇の舞台となった。

東京の銀座通りには西洋風のファッションで着飾ったモガとよばれる若い女性が闊歩した。

大正・昭和初期文化〈大衆文化〉

①新聞のなかには『大阪毎日新聞』や『大阪朝日新聞』のように発行部数が100万部を超えるものが現れた。

1918年におこった筆禍事件「白虹（はっこう）事件」で長谷川如是閑（はせがわにょぜかん）と大山郁夫（おおやまいくお）は大阪朝日新聞社を退社し，雑誌『我等』を創刊した。

1 改造

②雑誌では，大正デモクラシーの論壇の中心となった総合雑誌の『中央公論』や，山本実彦（やまもとさねひこ）が1919年に創刊した総合雑誌の『 1 』が急速に発展した。

『中央公論』は『反省会雑誌』が改題されたものである。
1942年に中央公論社や改造社の記者らが検挙される横浜事件がおこり，1944年には総合雑誌の『中央公論』と『 1 』が廃刊となった。

2 キング

③大日本雄弁会講談社（こうだんしゃ）が1925年に創刊した大衆雑誌の『 2 』は後に発行部数が100万部を超えた。

3 円本（えんぽん）

④改造社は1冊1円の『現代日本文学全集』を売りだし， 3 とよばれて大流行した。

1927年には世界の文学や哲学，思想を紹介する岩波（いわなみ）文庫が登場した。

4 1925年
5 ラジオ放送

⑤ 4 年から東京・大阪・名古屋の3都市で 5 放送がはじまり，日本放送協会（ＮＨＫ）が設立された。民間放送は1951年からはじまった。

⑥映画ははじめ無声映画で，一般に活動写真とよばれていたが，1931年からトーキーという音声がついた映画が公開された。

無声映画『雄呂血（おろち）』の主演俳優阪東妻三郎（ばんどうつまさぶろう）は，歌舞伎界から転身し，「剣戟（けんげき）スター」として知られた。

大正・昭和初期文化〈教育・学問〉

1 原敬（はらたかし）内閣
2 大学令

①1918年に 1 内閣が公布した 2 によって，公立・私立の大学や単科大学が認められたが，女子大学は認められなかった。

1918年に高等学校令が制定（旧高等学校令の改正）され，新たに多くの高等教育機関が設立された。

②子どもの個性や自発性を重んじる自由教育運動がさかんになり，鈴木三重吉(みえきち)が創刊した児童雑誌『赤い鳥』には，童話と童謡が掲載されて児童文学が発展した。

羽仁(はに)もと子は自由教育運動を実践して自由学園を創設した。

③経済学者の[3]は人道主義的立場から『大阪朝日新聞』に『[4]』を連載し，資本主義社会に生起する問題を提起した。マルクス主義経済学者の野呂栄太郎(のろえいたろう)は『日本資本主義発達史講座』を編纂し，講座派の中心として労農派と日本資本主義論争をおこした。

[3]は個人雑誌『社会問題研究』を創刊し，マルクス主義の研究と普及に努めた。

④哲学では西田幾多郎(にしだきたろう)が西洋哲学と禅などの東洋思想を融合して『善(ぜん)の研究』を著した。歴史学では『神代史(しんだいし)の研究』を著した[5]が，『古事記(こじき)』『日本書紀(にほんしょき)』の文献学的研究に大きな成果をあげた。

⑤[6]は民間伝承を調査・収集する日本民俗学(みんぞくがく)を確立した。岩手県の山村に伝わる民話などを綴った作品に『遠野物語』がある。

[6]は雑誌『郷土研究』を発行し，無名の民衆を「常民」と名付けた。在野の民俗学者として和歌山県の南方熊楠(みなかたくまぐす)が活躍した。

⑥自然科学の分野では，本多光太郎(ほんだこうたろう)がKS磁石鋼(じしゃくこう)を発明し，梅毒スピロヘータの培養に成功した野口英世(のぐちひでよ)は，アフリカで黄熱病(おうねつびょう)の研究中に感染して死去した。

八木秀次(やぎひでつぐ)は超短波用アンテナを発明し，数学者の高木貞治(たかぎていじ)は代数的整数論を研究し，世界に認められた。

大正・昭和初期文化〈文学〉

①雑誌『[1]』に集まった武者小路実篤(むしゃのこうじさねあつ)や，『或る女』を著した有島武郎(ありしまたけお)らの[1]派は，人道主義的な作品を発表した。

武者小路実篤は『人間万歳』を著したほか，宮崎県内に理想主義的人道主義を実践する農場として「新しき村」を開設した。

3 河上肇(かわかみはじめ)
4 貧乏物語
5 津田左右吉
6 柳田国男(やなぎたくにお)
1 白樺(しらかば)

旧石器～弥生 古墳 飛鳥 奈良 平安 鎌倉 室町 安土桃山 江戸 明治 大正 昭和 平成

1派には『暗夜行路』を著した志賀直哉もいる。

②民芸運動を提唱した1派の柳宗悦は，「朝鮮人を想う」で朝鮮人が独立を理想とするのは必然だと書き，ソウルに朝鮮民族美術館を開設した。

③『腕くらべ』を著した永井荷風や『刺青』を著した谷崎潤一郎らは，芸術至上主義を主張して耽美派とよばれた。『羅生門』を著した芥川龍之介と『父帰る』を著した菊池寛らは新思潮派，『日輪』を著した横光利一と『伊豆の踊子』を著した川端康成らは新感覚派とよばれた。

谷崎潤一郎の作品には大阪の四姉妹を主人公とする『細雪』や『痴人の愛』もある。『恩讐の彼方に』の著者菊池寛は月刊誌『文藝春秋』を創刊した。宮沢賢治は『風の又三郎』など東北地方にふさわしい詩や童話を創作し続けた。

④1920年代には労働者の過酷な生活などを描くプロレタリア文学運動がおこった。その出発点となった雑誌は『種蒔く人』である。葉山嘉樹は石炭貨物船の船員が闘争に立ち上がる姿を描いた長編小説『海に生くる人々』を発表した。

⑤全日本無産者芸術連盟（ナップ）は機関誌『戦旗』を創刊した。そこに発表された作品に，2が共同印刷大争議を素材として著した『3』や，1933年に逮捕され即日拷問死するにいたった4の『5』がある。

⑥6の『大菩薩峠』は剣士机竜之助を主人公とする大長編小説で，新聞に連載されて大衆文学興隆のもととなった。ほかに大佛次郎の『鞍馬天狗』や吉川英治の『宮本武蔵』も大衆文学の代表作品である。

大衆文学作品として直木三十五の『南国太平記』もある。

2 徳永直
3 太陽のない街
4 小林多喜二
5 蟹工船
6 中里介山

大正・昭和初期文化〈演劇・美術〉

①島村抱月は女優の松井須磨子を中心に据えた劇団芸術座をおこし，

イプセンの「人形の家」などを上演した。関東大震災の翌年には **1** が小山内薫と私財を投じた土方与志らによって設立され，新劇運動の拠点となった。

> 松井須磨子が新劇「復活」のなかで歌った「カチューシャの唄」の作曲者は中山晋平である。
> 沢田正二郎らは大衆演劇をめざす新国劇を旗上げした。

②阪急電鉄を創立した小林一三は，ターミナルの梅田にデパートを開業するとともに宝塚少女歌劇団を創設した。

> 新興大衆芸術として，東京では田谷力三などが活躍した一種の歌劇である浅草オペラが大衆に親しまれた。そこから出た軽演劇のスター榎本健一（エノケン）などによる軽妙な喜劇が流行した。
> 「からたちの花」などの作曲者の山田耕筰は，日本最初の交響楽団である日本交響楽協会を育成した。
> ソプラノ歌手の三浦環はオペラ「蝶々夫人」で欧米の歌劇場に出演し，世界的に有名となった。

③1914年，文展のアカデミズムに対抗して在野の二科会がつくられた。その中心となった梅原龍三郎の代表作に『紫禁城』がある。また安井曽太郎の代表作に『金蓉』がある。

> 1914年，横山大観や下村観山が日本美術院を再興した。
> 自分の娘を描いた『麗子像』の連作を描いた岸田劉生は，日本美術院洋画部を退会した人たちとともに，春陽会を結成した。

戦時下の文化

①日中戦争をあつかった戦争文学に，火野葦平の『麦と兵隊』や，石川達三の南京攻略戦の従軍記である『生きてゐる兵隊』がある。

> 1930年代の不況のなかで，都市には「エロ・グロ・ナンセンス」と表現される刹那的・享楽的・退廃的な風潮が広がり，古賀政男作曲の歌謡曲「酒は涙か溜息か」が大ヒットした。1934年に出獄した中野重治は転向者の苦悩を描いた作品『村の家』を著した。軍隊生活を風刺の笑いとともに描いた田河水泡の漫画『のらくろ』も人気を集めた。

1 築地小劇場

第10章 現代

時代の流れを確認しよう

テーマ28 占領と戦後改革

ひとことでいうと

アメリカの占領下で非軍事化・民主化をはかる改革がすすめられます。しかし，冷戦が激化するとアメリカは態度をかえ，日本に対して「反共」や「経済の自立」を求めるようになります。

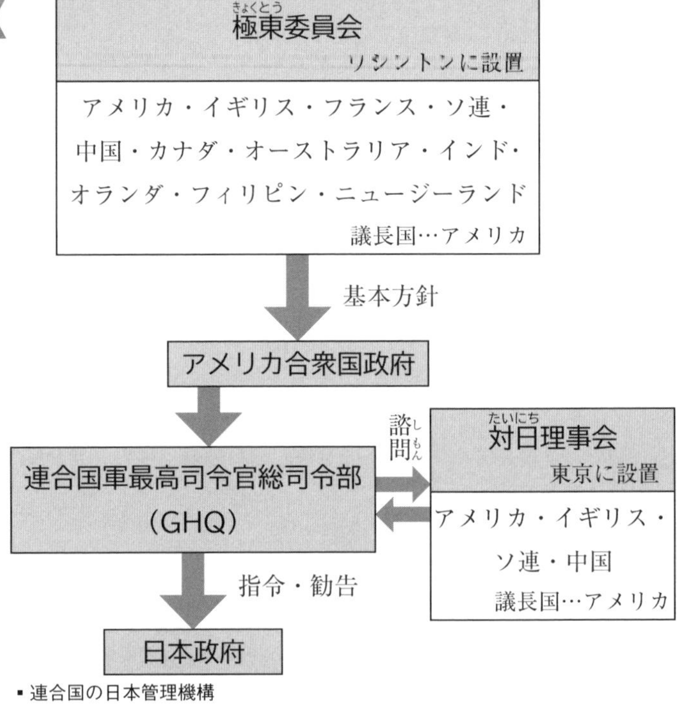

▪ 連合国の日本管理機構

▶ 動画で詳しく！

テーマ29 講和と高度成長

ひとことでいうと

講和条約を結んで主権回復をした日本は，日米安保条約でアメリカに軍事面を頼りつつ，高度経済成長をすすめます。2度の石油危機も乗り越え経済大国となっていきます。

日米安保条約を結ばずに講和条約だけ結ぶことはできなかったんですか？

安保条約に問題があるのは百も承知だよ。だが日本から出撃するアメリカ軍が，北朝鮮と戦ってる最中なんだ。敵には中国軍とソ連軍もいる。全面講和ができないのはもちろん，安保条約なしでの独立なんて現実的には無理だよ。

吉田茂

動画で詳しく！

テーマ30 現代の文化

ひとことでいうと

湯川秀樹や黒澤明といった世界的に活躍する日本人が現れ，占領下の人びとの心を明るくしました。戦前はタブー視されていた学問も発達しました。

文化	特徴・文化財
現代の文化	・個人の解放・民主化の理念 ・明るくのびやかな大衆文化  ・映画『羅生門』ポスター

マンガにかける情熱がすごいですよね？みんなが先生のこと‘マンガの神様’だって言ってます。

マンガやアニメが大好きだからね。君が歴史好きなら『火の鳥』を読んでほしいな。

手塚治虫

動画で詳しく！

穴埋め問題をやってみよう

➜ 本文の空欄は基礎用語（レベル１），赤字は発展用語（レベル２）です。レベルに応じて学習しよう！

テーマ28 占領と戦後改革

基礎用語を確認！

1 ポツダム宣言
2 東久邇宮稔彦内閣
3 マッカーサー
4 極東委員会
5 対日理事会
6 間接統治
7 プレス＝コード

連合国の占領

①［ 1 ］の受諾後，「国体護持」をとなえる［ 2 ］内閣が成立した。［ 3 ］を最高司令官とするアメリカ軍が日本に進駐し，９月２日に東京湾内の戦艦ミズーリ号上で，重光葵外相と梅津美治郎参謀総長が降伏文書に調印した。

②占領政策の最高決定機関として11カ国からなる［ 4 ］がワシントンにおかれ，連合国軍最高司令官総司令部（ＧＨＱ）の諮問機関として米・英・ソ・中からなる［ 5 ］を東京にもうけた。

③ＧＨＱが日本政府に対して指令や勧告をだし，日本政府が政治をおこなう［ 6 ］方式がとられた。政府による法制化が間にあわない場合には，最高司令官の要求でポツダム勅令がだされた。占領軍への批判は禁止され，新聞報道は［ 7 ］で制限された。

▌ポツダム勅令は憲法制定後は政令となった。

④アメリカの占領政策は非軍事化・民主化を基本方針としていたが，のちに冷戦が激化すると転換した。1948年１月，ロイヤル陸軍長官は「日本を共産主義に対する防壁にする」と演説した。

▌アメリカは日本の経済的自立を優先させ，日本をアジアにおける「反共の防壁」としようとすることに占領方針を転換した。

⑤1946年から「平和に対する罪」と「人道に対する罪」に問われたＡ級戦犯を裁く極東国際軍事裁判（東京裁判）が開始された。1948年に結審し，Ａ級戦犯のうち東条英機ら７名が絞首刑となった。うち文官は広田弘毅だけであった。

▌裁判長はオーストラリア人ウェッブであった。
大川周明は発狂したため免訴となった。近衛文麿は逮捕前に自殺した。
東条英機内閣で商工大臣をつとめた岸信介は，Ａ級戦犯容疑者となったものの不起訴とされた。

戦後改革

①［1］内閣はGHQの［2］に応じられず退陣し，［3］内閣にかわった。マッカーサーは1945年10月，［3］首相に対し，(1)婦人の解放，(2)労働組合の助長，(3)教育の民主化，(4)圧制的諸制度（秘密警察）の廃止，(5)経済機構の民主化からなる［4］を口頭で要求した。

②［3］内閣で1945年に［5］権を認める衆議院議員選挙法改正がおこなわれ，選挙資格は満20歳以上の男女となった。治安維持法は廃止され，政治活動の自由が保障された。

［3］内閣では特別高等警察と治安警察法も廃止された。

③1945年，国家と神道(しんとう)との分離を命じる神道指令がだされ，1946年1月1日には天皇が自ら神格を否定する［6］を行った。同年から1948年までに，各界の戦争協力者約21万人が［7］となった。

④労働改革では，［3］内閣の［8］年に［9］が制定され，団結権・団体交渉権・争議権の労働三権が認められた。［10］内閣では，1946年に［11］，1947年に［12］が制定された。［13］内閣では［14］が設置された。

労働三法は厚生省が準備した。

［12］では1日8時間，週48時間労働制などを規定し，15歳未満の者の雇用を禁止した。

⑤1946年には労働組合の全国組織として，右派で社会党中心の［15］（［16］）と，左派で共産党中心の［17］（［18］）が結成された。

労働争議のなかには，経営者を排除して労働者側が自主的に生産を組織しようとする生産管理闘争も展開された。

⑥教育改革では，まず1945年に修身(しゅうしん)・日本歴史・地理の3教科が授業停止とされた。

1 東久邇宮稔彦内閣
2 人権指令
3 幣原喜重郎(しではらきじゅうろう)
4 五大改革指令
5 婦人参政権
6 人間宣言
7 公職追放
8 1945年
9 労働組合法
10 第1次吉田茂(よしだしげる)内閣
11 労働関係調整法
12 労働基準法
13 片山哲(かたやまてつ)内閣
14 労働省
15 日本労働組合総同盟
16 総同盟
17 全日本産業別労働組合会議
18 産別会議

旧石器～弥生　古墳　飛鳥　奈良　平安　鎌倉　室町　安土桃山　江戸　明治　大正　昭和　平成

3 内閣の文相は安倍能成(あべよししげ)だった。
戦前の教科書の軍国主義的な内容にある種の加工を加えて使用した教科書を墨塗(すみぬ)り教科書という。

19 第1次吉田茂内閣
20 1947年
21 教育基本法
22 学校教育法

⑦1946年にアメリカ教育使節団が来日し，教育民主化を勧告すると，19 内閣で 20 年に男女共学・義務教育9年を定めた 21 と，六・三・三・四制を定めた 22 が制定された。

1946年に安倍能成を委員長とする教育刷新委員会が設置され，教育の基本方針を建議した。

23 芦田均(あしだひとし)内閣
24 鳩山一郎(はとやまいちろう)内閣

⑧ 23 内閣で1948年に戦前の教育理念を示した教育勅語(ちょくご)の失効が国会で決議され，それとともに教育委員会法が制定され，都道府県と市町村に公選制の教育委員会が設置されたが，1956年には 24 内閣で任命制にあらためられた。

農地改革と財閥(ざいばつ)解体

①占領軍は財閥と寄生(きせい)地主制が軍国主義の基盤だったとみなした。戦前の日本は，全農地の約5割が小作地で，不利な条件下におかれた小作農が高率小作料を現物で納める封建的な状態にあった。

1892年の小作地比率は約4割であった。

1 幣原喜重郎内閣
2 農地調整法
3 農地改革

②1 内閣は，1945年に 2 を改正し，自発的に第一次 3 に着手した。不在地主の小作地保有は認めなかったが，在村地主には5町歩(ちょうぶ)まで認めたため，GHQから不徹底とされた。

1938年に政府は農地調整法を制定して自作農の創設をはかった。
第一次 3 は1946年に小作料の金納化のみが実施された。

4 第1次吉田茂内閣
5 自作農創設特別措置(そち)法
6 1町歩

③ 4 内閣は1946年，2 を再改正し，5 を制定して，翌年から第二次 3 に取り組んだ。不在地主の貸付けは認めず，在村地主の小作地を 6 町歩，超過分は政府が強制買収して小作人に優先的に売り渡すこととした。各市町村に設置された農地委員会は，地主：自作農：小作農が3：2：5の比率で構成された。

自作地と小作地の合計を3町歩以内に制限した。北海道の場合は在村地主の小作地は4町歩までとされた。

④農地改革の結果，1950年には小作地が全耕地の約１割となり，寄生地主は没落したが，山林原野は解放されず，巨大な山林地主がのこった。一方で，耕地面積の狭い零細農家の割合は増加した。

全国の小作地のうち約80%が解放された。

⑤農地改革でうまれた自作農のために，農産物の出荷・販売のほか購買・信用・共済等の事業をおこなう農業協同組合が設立された。

⑥ 1 内閣の1945年，15財閥の資産凍結・解体指令がだされた。4 内閣の1946年には，7 がもうけられ，財閥が所有する株式を譲渡させて公売した。

7 令により持株会社は解体され，財閥家族が財界から追放された。

7 持株会社整理委員会

⑦財閥の復活を防ぐため，4 内閣が1947年に制定した 8 により公正取引委員会が設置された。さらに 9 内閣の1947年には大企業を分割するために 10 が制定され325社が指定を受けた。しかし占領政策が転換したため11社しか分割されず，銀行も分割対象外だったため財閥解体は不徹底に終わった。その後は銀行が中心となって企業集団が形成されていった。

8 ではカルテルや持株会社が禁止されたが，のちに改正されて緩和されていった。

三菱重工業(みつびし)は３社に分割されたが，1964年にふたたび合併した。日本製鉄会社は４社に分割されたが，うち八幡製鉄と富士製鉄が合併して新日本製鉄株式会社になった。

8 独占禁止法

9 片山哲内閣

10 過度経済力集中排除法

日本国憲法

①GHQからの憲法改正の指示を受けて，1 内閣は松本烝治(まつもとじょうじ)国務相を委員長とする憲法問題調査委員会をもうけ，「憲法改正要綱(ようこう)」を作成した。しかし天皇の統治権を認めたものであったためGHQはこれを拒否し，かわりにマッカーサー草案を提示した。

鈴木安蔵(すずきやすぞう)を中心とする憲法研究会が作成した「憲法草案要綱」をGHQは参考にした。ほかの私擬憲法として，高野岩三郎(たかのいわさぶろう)による大統領制（共和制）をかかげた「日本共和国憲法私案要綱」があった。GHQの民政局が作成したマッカーサー草案は，(1)象徴天皇制，

1 幣原喜重郎内閣

(2)戦争放棄，(3)封建制廃止を主眼とし，衆議院の一院制としていた。

2 第１次吉田茂内閣
3 日本国憲法
4 戦争放棄（平和主義）

②[2]内閣で憲法改正案が帝国議会で審議・可決され，天皇の諮問機関であった枢密院（すうみついん）でも可決されて，1946年11月３日に[3]として公布，1947年５月３日から施行された。新憲法は(1)国民主権，(2)[4]，(3)基本的人権の尊重の３原則をかかげた画期的なものだった。

憲法改正案は衆議院と貴族院において審議された。
[3]第９条に「国権の発動たる戦争と，武力による威嚇又は武力の行使は……放棄する。２．前項の目的を達するため，陸海空軍その他の戦力は，これを保持しない。国の交戦権は，これを認めない。」とある。衆議院における審議では芦田均（あしだひとし）の発案により第９条第２項が修正され，「前項の目的を達するため」との字句が付け加えられた。

5 民法

③新憲法の理念にそって1947年に[5]が改正され，戸主制度が廃止され男女同権となった。また，それまで府県知事は政府によって任命されていたが，地方自治法が制定され公選制となった。

新[5]では家督（かとく）相続制度にかえて財産の均分相続が定められた。刑法も改正され，大逆（たいぎゃく）罪・不敬（ふけい）罪・姦通（かんつう）罪などが廃止された。

6 片山哲内閣

④[6]内閣のとき，地方行政を担っていた内務省が解体され，警察法が制定されて，警察は国家地方警察と自治体警察に分離された。

政党政治の復活

①戦後，1945年に旧立憲政友会系の日本自由党と，旧立憲民政党系の日本進歩党が結成された。

1945年，日本共産党は徳田球一（とくだきゅういち）を書記長として活動を再開し，はじめて合法政党として発足した。

1 幣原喜重郎内閣
2 鳩山一郎

②1946年４月，新選挙法にもとづく戦後初の総選挙がおこなわれ，39人の婦人代議士が誕生した。しかし与党の日本進歩党は第二党となり，[1]内閣は総辞職した。いっぽう第一党となった日本自由党総裁の[2]は公職追放となり，かわって総裁とな

った前外相の 3 が，日本進歩党との連立で内閣を組織した。 | 3 吉田茂

③激しいインフレを背景に，官公庁労働者を中心として1947年2月1日決行予定の， 4 が計画された。これに対しGHQは，労働組合の奨励という政策を転換し， 4 の中止を命令した。 | 4 二・一ゼネスト

このとき全官公庁労組共同闘争委員会議長の伊井弥四郎（いいやしろう）はラジオ放送で労働者の団結をよびかけた。

④労働者の不満が高まるなか実施された1947年4月の総選挙で与党の日本自由党は敗れ， 5 内閣は総辞職した。かわって第一党となった 6 から 7 内閣が民主党・国民協同党との3党連立で組閣された。 | 5 第1次吉田茂内閣 | 6 日本社会党 | 7 片山哲内閣

日本社会党は戦前の無産政党を統合して結成された。
国民協同党の代表者は，後に首相となる三木武夫（みきたけお）であった。

⑤ 7 内閣は炭鉱国家管理問題などで労働組合や社会党内左派との対立を深め，総辞職した。かわって民主党の 8 内閣が同じ3党の連立で成立した。このとき 9 がだされ公務員の 10 が剥奪され，これにもとづいて国家公務員法が改正された。 | 8 芦田均内閣 | 9 政令201号 | 10 争議（ストライキ）権

⑥ 8 内閣は 11 事件で倒れ，かわって成立した 12 内閣は経済再建を最優先の課題にかかげ，1949年に総選挙を実施した。選挙の結果，与党の民主自由党が絶対多数を占め， 13 内閣が成立した。 | 11 昭和電工疑獄（でんこうぎごく）事件 | 12 第2次吉田茂内閣 | 13 第3次吉田茂内閣

民主自由党は1950年に自由党にかわった。

占領期の経済

①敗戦後，人びとは農村への買出しや闇市（やみいち）で物資を手に入れた。政府は戦費の支払いのために紙幣を増発したため，インフレをひきおこし物価が高騰した。 1 内閣は 2 をだし，預金封鎖と新円への切り替えをおこない，インフレをおさえようとしたが大きな効果はなかった。 | 1 幣原喜重郎内閣 | 2 金融緊急措置令

軍人が家庭に帰る復員（ふくいん）と国外の民間人が帰国する引揚げ（ひきあ）によって人口が急増し，都市では食糧不足となった。1946年には食糧メーデー

旧石器～弥生 古墳 飛鳥 奈良 平安 鎌倉 室町 安土桃山 江戸 明治 大正 昭和 平成

▌がおこなわれた。

3 第１次吉田茂内閣
4 有沢広巳
5 傾斜生産方式
6 復興金融金庫
7 石炭

② 3 内閣の蔵相石橋湛山（いしばしたんざん）は新設された経済安定本部の部長も兼任した。3 内閣は, 4 が発案した 5 を採用した。これは 6 から 7 ・鉄鋼などの基幹産業に重点的に融資して生産の拡大をはかるもので, 片山哲（かたやまてつ）・芦田均内閣にも受けつがれたが, 逆に復金インフレをひきおこした。

▌5 では電力・肥料にも融資された。

テーマ29 講和と高度成長

基礎用語を確認！

冷戦（れいせん）体制のはじまり

① アメリカでは1947年, 共産主義とソ連の封じ込め（ふうじこめ）を主張するトルーマン＝ドクトリンが発表され, ついで西ヨーロッパの資本主義諸国に軍事的, 経済的援助を推進するマーシャル＝プランが発表された。

▌1946年にチャーチルは「鉄のカーテン」演説をおこなった。

② 1949年, 西側陣営（じんえい）の防衛組織である北大西洋条約機構（NATO（ナトー））が結成され, 1955年には東側陣営の共同防衛組織であるワルシャワ条約機構が結成された。

③ 太平洋戦争後, 中国では国共内戦が再開した。蔣介石（しょうかいせき）ひきいる国民党はアメリカの援助を受けながらも敗北して台湾に逃れ, 毛沢東（もうたくとう）ひきいる共産党は1949年に中華人民共和国を樹立した。

経済安定九原則

1 経済安定九原則
2 第２次吉田茂（よしだしげる）内閣

① 冷戦の激化に伴い日本経済の自立を強く求めるようになったアメリカは, GHQを通じて1948年末に 1 の実行を 2 内閣に指令した。それは(1)予算の均衡（きんこう）, (2)徴税の強化, (3)賃金の安定, (4)物価の統制, (5)輸出の振興などを含むものだった。

3 ドッジ
4 ドッジ＝ライン

② 1 を実施させるため, 1949年に銀行家の 3 が派遣された。その政策は 4 といわれ, (1)赤字を許さない超均衡予算の作成,

⑵復興金融金庫による融資の停止，⑶1ドル＝ 5 円の 6 の設定がおこなわれた。

▍復興金融金庫を引きつぐために1951年に日本開発銀行が設立された。

5 360円
6 単一為替レート

③ 3 について 7 を団長とする使節団が来日し，税制改革に関する 8 をおこなった。これにより直接税（所得税）中心の税制となった。

▍このとき地方自治体間の税収格差を是正するために平衡交付金制度が導入された。

7 シャウプ
8 シャウプ勧告

④ 4 によるデフレ政策で失業者は急増し，日本経済は不況に陥った。国鉄が人員整理をすすめると怪事件が続いた。国鉄総裁が轢死体で発見された 9 事件，中央線三鷹駅で無人電車が暴走した三鷹事件，東北本線で列車が転覆した 10 事件である。

9 下山事件
10 松川事件

⑤経済の復興には，アメリカから食糧や医薬品などを受給したガリオア資金と，占領地の産業復興を目的とするエロア資金が大きな役割をはたした。

朝鮮戦争

①太平洋戦争後，朝鮮半島では北緯38度線の南をアメリカ軍，北をソ連軍が占領し，1948年に，南に大韓民国（大統領は李承晩（イスンマン）），北に朝鮮民主主義人民共和国が成立した。こうしてアジアでも二大陣営が対立した。

②1950年，北朝鮮の進撃により 1 が勃発すると，アメリカ軍中心の国連軍は大韓民国を支援し，中国人民義勇軍やソ連は北朝鮮を支援した。戦闘は一進一退ののち，1953年に板門店（パンムンジョム）で朝鮮休戦協定が調印された。

▍国際連合（1945年発足）の安全保障理事会は，ソ連欠席のまま北朝鮮側の武力攻撃を侵略と認定し，国連軍の派遣を決定した。
▍トルーマン大統領は，原爆使用を進言した国連軍総司令官マッカーサーを解任した。

1 朝鮮戦争

2 警察予備隊

③ [1] がはじまると，再軍備や反共主義の動きが強まり，マッカーサーの命令で1950年に [2] が創設された。共産主義者が職場から追放（レッド＝パージ）されるいっぽうで，戦犯の釈放や公職追放の解除がおこなわれ，ＧＨＱの指導で反共の立場をとる [3] （[4]）が結成された。

3 日本労働組合総評議会
4 総評（そうひょう）
5 特需景気

④ [1] の際の米軍による朝鮮特需（とくじゅ）で，繊維（せんい）・金属を中心に [5] がおこってドッジ不況から立ち直った。こうして，1951年には鉱工業生産が戦前水準を回復した。

6 ＩＭＦ（国際通貨基金）

⑤ 日本は1952年に [6] と世界銀行に加盟した。この２つの機関を柱とする通貨体制をブレトン＝ウッズ体制という。さらに1955年にはＧＡＴＴ（ガット）（関税及び貿易に関する一般協定）にも加盟した。

講和と安保条約

1 第３次吉田茂内閣
2 1951年
3 サンフランシスコ講和会議
4 吉田茂
5 サンフランシスコ平和条約

① 冷戦が激化するとアメリカは日本を資本主義陣営の一員として自立させようとした。[1] 内閣の [2] 年，講和特使ダレスの構想のもと [3] 会議がひらかれた。全権 [4] らが [5] に調印した。

> 対日講和条約では，⑴朝鮮の独立の承認，⑵台湾・澎湖諸島の権利の放棄，⑶千島列島及び南樺太の放棄などが定められ，個別的自衛権および集団的自衛権は認められた。

6 ソ連（ポーランド・チェコスロバキアも可）
7 インド（ビルマ・ユーゴスラビアも可）
8 中華人民共和国

② [5] はすべての交戦国との全面講和ではなく，単独講和であった。[6] などはポツダム宣言に反するとして調印を拒否し，[7] などはまねかれたが参加せず，[8] と中華民国（台湾）は代表権の問題から会議にまねかれなかった。東大総長の南原繁（なんばらしげる）は全面講和論をとなえた。

> 講和条約に調印したのは日本と48カ国で，調印を拒否した国にはソ連のほかにポーランド・チェコスロバキアがあり，不参加だった国としてはビルマ・ユーゴスラビアもある。
> 全面講和論をとなえた学者に安倍能成（あべよししげ）や大内兵衛（おおうちひょうえ）がいる。

③ 5 の調印と同日，米軍の駐留（ちゅうりゅう）を認める 9 が調印された。その細目協定として1952年，10 が結ばれ，日本は米軍に基地を提供し，駐留軍の費用を分担することとなった。

対日講和条約調印式には蔵相の池田勇人（いけだはやと）も出席した。

9 日米安全保障条約
10 日米行政協定

④平和条約と安保条約について，日本社会党内では対立がおこり，1951年に左右両派に分裂した。右派は平和条約賛成・安保条約反対を，左派は両条約反対をとなえた。

⑤ 11 年，5 が発効し，占領が終了して日本は独立を回復した。同年，アメリカの意向に従って中華民国と 12 を結んで講和した。

1952年に日印平和条約，1954年に日ビルマ平和条約も調印した。日本はフィリピン・インドネシア・ビルマ・南ベトナムとそれぞれ賠償協定を結び，生産物と役務の提供という形で賠償を払った。アメリカやインドなど多くの国は賠償請求権を放棄した。

11 1952年
12 日華（にっか）平和条約

講和後の逆コース

① 1 内閣は，1952年5月1日に皇居前広場でおきた流血騒ぎのメーデー事件をきっかけに 2 を公布した。同年，警察予備隊は 3 に改組された。

2 はポツダム政令にもとづいてだされた団体等規正令が補強されてできたものだった。
3 にかわった際には海上警備隊も新設された。

1 第3次吉田茂内閣
2 破壊活動防止法
3 保安隊（ほあんたい）

② 4 内閣は1954年にアメリカと 5 （日米相互防衛援助協定）を結んだ。これはアメリカから軍事経済援助を受けるかわりに防衛力の増強をはかるもので，これにより同年，3・海上警備隊が統合・拡大して 6 となり，防衛庁が新設された。

5 は1953年の池田・ロバートソン会談にもとづいて結ばれた。
1954年，新警察法が制定され，自治体警察を廃止して，都道府県警察を警察庁のもとに一本化した。
革新陣営は吉田内閣のこうした政策を，「逆コース」であると強く反発した。

4 第5次吉田茂内閣
5 MSA協定
6 自衛隊

旧石器～弥生 古墳 飛鳥 奈良 平安 鎌倉 室町 安土桃山 江戸 明治 大正 昭和 平成

平和運動と核兵器

1 第五福龍丸(ふくりゅうまる)

① 1954年，アメリカがビキニ水爆実験をおこなった際，日本漁船の［ 1 ］が被ばくした。これを機に原水爆禁止運動がもりあがり，1955年8月，広島で第１回原水爆禁止世界大会が開催された。

> 原水爆禁止運動は東京都杉並区などではじまった。
> 1955年には，インドネシアのバンドンでアジア・アフリカ会議がひらかれ，反植民地主義・平和共存など平和十原則が決議された。

② 石川県の内灘(うちなだ)事件，東京都の砂川(すながわ)事件などの基地反対闘争も展開された。

③ 池田勇人内閣の1963年，アメリカ・イギリス・ソ連が部分的核実験禁（停）止条約を締結し核軍縮の交渉がはじまった。1968年には核兵器所有国が非所有国へ核兵器を供与することを禁止した核兵器拡散防止条約が締結された。

55年体制の成立

1 第５次吉田茂内閣

① ［ 1 ］内閣の1954年，与党幹部が巨額の収賄を受けた造船疑獄(ぎごく)事件が発生した。自由党幹事長佐藤栄作(さとうえいさく)が逮捕されることになったが，首相の命令で逮捕は阻止された。

2 鳩山一郎(はとやまいちろう)

3 日本民主党

② 公職追放を解除されて自由党に復帰していた［ 2 ］は，造船疑獄事件がおこると反吉田勢力を結集し，重光葵(しげみつまもる)がひきいる改進党と合併して［ 3 ］を結成した。内閣不信任案が提出されると，［ 1 ］内閣は総辞職し，かわって［ 2 ］が首相となった。

> ［ 2 ］内閣は「憲法改正・自主外交」をとなえた。外相には重光葵が就いた。
> ［ 2 ］内閣は防衛方針を審議する国防会議と憲法調査会を設置した。

4 1955年

5 日本社会党

③ ［ 4 ］年の総選挙で［ 5 ］の左右両派が躍進し，改憲阻止に必要な３分の１以上の議席を確保した。同年，［ 5 ］両派は再統一し，統一［ 5 ］委員長に鈴木茂三郎(すずきもさぶろう)が選ばれた。

④ ［ 5 ］の統一を受けて，保守陣営でも日本民主党と自由党の保守合

同が成立し，[6]が結成された。この[6]と[5]が，ほぼ2対1の勢力比で対峙する政治体制を[7]といい，1993年まで続いた。

6 自由民主党
7 55年体制

⑤[8]年，[2]首相はモスクワを訪問し[9]に調印した。これにより日ソ間の戦争状態は終結し，国交が回復した。このとき将来の平和条約締結後に歯舞(はぼまい)群島・色丹(しこたん)島を返還することを決めたほか，ソ連が日本の[10]加盟を支持した。このため[8]年末，日本は[10]に加盟した。

▌日本は，国後(くなしり)・択捉(えとろふ)・歯舞・色丹の北方4島の返還を主張した。

8 1956年
9 日ソ共同宣言
10 国際連合

安保(あんぽ)改定

①自由民主党初の総裁選挙で当選した[1]が組閣したが，病気で退陣し，かわって「日米新時代」をとなえる[2]内閣が成立した。1958年，警察官職務執行法を改正して警察の権限を強化しようとしたが，世論の猛反対にあって実現しなかった。

▌[2]内閣は，教員の勤務評定を実施して日本教職員組合の激しい抵抗を受けた。

1 石橋湛山(いしばしたんざん)
2 岸信介(きしのぶすけ)内閣

②[2]内閣は，[3]年，[4]をおこない，日米相互協力及び安全保障条約（[5]）に調印した。この条約は旧条約と異なり，アメリカの日本防衛義務を明示し，期限を10年とした。また在日米軍の極東および日本における軍事行動に対する事前協議制も定めたが，実際に協議がおこなわれることはなかった。

▌[5]では，相互の防衛力強化や日米経済協力の促進も約された。

3 1960年
4 安保改定
5 新安保条約

③衆議院で[5]批准(ひじゅん)案が強行採決されると，安保闘争は史上空前の反対運動となったが，参議院では審議をへずに批准案は自然承認され，[2]内閣は総辞職した。来日が予定されていたアメリカ大統領アイゼンハワーの訪日は中止された。

▌革新陣営は1959年に日本社会党・総評・全学連などにより安保改定阻止国民会議を結成した。
▌[4]にともない日米行政協定は日米地位協定にかわった。

保守政権の安定

1 ベトナム戦争

①アメリカは1965年，南北ベトナムの内戦に介入し，北爆(ほくばく)を開始した。しかしこの 1 にアメリカは敗れ，1973年にベトナム和平協定を結んで撤退した。

小田実(おだまこと)は 1 に反対する「べ平連」のリーダーとして活躍した。

2 佐藤栄作(さとうえいさく)内閣
3 朴正熙(ぼくせいき)(パクチョンヒ)
4 日韓基本条約

② 2 内閣は1965年，日本と大韓民国の 3 政権との間に 4 を結んだ。これにより大韓民国との国交は正常化し，日本は大韓民国を「朝鮮にある唯一の合法的な政府」と認めた。

大韓民国の主権が及ぶ水域として設定されていた李承晩(りしょうばん)ラインは，このとき同時に調印された漁業協定により廃止された。

③1960年代にはいると，野党は多党化の傾向を強めた。1960年に日本社会党から分裂して民主社会党が新たに発足した。1964年には創価学会(そうかがっかい)を有力な支持母体として公明党(こうめいとう)が結成された。

沖縄(おきなわ)返還

①サンフランシスコ平和条約では，沖縄及び小笠原(おがさわら)をアメリカの信託統治制度の下におくこととする，国際連合に対する合衆国のいかなる提案にも日本が同意することが定められた。しかし提案はされず，アメリカの施政権下におかれ続けた。

1960年に結成された沖縄県祖国復帰協議会は「即時・無条件・全面返還」を求めた。沖縄の米軍基地から北爆がおこなわれるようになると，祖国復帰運動はいっそう高まった。

1 小笠原諸島

②1953年に奄美(あまみ)諸島が日本に返還され，1968年には 1 が返還された。同年，沖縄では琉球(りゅうきゅう)政府主席公選がおこなわれ，屋良朝苗(やらちょうびょう)が当選した。

1967年，佐藤栄作(さとうえいさく)首相とアメリカのジョンソン大統領が会談し，3年以内に沖縄返還の決定をおこなうことに合意した。

2 佐藤栄作
3 沖縄返還協定

③1969年， 2 首相はニクソン大統領と会談し，「核抜き(かくぬき)・本土なみ」条件での沖縄返還に合意したと日米共同声明で発表した。1971年には 3 が結ばれ，「持たず・作らず・持ち込ませず」

という非核三原則が国会で決議された。そして[4]内閣の[5]年に沖縄返還が実現した。

> 1970年，佐藤栄作内閣は期限終了の日米相互協力及び安全保障条約を自動延長させた。
> 沖縄返還交渉と並行して日米繊維交渉では，貿易摩擦をひきおこしていた日本の繊維産業の輸出規制が求められた。
> 沖縄返還後近年まで，在日米軍基地の約75%が沖縄に集中していた。米兵の女子暴行事件を機に基地縮小を求める運動が高揚した。これを受けて1996年，橋本龍太郎首相と米駐日大使との間で普天間基地全面返還が合意に達した。

4 佐藤栄作内閣
5 1972年

高度経済成長

① 1955年から1957年にかけて[1]景気がおこると，経済企画庁は1956年の『経済白書』で「もはや[2]ではない」と記した。

1 神武景気
2 戦後

② [1]景気をきっかけに高度経済成長がはじまり，年平均10%を上回る経済成長率が続いた。このころ賃金引き上げ要求の統一行動である春闘が，日本労働組合総評議会（総評）の指導で定着した。

> 1955年に，労使協調・失業防止・成果の公正配分という生産性３原則をかかげる日本生産性本部が設立され，生産性向上運動が展開された。
> (1)同じ企業に定年まで勤務する終身雇用，(2)年功（序列）賃金，(3)企業別組合などを特徴とする日本的経営が確立した。

③ 経済成長を牽引したのは，生産性の向上をはかる機械工業などの技術革新（イノベーション）と，「投資が投資をよぶ」といわれるほどの民間企業の設備投資ブームであった。

④ 1958年から[3]景気がはじまった。このころ[4]から[5]へのエネルギー革命がおこり，[4]産業が衰退するなか，1960年から282日間にわたる[6]がおこなわれた。

> なべ底不況を脱して[3]景気がはじまった。

3 岩戸景気
4 石炭
5 石油
6 三井三池炭鉱争議

⑤ [7]年，「[8]」と「寛容と忍耐」をスローガンにかかげる

7 1960年
8 所得倍増

9 池田勇人（いけだはやと）
10 国民所得倍増計画

9 内閣が成立した。9 首相は革新勢力との政治的対立をさけて，高度経済成長政策を推進し，7 年，10年間で国民総生産を２倍にするという「10」を打ちだした。

11 農業基本法

⑥1961年に 11 が公布され，農業経営の合理化と余剰労働力を工業に吸収させることがすすめられた。米は生産過剰（かじょう）となり，米の生産調整として1970年から減反（げんたん）政策がはじめられた。

> 1970年には，就業人口に占める農業人口の比率は２割を割り込み，増加した兼業（けんぎょう）農家のうち農外収入を主とする第２種兼業農家の割合が農家総数の50%に達した。食糧自給率は低下していった。
> 世帯主の配偶者と両親が農業を担う農家が増加し，「三ちゃん農業」という言葉がうまれた。

12 新産業都市建設促進法

⑦関東から九州北部にかけての臨海部の太平洋ベルト地帯には産業が集中したため，1962年に地域格差の是正をうたった 12 を定めて，地域開発を進めようとした。

> 15の新産業都市には，海岸の埋立地などに重化学工業が集積するコンビナートが建設された。

13 池田勇人内閣

⑧ 13 内閣は政経分離による中国との貿易拡大をはかり，1962年にＬＴ貿易（日中準政府間貿易）をはじめた。

> ＬＴ貿易の名は，中国代表の廖承志（りょうしょうし）と日本代表の高碕達之助（たかさきたつのすけ）の頭文字によるものである。

14 岸信介内閣
15 池田勇人内閣
16 1964年
17 ＩＭＦ8条国
18 ＯＥＣＤ

⑨ 14 内閣の1960年に「貿易為替（かわせ）自由化計画大綱」が決定された。15 内閣の 16 年，国際収支を理由に為替管理をおこなえない 17 に移行するとともに，資本の自由化を義務づけられる 18 （経済協力開発機構）に加盟した。こうして日本は開放経済体制へ移行していった。

> 暫定的措置として為替管理が認められる国をＩＭＦ14条国という。
> 1963年には輸入制限をおこなえないＧＡＴＴ11条国に移行した。

19 オリンピック景気

⑩1963年～1964年の好景気は 19 景気といわれる。

⑪ **20** 内閣も高度経済成長政策をすすめ，1960年代後半には **21** 景気がおこった。こうして **22** 年，日本のGNP（国民総生産）が，資本主義国ではアメリカについで世界第２位となった。

20 佐藤栄作内閣
21 いざなぎ景気
22 1968年

> 1960年代後半以降，貿易黒字が定着した。
> **20** 内閣は1966年，景気の回復を企図し，戦後はおこなっていなかった赤字国債を発行した。

公害問題と革新自治体

① 高度成長のいっぽうで公害問題が発生した。1967年に **1** が制定され，1971年に **2** が発足した。1993年には地球環境問題も考慮した **3** が制定されるにいたった。

1 公害対策基本法
2 環境庁
3 環境基本法

> 1970年に **1** が改正され「経済調和」条項が削除された。

② 新潟水俣病（阿賀野川流域），四日市ぜんそく（三重県），イタイイタイ病（富山県），水俣病（熊本県）の被害をめぐる四大公害訴訟がはじまり，1973年までにいずれも被害者側が勝訴した。

> 富山県の神通川のカドミウム汚染を原因とするイタイイタイ病では，三井金属鉱業が被害者によって訴えられた。
> 熊本県水俣の新日本窒素肥料の工場が有機水銀を垂れ流し，汚染された魚介類を食べた住民に障害が現れた。これを政府が公害病と認定したのは1968年になってのことであった。
> 石牟礼道子は水俣病患者からの聞き書き『苦海浄土』を発表して，水俣病を告発した。

③ 高度成長のひずみへの反発から，1967年に日本社会党や日本共産党の推薦で美濃部亮吉が東京都知事に当選した。これ以降，大都市では多くの革新首長が誕生し，その自治体を革新自治体という。

石油危機

① **1** による軍事支出拡大でアメリカの経済力が低下するなか，**2** 年に **3** 大統領は中国訪問計画と **4** とドルの交換停止を発表した。この２つの衝撃的政策を **5** とよぶ。

1 ベトナム戦争
2 1971年
3 ニクソン
4 金
5 ニクソン＝ショック

② **5** により１ドル＝ **6** 円の固定相場はくずれた。そこで

6 360円

旧石器～弥生 古墳 飛鳥 奈良 平安 鎌倉 室町 安土桃山 江戸 明治 大正 昭和 平成

7 1971年
8 308円
9 田中角栄(たなかかくえい)内閣
10 1973年
11 変動為替相場制
12 田中角栄内閣
13 日本列島改造
14 第四次中東戦争
15 石油危機（オイル＝ショック）

[7]年にスミソニアン協定が結ばれ，ドルを切り下げ（円を切り上げ）た，1ドル＝[8]円の新レートが設定された。さらに[9]内閣の[10]年に円は[11]に移行した。

③[12]内閣は「[13]」をかかげて高度経済成長政策を続けたが，[10]年にアラブ諸国とイスラエルの間に[14]がおこると[15]がひきおこされた。

④原油価格の暴騰により「狂乱物価(きょうらんぶっか)」とよばれる激しいインフレが発生した。1974年の経済成長率は戦後はじめてマイナスとなり，日本経済は高度成長から低成長へと転換した。

> アラブ産油国でつくるOAPEC（アラブ石油輸出国機構）が石油の輸出制限と価格の4倍引上げを実施した。（※OPEC（石油輸出国機構）という場合もある。）
> 不況にもかかわらず物価高になる現象をスタグフレーションという。

16 三木武夫(みきたけお)内閣
17 先進国首脳会議（サミット）

⑤石油危機により世界経済の繁栄は一変した。そこで[16]内閣の1975年から，米・日・西独・英・仏・伊6カ国の首脳による[17]が開催されるようになった。

> 第1回[17]の開催国はフランスであった。

⑥1955年には原子力の平和利用に限って原子力の研究・開発をおこなうことを定めた原子力基本法が制定され，翌年，茨城県東海村に原子力研究所が設立された。そこで1963年に初の原子力発電に成功した。

> 1995年に福井県敦賀(つるが)市の高速増殖炉「もんじゅ」でナトリウム漏れ事故がおき，1999年には茨城県東海村の核燃料加工施設で臨界事故がおきた。

18 1972年
19 田中角栄
20 日中共同声明
21 国交が正常化
22 日華平和条約
23 福田赳夫(ふくだたけお)内閣
24 日中平和友好条約

⑦[18]年，[19]首相が訪中して周恩来(しゅうおんらい)首相と[20]に調印した。[20]で日本は中華人民共和国を唯一の合法政府と認めて[21]したが，逆に[22]条約は無効となり，台湾との国交は断絶した。さらに[23]内閣の1978年には[24]に調印した。

19 首相の訪中の際には，外務大臣大平正芳も随行した。

20 で日本は過去の戦争責任を反省し，中国は戦争の賠償請求を放棄した。

24 締結の際には，「覇権」条項がソ連を刺激することを日本はおそれて反対し，交渉が難航した。

⑧ 25 内閣は資金調達をめぐる金脈問題で退陣においこまれ，かわって 26 内閣が登場した。その後アメリカ上院の委員会でのコーチャン証言に端を発した 27 事件で，25 は逮捕され，戦後の首相経験者としてはじめて有罪判決を受けた。

これをきっかけに1976年，自由民主党から分派して新自由クラブが結成された。

25 田中角栄
26 三木武夫内閣
27 ロッキード事件

貿易摩擦問題と冷戦の終結

① 1980年代も日本の対米貿易黒字が急増したのに対し，アメリカは「双子の赤字」とよばれた巨額の財政赤字と貿易赤字に悩まされていた。このためアメリカとの間に貿易摩擦問題が激化した。

② アメリカから内需拡大と輸出規制を求められた日本は，自動車・鉄鋼などの輸出自主規制をおこなった。しかし対米黒字はいっこうに解消されず，1989年からはじまった日米構造協議でアメリカは日本の市場制度や慣行の是正を求めるようになった。

③ 1985年以降，日本の政府開発援助（ＯＤＡ）費は急速に増大し，1989年にはアメリカを抜いて世界第１位となった。

④ 1989年末，米ソ首脳がマルタ島で会談し「冷戦終結」を宣言した。

1987年に米ソ間で中距離核戦力廃止を定めたＩＮＦ全廃条約が結ばれた。

1989年に中国で天安門事件がおこり，1990年に東西ドイツが統一し，1991年にソ連邦は解体した。

⑤ 1997年に日本で地球温暖化防止京都会議がひらかれ，二酸化炭素

などの温室効果ガス削減を定めた京都議定書が採択された。

バブル経済

1 大平正芳内閣

①［ 1 ］内閣の1979年，イラン革命を契機に第２次石油危機（オイル＝ショック）がおこった。しかし日本企業は生産合理化と減量経営をすすめ，低価格・高品質の工業製品を輸出していった。

2 鈴木善幸内閣

②赤字国債の発行による債務増大が問題とされるようになったため，［ 2 ］内閣は「増税なき財政再建」をかかげ，第二次臨時行政調査会を発足させたが，実現できなかった。

> 中曽根康弘内閣は大型間接税である売上税の導入をめざしたが失敗した。

3 中曽根康弘内閣

③［ 3 ］内閣は「戦後政治の総決算」をかかげて行政改革をめざし，電電公社・専売公社・国鉄の３公社の民営化をおこなった。しかし防衛費は増大させ，ＧＮＰ比１％枠を突破させた。

> 1983年，［3］内閣は行政改革審議会を設置して，行政のあり方について検討を進めた。翌年には臨時教育審議会も設置した。
>
> 国鉄が分割・民営化されたのは1987年であった。
>
> 三木武夫内閣で防衛費はGNP１％以下と閣議決定されていた。

4 プラザ

5 プラザ合意

6 円高

④1985年，ニューヨークの［ 4 ］ホテルで，アメリカ・日本・イギリス・フランス・西ドイツの先進５カ国蔵相会議（Ｇ５）がひらかれた。会議では，為替市場への国際協調介入をおこなって，ドル安・円高に転じることが合意された。これを［ 5 ］といい，これ以降急速に［ 6 ］がすすんだ。

> ［5］による［6］不況を克服するため超低金利政策がとられたが，それは企業の余剰資金をうみ，株式や土地が投機的に取引されて価格が高騰するバブル経済となった。

7 男女雇用機会均等法

8 中曽根康弘内閣

⑤1972年に国連総会の決議で1975年が国際婦人年と指定され，1979年には国連総会で女子差別撤廃条約が採択された。この条約批准の前提となる国内法整備の一環として，［ 7 ］が［ 8 ］内閣の1985年に公布された。

1999年には，対等な構成員として男女が社会のあらゆる分野の活動に参画する機会を確保することを理念にかかげた男女共同参画社会基本法が成立した。

⑥1990年に株価が，翌年に地価が下落して，いわゆる［ 9 ］は崩壊した。

土地を担保に巨額の融資を受けた物件がいっせいに不良債権化した。

9 バブル経済

55年体制の崩壊

①［ 1 ］内閣は，1988年に牛肉・オレンジの輸入自由化を決定した。同年，戦後最大の疑獄事件となる［ 2 ］が発覚し，翌年からは［ 3 ］税を導入したため国民の強い批判を受けた。

1989年，昭和天皇が没して元号が平成となり，宇野宗佑(うのそうすけ)内閣でおこなわれた参議院選挙で自由民主党は大敗し，日本社会党が大躍進した。

総評は1989年に解散し，労使協調路線をとる労働組合の全国組織として日本労働組合総連合会（連合）が結成された。

1 竹下登(たけしたのぼる)内閣
2 リクルート事件
3 消費税

②1990年のイラクによるクウェートへの侵攻から湾岸戦争に発展した。これが多国籍軍の勝利に終わると，［ 4 ］内閣は掃海艇をペルシア湾に派遣し，多国籍軍に資金援助をおこなった。

4 海部俊樹(かいふとしき)内閣

③［ 5 ］内閣は，1992年に［ 6 ］（国連平和維持活動協力法）を成立させ，自衛隊を［ 7 ］に派遣した。バブル経済が崩壊し，景気が後退するなか与党の分裂で内閣不信任案が可決され，解散・総選挙となり自由民主党は過半数を割った。

1992年，政治家の汚職事件の佐川急便事件が発覚した。

5 宮沢喜一(みやざわきいち)内閣
6 ＰＫＯ協力法
7 カンボジア

④［ 8 ］年，自民党と共産党をのぞく７党と１会派の非自民勢力が連立し，日本新党の［ 9 ］を首相とする内閣が誕生した。こうして［ 10 ］体制は崩壊した。

8 1993年
9 細川護熙(ほそかわもりひろ)
10 55年体制

⑤［ 9 ］内閣はコメ市場の部分開放に合意し，1994年に政治改革法を成立させ，衆議院に小選挙区比例代表並立制の選挙制度を導入

した。

日本社会の混迷

1 日本社会党
2 村山富市内閣

①羽田孜内閣は短命に終わり，［1］党首班の［2］内閣にかわった。これは自由民主党・［1］党・新党さきがけによる3党連立内閣で，1995年には国会で「戦後50年決議」がなされ，8月15日には「村山談話」が発表された。

［2］内閣のときに阪神・淡路大震災がおこった。

3 橋本龍太郎
4 福田赳夫内閣

②1996年に自由民主党首班内閣の［3］内閣が成立した。［3］首相とクリントン大統領が発表した日米安保共同宣言により，［4］内閣で決定された日米防衛協力のための指針（ガイドライン）が見直された。

新ガイドラインにもとづき1999年に周辺事態法など3法を成立させたのは小渕恵三内閣であった。

日本社会党は1996年に社会民主党と党名を変更した。

［3］内閣は消費税を3％から5％に引き上げた。

5 小泉純一郎

③2001年，「聖域なき構造改革」をスローガンにかかげる［5］内閣が成立し，郵政民営化を実現した。

2001年テロ対策特別措置法を制定して自衛隊を米軍の後方支援にあたらせ，2003年にはイラク復興支援特別措置法を制定した。

［5］は首相としてはじめて朝鮮民主主義人民共和国を訪問した。

テーマ30 現代の文化

基礎用語を確認！

占領期の文化

1 湯川秀樹

①学問の分野では，1949年に［1］が日本人としてはじめて，ノーベル物理学賞を受賞し，同年，学界の代表機関である日本学術会議が設立された。

②人文科学では，政治学者の丸山真男が「超国家主義の論理と心理」で日本ファシズムの精神構造の解明を試みた。法社会科学者の川島武宜は『日本社会の家族的構成』を著した。

経済史学者の大塚久雄もすぐれた研究成果を発表した。

③1949年に法隆寺金堂壁画が焼損したのをきっかけに，1950年に【2】が制定され，1968年に文化庁が設置された。

1947年静岡県の登呂遺跡の発掘調査がはじまった。1972年には奈良県明日香村の高松塚古墳で7世紀ごろのものと推定される壁画が発見された。

2 文化財保護法

④【3】は戦争体験にもとづいた文学作品『俘虜記』や『レイテ戦記』を発表した。また，太宰治の『斜陽』は没落貴族の生活を描いた作品で，戦後の世相のなかで流行語にもなった。

ほかに野間宏の『真空地帯』，坂口安吾の『白痴』，峠三吉の『原爆詩集』などが発表された。

3 大岡昇平

⑤映画では，黒澤明が監督した映画『羅生門』が1951年ヴェネツィア映画祭でグランプリを受賞した。続いて『西鶴一代女』などの作品がある溝口健二もヴェネツィア映画祭に連続入賞した。

並木路子が歌う解放感あふれる「リンゴの歌」が流行した。
1949年に水泳選手の古橋広之進が世界新記録をだし，「フジヤマのトビウオ」とよばれた。

高度成長期の文化

①1953年に【1】放送がはじまり，手塚治虫の漫画『鉄腕アトム』はアニメ化されて人気を博した。

カラー【1】放送は1960年にはじまった。

1 テレビ放送

②消費生活では，1950年代後半に「三種の神器」といわれた【2】・【3】・【4】が，また1960年代末からは，さらに高価な「3C」といわれた【5】・【6】・【7】が普及した。こうした耐久消費財が普及し，大量消費をする社会現象を消費革命という。

1955年に設立された日本住宅公団は，住宅不足に対処するため，大都市郊外を中心に大規模住宅団地の建設を進めた。
都市化とともに家族の形態もかわり，夫婦と少数の子どもから構成される核家族とよばれる家族形態が一般化した。

2〜4 白黒テレビ・電気洗濯機・(電気) 冷蔵庫 (順不同)
5〜7 カラーテレビ・カー (自動車)・クーラー (順不同)

1975年，日本の高校進学率は９割を超えた。

8 1964年
9 東京オリンピック
10 東海道新幹線
11 名神高速道路
12 日本万国博覧会

③ 8 年には， 9 が開催されるのにあわせて，東京・新大阪間に 10 が開通した。

9 にあわせて1964年に首都高速道路が開通した。

④1965年には，最初の自動車専用高速道路として 11 が開通し，1970年には大阪で， 12 が開催された。

1969年には東名高速道路が開通，国際輸送では1978年，成田市に新東京国際空港が開港した。

⑤ノーベル賞は，1965年に朝永振一郎(ともながしんいちろう)が物理学賞，1968年には川端康成(かわばたやすなり)が文学賞を受賞した。

ほかに江崎玲於奈(えさきれおな)が物理学賞（半導体理論），福井謙一(ふくいけんいち)が化学賞，利根川進(とねがわすすむ)が生理学・医学賞，大江健三郎(おおえけんざぶろう)が文学賞を受賞した。文学では，松本清張(まつもとせいちょう)の『点と線』などの社会派推理小説や，司馬遼太郎(しばりょうたろう)の『坂の上の雲』，井上靖(いのうえやすし)の『天平の甍(いらか)』などの歴史小説が人気となった。これらの作品群は中間小説とよばれる。

さくいん

す・せ・そ

た

ひ

ふ

へ・ほ

ら・り

る・れ・ろ

わ